직장인과 취준생을 위한

엑서빌리티

당신의 재능 발휘를 돕는 9가지 스킬

엑서빌리티(Exability)

Exhibit your great ability!(당신의 훌륭한 재능을 발휘하세요!) 라는 의미를 축약하여 나타낸 표현으로, 각자 가지고 있는 재능을 여러 스킬들을 통해 제대로 발휘하기를 바라는 저자의 의지가 담겨있다.

당신의 재능 발휘를 돕는 9가지 스킬

EX-ABILITY

엑서빌리티

| 신익호 지음 |

"EXhibit your great ABILITY!"
당신의 재능을 마음껏 발휘하세요!

재능이 없는 사람은 없다. 다만 그것을 나타내는 스킬이 부족할 뿐.
취업부터 신입사원 시절, 그리고 이직을 고민하는 시기에까지
재능 발휘를 위해 꼭 필요한 스킬들을 담았다.

지식공감 도서출판

 **프롤로그**

전 세계적으로 기업경영의 화두에 '불확실성'이 빠지지 않고 있다. 1998년 IMF 체제로 들어서며 경제 환경은 극도의 침체기가 이어졌다. 이후 몇 년 되지 않아 갑자기 종합주가지수가 몇 배로 상승하고, e-비즈니스와 벤처 붐이 불기 시작했다. 그러나 다시 불과 몇 달 만에 대다수 기업들의 경영 환경이 악화된 기억을 우린 가지고 있다. 이후 20년 가까이 우리는 기업경영이 얼마나 많은 원인에 의해 극과 극으로 치달을 수 있는지를 학습하였다.

2020년 전 세계로 전파된 바이러스로 한순간에 국내 기업 경제 활동의 상당수가 큰 영향을 받은 것은 그 정점이라 할 수 있다.

기업의 CEO는 이제 그러한 불확실성을 피할 수 없다고 생각한다. 최대한 의사결정을 신중하고 합리적으로 내리기 위해 노력하는 것이 기본인 사회가 되었다.

그러한 기업경영 의사결정의 가장 큰 한 축은 데이터 기반의 운영체계이다. 경영진은 기업 활동을 통해 축적되는 정보와 주변 정보를 체계적으로 데이터화 하기 시작하고 그것을 기계적 학습을 통해 의사결정에 참조할 수 있도록 자원을 투자한다. 이른바 'AI 시대의 도래'이다.

직장인들과 취업을 준비하는 사람들 모두 AI가 우리들의 삶에 영향을 미칠 것으로 보고 있다. '어떤 직업이 사라지고 어떤 일자리가 새로 생기겠는가?', '고용인원이 대폭 줄어드는 직업은 무엇일까?' 등의 질문이 이어지고 있다. '그렇다면, 어떤 재능이 있어야 하는가?', '재능이 있어도 발휘하기가 쉽지 않다면 어떻게 해야 하는가'라는 고민이 만연한 세상이 되었다.

이 책에서도 여러 번 언급됐지만, 이 세상에 재능이 없는 사람은 없다. 하지만, 재능이 분명히 있고 많은 경험을 통해 회사와 조직에 기여할 수 있을 정도로 그 재능이 성숙했음에도 업무로 나타내는 방식과 관련된 스킬들이 부족하여 바깥으로 드러내지 못하고 AI 시대가 오더라도 나는 당당히 내 역할을 인정받을 것이라는 확신을 못 가지는 경우가 너무도 많다. 이와 같은 이유로 자신의 분야에서 폭넓게 적용되기 시작한 인공지능에 대하여 막연한 두려움을 가지는 독자라면 과감하게 이 책을 통해 여러 스킬들을 배우고 익혀 더욱 큰 열매를 맺을 수 있길 바란다.

책을 읽는 독자 여러분이 성실하게 직장생활을 하며 자신의 재능을 지속적으로 발전시키고 그 재능을 발휘하는 스킬들도 꾸준히 연습한다면 지금의 직장은 당신과 계속 함께하기를 바랄 것이고 또 다른 직장에서도 당신을 원할 수 있다.

반대로 자신의 재능이 아주 기초적인 상태에 오랫동안 머물러 있고 그 재능을 나타내기에 어려움이 많다면, 당신과 함께하길 바라는 회사를 찾기란 쉽지 않다. 이제는 이력서 내용만으로 또는 친한 지인을 통해 새로운 일자리를 찾기 힘든 시대가 되었고, 거꾸로 자신이 어떤 사람인지 알려지는 속도는 점점 더 빨라지고 있다. 그렇기에 직장을 찾는 사람들은 어서 자신의 재능을 발전시킬 수 있는 직장을 찾아야 하고, 지금 직장에 있는 사람들도 자신의 재능을 계속 개발하고, 또 발휘해야 한다.

이 책을 만든 목적은 직장에서 자신이 가지고 있는 재능을 제대로 발휘하여 조직에 기여도 하고, AI 시대가 오든 더 심각한 상황이 도래하든 걱정 없이 회사 생활을 이어 나가게 하는 것이다. 다만 자신이 가지고 있던 재능 이외에 더 새로운 재능을 발견하지도 발전시키지도 못하는 곳에서 의미 없는 출퇴근만 하는 독자분들이 있다면 '당신의 자리를 보다 더 적합한 사람에게 양보하는 과감한 결단'을 내리고, 당신으로 하여금 당신을 기다리는 새로운 곳으로 떠나도록 조언하는 것도 이 책에 숨어 있는 의미이다. 재능이 있고, 그 재능을 발휘하는데 도움이 되는 스킬도 있다면 그 결단은 두려운 것이 아니다.

　나이도 환경도 묻고 따지지 말고 이 책을 읽고 연습하자. 생각을 바꾸자. 늦었다고 생각될 때는 늦은 것이지만 시작이 반인 것은 맞다. 일단 이 책의 각 부분들만이라도 자신의 것으로 만들고, 실제 업무에 꼭 적용시켜 보자. 이 책을 통해 당신의 재능을 마음껏 발휘하시길 바란다. 엑서빌리티! (EXhibit your great ABILITY!)

… 신익호

CONTENTS

PART Ⅲ : 당부의 말씀

- AI 시대의 도래에 따라 어떤 역할이 필요해질까?
- 두 역할을 담당하는 '누구'가 되기 위해 필요한 '재능 발휘'
- 왜 지금, 재능 발휘를 논하는가?
- 재능 발휘를 위해 어떤 스킬들이 필요한가?

PART
I

"재능 발휘를 돕는 스킬"이
필요한 이유

AI 시대의 도래에 따라 어떤 역할이 필요해질까?

AI의 도입을 주도하는 역할

일자리 측면에서 바라 본 AI의 도입 역할

AI가 세계적인 바둑의 고수를 이긴다는 것은 이제 놀라움이 아니다. 공학적인 지식이 없는 사람도 그럴 수밖에 없다고 생각하는 시대가 되었다. 이젠 AI로 인해 여러 산업 분야의 생산성과 서비스 형태가 확연히 변화할 것이라는 견해에 이의를 제기할 사람은 없을 것이다.

그렇다면, AI 기술은 일자리 측면에서 어떤 결과를 가지고 올까. 인류 역사를 돌아보면 기술 발전이 적용되는 분야의 고용 규모는 감소했지만, 또 다른 부가가치가 나타나면서 선도적 역할의 사람들 중심으로 새로운 일자리가 만들어지지 않았던가. 하지만 사람들은 AI이기 때문에 지금까지의 기술 발전과 일자리의 변화 양상과는 사뭇 다를 것으로 생각한다. 사람의 노동을 AI가 대신하는 속도도 빠르고, AI의 도입 역할도 AI가 할 수 있는 가능성이 있지 않겠느냐는 우려 때문이다.

여러 전문가의 보고서에서 AI로 인해 영향을 받는 보다 심하게 말하면 "없어지는" 직업, 업무들이 벌써 나타나고 있다. 나의 일자리는 해당하지 않을 것이라고, 또는 내가 그런 직업에 종사하고 있어도 당장은 우리 회사가 나의 업무에 AI를 도입하지는 않을 것이라고 안심하는 사람들도 있겠지만 이미 변화는 빠르게 확산되고 있다.

그러나 AI의 도입 역할도 AI가 하는 경우는 이 글을 읽고 있는 독자들이 각종 연금을 받으며 은퇴 이후의 삶을 살 때까지는 불가능할 것으로 예상된다. AI가 확산되며 많은 기업들의 업무들이 지능화되더라도 사람이 개입해야 하는 영역이 분명히 있으며, CEO들은 그러한 AI 도입의 주체 역할을 AI에게 맡길 수 없는 현실에 맞닥뜨릴 것이다.

AI 도입 역할을 AI가 수행하기 힘든 이유

혹자는 그 역할도 AI가 할 수 있지 않겠냐고 주장할 수 있겠지만, 그러기에는 몇 가지 매우 넘기 어려운 장애 요인이 있다.

먼저, 지금 세상이 데이터 인프라 측면에서 준비가 덜 된 상태라는 점이다. 아무리 고도화된 AI를 적용한다 하더라도 그것을 도입하기 위해 사전에 AI에게 전달해야 하는 데이터가 있다. 우선적으로 AI를 도입하는 회사의 비전, 미션, 경영방침 등이다. 물론 이러한 것들은 아주 제한적인 범위에만 AI를 적용하는 경우엔 큰 문제가 되지 않겠지만, 앞으로 기업 전반적인 경영에 AI를 도입하는 경우에는 반드시 필요한 과정이 되어야 할 것이다. 이를 소홀히 한다는 것은 의사결정을 권고하는 단계에서 이 회사가 궁극적으로 추구해야 하는 것이 무엇인지를 AI가 알지 못하거나, 목표가 주어지지 않은 상태에서 학습되어 최종 결과에 심각한 오류가 포함되는 실수가 될 수 있기 때문이다.

그다음으로는 기업이 필요한 일을 AI에게 맡길 때 우선적으로 AI 도입 여부 결정과 AI를 도입하기로 한 경우에는 적용 업무 범위설정, 그리고 AI 확산에 대한 프로세스 확립 등에 필요한 요소들을 데이터 형태로 갖춘 회사는 현대사회에선 극소수라는 점이다. 이것들은 대부분 데이터가 아니라 회사의 CEO나 회사 내 주요 보직자들의 머릿속에 있을 것이다.

이 책을 읽는 당신이 회사의 CEO라고 가정해보자. 어느 날 출근하여 PC를 켰는데 회사에서 큰 관심을 두지 않았던 분야의 실적이 AI를 통해 집계되고 분석되어 향후 전체 회사 차원으로 집중해야 할 일까지로 연결되어 모니터에 나타난다고 하면 어떤 생각을 하게 될까?

또, AI를 적용하는 과정이 본인이 생각했던 합리적인 과정이 아니라고 판단된다면 어떻게 하겠는가.

그렇다. 당장 담당자를 부를 것이다. 그리고 이 책을 읽은 경험을 살려 이렇게 이야기하지 않을까. "AI한테 일을 맡길 때 데이터를 주어야 한다는 것은 알겠는데, 이 회사의 CEO인 '내 생각'도 AI가 연산에 넣어야 하는 중요한 데이터 아닌가? 난 그것을 준 기억이 없는데. 그리고 우리 회사 사람들 중 누가 그런 것을 데이터로 만드는 작업을 했었던가?"

마지막으로, AI로 하여금 어떤 데이터들을 활용할지 정해야 하는데 이를 정의하는 작업도 만만치 않고, 모든 데이터가 활용 가능한 형식과 구조로 쌓이고 있지도 않다는 점이다.

활용할 데이터들을 정하는 작업에는 회사의 경영원칙도 반영해야 하고, AI를 적용하는 해당 분야의 특성도 참조되어야 하며 법과 제도적인 문제도 소홀히 해선 안 된다. AI가 참고하는 데이터들을 인위적으로 선별할 경우 그것을 결정하는 사람의 편향된 의지나 윤리/도덕적인 기준에 반하는 의도가 담길 수 있어 AI가 도출하는 결론이 기업에 위해가 될 수 있는 가능성이 커진다.

활용하기로 결정한 데이터들을 AI가 활용할 수 있는 데이터 형식과 구조로 한꺼번에 맞추기 위해서는 적지 않은 예산도 필요한데, 이에 대한 의사결정이 어떻게 이루어지는가에 따라 AI 적용의 효과보다 비용이 더 많이 소요되는 결과가 나타날 수도 있다.

이렇듯, AI를 도입하는 주체 역할은 AI에게 맡기기 힘든 일로 보는 것이 맞다.

AI 도입 역할을 담당할 그 '누구'

AI 시대의 도래에 따라 필요해지는 사람의 중요한 첫 번째 역할은 AI를 도입하는 역할이고 바로 그 위치에 누구를 세워 놓아야 하는지는 경영자의 중요한 고민거리라는 것에 대해 이제 어느 정도 설명이 된 것 같다.

AI 도입을 고민하는 많은 기업들의 CEO가 읽는 책들에 단골로 등장하는 '핵심 자료의 데이터화, 필요한 정보로 기계적인 데이터 가공, 실시간으로 경영진이 보기 원하는 지표의 시각적 표현' 등의 업무는 굳이 AI를 도입하라는 권고를 받지 않았더라도 자동화, 또는 지능화라는 이름으로 급속히 확산되고 있다.

문제는 이런 일들을 '누구에게 맡길 것인가'이다.

이 책을 읽는 독자들은 바로 그 '누구'가 되어야 한다. AI를 도입하는 기업과 AI로 인해 사라지는 직업들을 대체해 새롭게 나타나는 기업에서도 그 '누구'는 지속적으로 필요하기 때문이다.

다만 오해는 없길 바란다. '내가 이 회사에 5년, 10년 다닐 생각이 없는데, 왜 그 누구가 되어야 하는가'라는 반문에 대한 답도 이미 정해져 있다. 그 '누구'가 된다는 것은 단지 지금 다니는 회사에 도움이 되는 인재가 되어보자는 이야기가 아니다. 당신이 가지고 있거나 가지기 시작한 전문성을 제대로 펼칠 수 있는 중요한 출발점이며, 다른 회사로 이직하더라도 당당히 이력서의 가장 중요한 부분에 위치시킬 수 있는 경력이자 실력이 될 것이다. 물론 자신의 재능을 잘 드러내어 인정을 받아야 한다.

우리나라의 기업 가운데 매출 2조 원이 넘는 세계 1위 화장품 ODM(제조업자 개발생산) 기업으로 성장한 한 회사가 AI 도입을 위해 노력한 스토리[1]가 얼마 전 일간지에 소개되며 화제가 된 적이 있다. 이 회사의 회장님은 앞으로 화장품 시장도 개인별 맞춤 시대, 즉 소량 다품종 생산 체제로 변화할 것이라 예상하고 소비자 각각의 피부에 딱 맞는 제품을 주문 제작하는 방향으로 트렌드가 바뀔 것에 능동적으로 대응하기로 하였다. 고객이 원하는 시기에 고객의 피부 진단 결과에 맞는 화장품을 전달하기 위해서는 화장품 처방에 걸리는 시간을 획기적

---

1 비즈니스 현장에 묻다. 안혜리 논설위원, 중앙일보, 2020.7.17

으로 줄여야 하는데, 지금까지 연구원들이 하던 이 일을 AI가 하도록 하고 이를 전 세계적인 공급망에 적용하려는 야심찬 계획을 세웠다고 한다.

우리가 관심을 가지고 지켜봐야 할 부분은 그러한 일들을 '누구'에게 맡겨서 진행하는가이다. 결론부터 이야기하자면, 이 회사는 사내의 핵심 연구원 인력들을 선발한 후 외부 전문가를 주 2회 초빙하여 AI 도입 관련 강의를 듣는 교육을 2년째 해 오고 있으며 앞으로 직원들이 AI를 조수로 쓰고, 플러스알파의 새로운 일을 하는 모습을 차근차근, 하지만 속도 있게 그려가고 있다는 것이다. 여기에서도 전술한 그 '누구'가 등장하고 있고 그들은 AI 도입 과정에서도 도입 후에도 꼭 필요한 임무를 부여받을 것이다.

▌AI가 감당하기 어려운 역할

AI 도입 후에도 사람이 해야 하는 일

AI 시대의 도래에 따라 필요한 중요한 두 번째 역할은 AI를 도입해도 AI가 감당하기 어려운 일들이다. 물론 AI 기술이 계속 발전한다면 언젠가는 우리가 상상하는 대부분의 일들을 AI가 감당해 내겠지만, 10~20년 이상의 시간이 걸릴 일들은 사람이 그 역할을 계속해야 한다.

직장에서도 경영진은 그런 역할을 잘 해낼 담당자를 찾게 될 것이다. 그러한 담당자가 되기 위한 노력, AI 시대가 되더라도 AI에게 맡기기 힘든 일을 할 수 있는 재능을 발전시키며, 경영진으로부터 신뢰를 얻을 수 있도록 자신의 그런 재능을 제대로 발휘하는 것이다. 이러한 'AI에게 맡기기 힘든 일'을 보다 개념적으로 설명해보도록 하겠다.

인공지능 로봇이 감당하기 힘든 일

Adam J. Gustein PwC 부회장과 John Sviokla 전임 하버드 비즈니스 스쿨(HBS) 교수는 하버드 비즈니스 리뷰(HBR)에 인공지능 로봇이 대신할 수 없는 일곱 가지 역량[2]을 제시했다.

① 효과적인 의사소통 (Communication)

② 특정 영역 지식의 깊이 (Content)

③ 주변의 연관 상황을 폭넓게 고려할 수 있는 문맥 (Context)

---

2 7 Skills That Aren't About to Be Automated, Harvard Business Review, July 17, 2018.

④ 사람과 조직의 감정을 이해할 수 있는 정서적 역량 (Emotional competence)

⑤ 사람과 관계의 중요성을 인식하며 진행하는 가르침 (Teaching)

⑥ 두루 널리 유대관계를 만드는 인간관계 (Connections)

⑦ 도덕적 판단의 본질을 바탕으로 하는 윤리적 나침반 (An ethical compass)

위의 주장을 뒷받침하는 사례들을 살펴보자.

전 세계에서 인공지능 알파고와 대결에서 유일하게 승리한 이세돌 바둑기사는 일본 기자와의 인터뷰[3]에서 "알파고는 이기기 위해 이길 수 있는 가장 안전한 수를 두고 인간은 이기기 위해 최선의 수를 두려 한다"고 했다. 알파고는 인간이 생각하지 못하는 수를 두는 것이 아니라 인간이 생각했지만 두지 않는 수를 두는 것으로 평했다. 이를 달리 해석하면 바둑 대국을 보는 바둑팬들이 원하는 대마가 잡힐 수도 있으며 욕심이 화를 부르고 한순간의 실수로 다 이겨놓은 대국을 지고 마는 소위 '삶을 보여주는 대국'을 알파고는 보여주지 못하고 있다는 것이다.

대한민국 남성을 가장 곤혹스럽게 했던, "김태희가 예뻐? 내가 예뻐?" 이 질문에 대한 대답은 전 국민이 다 알고 있다. 바로, "네가 더 예쁘지. 그리고 너, 요즘 더 예뻐지는 것 같네."이다(더 높은 점수를 받을 답들도 많겠지만). 단 1초의 망설임도 없이 자동적으로 모두가 아는 대답을 해야 했다. 한 통신사의 인공지능 서비스는 이러한 질문에 "주인님이 가장 예쁘십니다."라는 답을 내놓는 것으로 유명세를 탔다. 하지만

3　AI 2045 인공지능 미래보고서, 일본경제신문사, 2019.

이는 데이터 기반의 분석을 통해 진실을 가리는 과정이 아니라, 특정 질문들을 입력해 놓고 그에 대한 정해진 반응을 하게 한 것으로 공감의 과정이 배제된 것이라 할 수 있다. 진실한 눈빛으로 진심이 가득 담긴 목소리와 함께 전해지는 정답(?)은 상대방의 그 질문의 상황을 이해하기 위해 노력하고 그 사람을 위하는 마음으로 공감의 과정을 거침으로써 최고의 점수를 얻을 수 있다.

AI 시대에도 경영진이 필요로 하는 직원

위의 사례들에서 원활한 의사소통, 깊이 있는 지식, 문맥의 파악, 정서적 역량, 진정한 가르침, 따뜻한 인간관계, 윤리적인 고민 등 AI가 할 수 없는 제법 긴 기간 동안 담당하기 힘든 일들이 맡겨지는 직원이 되어야 한다.

결국 경영자가 사람의 역할이 꼭 필요다고 생각하는 위치에 AI가 가지기 힘든 역량을 가지고, 바라보는 사람이 원하는 것을 줄 수 있는 공감 가능한 사람으로 존재해야 한다.

그런 사람으로 자신의 재능을 성장시키며 직장에서의 경험을 축적해 나간다면 AI의 적용 시기에서도 AI를 도입한 이후의 시기에서도 꼭 필요한 사람으로 자신의 가치를 반짝이게 할 수 있을 것이다. 물론 그런 재능들을 제대로 발휘하게 만드는 스킬이 있어야 한다.

두 역할을 담당하는 '누구'가 되기 위해 필요한 '재능 발휘'

경영진의 고민에 해답이 되는 길

AI의 도입을 주도하는 역할이나 AI가 감당하기 어려운 역할을 수행하게끔 된다는 것은 경영진의 선택을 받는 것이다. 즉, "누구에게 이 일을 맡길까?"라는 경영진의 고민에 해답이 되는 것이다.

그렇게 되기 위해서는 CEO의 경영 철학과 함께 회사의 비즈니스 모델을 충분히 이해하는 것과 회사 내 부서들의 역할들을 두루 파악하는 것, 어떤 데이터가 각 부서에 쌓이고 있는지 등을 아는 것이다. 즉 회사에서의 기본적인 업무 지식과 함께 의사소통, 인간관계 등에서도 우수한 직원이 되어야 할 것이다.

하지만, 그런 직원으로 완벽하게 훈련하여 경영진의 판단을 기다린다는 것은 매우 어려운 일이다. 실제로 그런 '누구'가 되는 사람들은 모든 요건이 다 충족되지 않음에도 선택된다. 그들은 '할 수 있기 때문에' 선택받은 것이 아니고, '할 수 있는 재능을 가지고 있다고 판단되었기에' 선택받은 것이다.

AI 시대에도 필요한 역량, 나의 재능 발휘를 돕는 스킬

그들이 처세가 능하고 사회생활 잘 한다는 가벼운 농담을 듣는 이들이 아니라는 전제하에 그런 사람들은 자신들이 가진 재능을 어떻게 발휘하는가에 대해, 이 책은 집중하여 기술하려 한다. 자신이 지금까지 쌓아 왔던 재능이 분명히 있을 것이고, 그것이 무엇인지, 어떤 일에 쓰일 수 있는지를 많은 이들이 알 수 있도록 제대로 발휘하기 위한 스킬들을 가지고 있다는 것이다.

가만히 생각해보면 AI가 담당하기 어렵다고 학자들이 주장하는 일들은 '누구' 뿐 아니라 학창시절이나 직장생활에서 마음 문을 활짝 열고 배려와 존중의 마음으로 자신에게 주어진 일들을 성실하게 감당하며 살아온 사람들이라면 '누구나' 할 수 있게 되는 것들이다. 그것들을 제대로 발휘하도록 돕는 스킬, 그것이 '키(key)'임을 이 책을 통해 느끼고 자신의 것으로 만들자.

왜 지금,
재능 발휘를 논하는가?

언택트 기조 속에 축적되는 데이터

2020년, COVID-19 발생으로 이른바 언택트(untact) 사회로의 변화 속도가 엄청나다. 이는 우리의 직장생활, 학교 교육뿐만 아니라 건축 설계까지 바꿔 놓았다. 실제로, 아파트와 오피스텔의 건축 설계도에 재택근무 전용 방, 인강(인터넷 강의) 전용 방이 포함되고 있다. 회사들의 출, 퇴근 관련 규정도 빠르게 변하고 있다.

직장인들의 재능과 관련하여 이런 변화가 의미하는 것 중에 매우 중요한 것이 있다. 앞으로 점점 더 누가 어떤 업무를 하고 어떤 지시를 하며, 어떤 의견을 내고 응답을 하는지가 꼼꼼히 데이터로 남는다는 것이다.

재택근무를 하며 영상회의를 할 때 사용되는 대부분 솔루션에 누가 무엇을 전달하는지를 기록하는 기능이 있다. 예전에는 그렇게 눈에 띄지 않았던 '비교의 결과'가 이제 확연히 보이게 되는 것이다. 재능이 있는 사람일수록 많은 질문과 답변이 오고 가며 많은 일들이 부여되고, 그에 대한 결과보고가 이어진다. 정확히 이야기하면 '재능이 있다고 판단되는 사람일수록' 그런 경향을 보이는 것이 뚜렷해지는 것이다.

재능이 있어도 드러내어 활용하지 못하는 삶의 극복

재능이 있으면 그것을 알아본 사람들과 당연히 상호작용이 많아진다. 업무적인 지시와 그 지시에 대한 이행과정의 질문 응답들도 많아진다. 아무리 공평하게 업무 분담을 하여도 중요하고 더 많은 재능을 쌓을 수 있는 업무는 재능이 있어 보이는 사람한테 갈 수밖에 없다.

"저 친구는 일하는 재능은 뛰어난데, 커뮤니케이션 스킬이 부족해. 이번 고객사 프로젝트의 매니저 역할을 맡겨보려 했는데, 다른 사람을 찾아야겠네.", "이 대리는 재능은 출중한데, 문제해결 스킬을 좀 연마해야겠어. 과장이 되면 여러 문제를 맞닥뜨리게 되는데, 쉽지 않을 거야. 이번 과장 승진에서는 제외하도록 하지." 실제로 필자가 자주 옆에서 지켜봐야 했던 상황들이다. 중요한 순간에서 언급되는 '스킬'들, 하지만, 그런 스킬들을 회사에서 친절히 가르쳐 주고 훈련시켜 주는 경우는 거의 없었다.

이는 자신의 재능을 구체적인 모습으로 나타나게 하는 각종 스킬 함양이 중요한 이유이고, 작금의 시절이 그런 의미의 정점으로 가는 길목이기에 지금부터의 논의는 꼭 필요한 것이라 하겠다.

재능 발휘를 위해
어떤 스킬들이 필요한가?

내 일의 분야에서 인정받는 방법

다시 한번 이야기하지만, 직장인들이 AI 시대의 도래에 대비하여 하루하루를 긴장 속에 산다는 것은 오히려 업무 효율을 떨어뜨리고, 심리적, 정서적 어려움에 직면하는 일이 될 수 있으며, 위에서 언급한 'AI를 도입하더라도 필요한 사람'이 되기 위해 꾸준히 자신의 위치에서 노력하는 것이 최선이라 할 수 있다. 그렇게 되면 지금의 회사에 남아도 회사가 필요로 하는 역할을 해낼 수 있을 것이고, 지금의 회사를 떠나게 되더라도 동종 업계에서 인정받아 재취업할 기회를 잡을 확률이 커지는 것이다.

그 방법은 '자신의 재능에 경험까지 축적하여 돈으로 환산하기 어려운 노하우를 포함한 능력치를 갖게 된 것'을 잘 발견해서 발휘하고 발전시키는 것이다. 그러나 의외로 매우 많은 직장인과 취업을 준비하는 사람(이하 취준생)들이 그러한 능력치를 발휘하는 방법과 스킬을 제대로 교육받지 못했음을 호소하고 있다.

나의 재능 발휘를 위해 체득해야 하는 스킬

입사 전부터 회사에 대해 잘 알아보고 당당히 합격하는 방법, 입사 후 신입사원 시절부터 자신의 재능을 발휘하는 토대를 만드는 방법, 많은 동료, 선후배들, 상사(경영진)와 원활하게 커뮤니케이션하는 방법, 회의 시간을 쓸모 있는 시간으로 만드는 방법, 문제가 생겼을 때 각종 정보를 활용하여 그 문제를 해결하는 방법, 기획안이나 보고서를 잘 만드는 방법, 현황을 제대로 분석하여 전략을 수립하는 방법, 상사 앞에서의 긴 대면 보고나 짧은 시간 동안 의견을 말하는 방법, 다른 사람의 의견을 모으고 결론에 다가가는 방법, 이 모든 스킬들을 그들은 그저 맨땅에 헤딩하면서 습득하거나 습득하려다가 포기하고 있다는 것이다.

하지만 AI가 성큼 더 빠른 속도로 다가옴을 느끼는 이 시대의 직장인들은 어떻게 그런 스킬을 체득하여 지금의 회사, 시장에 AI 시대가 도래하더라도 '인정받는 전문가'로 살아남을 수 있는지, 기업들은 기존 인력들을 어떤 방향으로 교육시키고 성장시켜야 그런 '인정받는 전문가'로 만들 수 있는지에 대한 명확한 해답을 여전히 찾지 못하고 있는 것이 현실이다.

다음 장부터의 내용이 해답이 될 수 있다. 필요하다면 외워서라도 자신의 것으로 만들기 바란다. 가슴(마음)과 머리(학습)와 행동(실천)이 모두 필요하다.

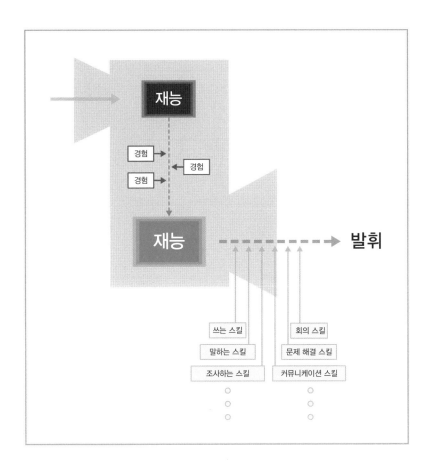

재능 발휘를 위해 필요한 스킬

PART
II

당신의 재능 발휘를 돕는
9가지 스킬

하나, 취업에 성공하는 스킬
'재능 발휘를 위한 노력은 입사 전부터 시작'

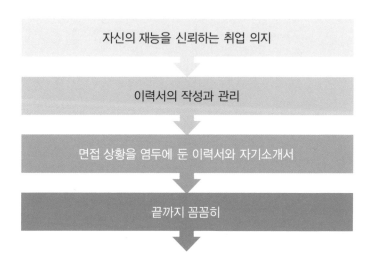

자신의 재능을 신뢰하는 취업 의지

이력서의 작성과 관리

면접 상황을 염두에 둔 이력서와 자기소개서

끝까지 꼼꼼히

　본 장은 이미 어떤 회사의 직원으로 근무하고 있는 독자에게는 해당이 안 될 수도 있겠지만, 지금의 직장을 평생직장으로 생각하지 않는다면, 언제든 이직의 상황이 올 수도 있음을 인지하고 있는 직장인이라면 '입사 전'의 과정을 다시 거칠 수 있기에 유의하여 볼 필요가 있는 부분이다. 물론 취준생들은 보다 큰 관심을 가지고 이 장을 살펴보아야 할 것이다.

자신의 재능을 신뢰하는 취업 의지

답정너, 취업은 해야 하는 것

대부분의 취준생들은 사○인, 잡코○아 같은 구인구직 사이트에 이력서를 등록하여 두고 여러 기업에 이력서를 제출하는 것을 취업의 출발점으로 생각하지만 실제로는 그보다 훨씬 전에 취업 노력이 시작되어야 한다. 그것에는 '내가 정말 취업을 해야 하는가.', '내가 직장생활에 걸맞은 사람인가.', '하늘이 나에게 직장생활에 적합한 재능을 주셨는가.' 등의 고민과 이제 취업을 준비하는 길, 취업 후의 직장생활의 삶으로 진입할 텐데, '진입해서 후진 기어를 넣고 싶게 되지는 않을까'라는 진지한 질문도 포함될 것이다. 하지만 '답정너'가 답이다. '답은 정해져 있다. 너는 취업을 해야 한다.' 조금 풀어서 이야기하자면, 취업보다 사업을 하고 싶은 마음이 있더라도 '난 취업하지 않을 거야. 사업할 거야'라는 굳은 결심과 '알토란 같은 사업 아이템'이 있지 않다면, 취업을 하는 것이 맞다.

그리고 이 책의 내용이 단 0.1초의 따끔함도 주지 않는 금수저 분들이 아니라면, 취업은 해야 하는 것이다. '직장생활에 100% 걸맞은 사람'은 없다. 모두가 다 참고 인내하고 돌아서서 뒷담화하며, 알고 보면 별로 다를 것 없지만, 다른 직장을 다니는 친구들 부러워하며 산다. 내가 걸을 수 있게 된 길에서 내가 할 수 있게 된 일에 최선을 다하며 감사하는 마음으로 하루하루 산다는 어디 액자에나 걸려 있을 법한 꼰대님들의 이야기는 취업 후 치열한 그 삶을 살아가면서 언젠가 '아 그렇구나.'라고 알게 되는 것이지, 이력서를 준비하는 때부터 그런 생각을 하게 되는 것은 쉽지 않다. 하지만 직장생활에 적합한 재능이 나에게 있을까? 라는 질문에는 '있다'가 정답이다. 그 어느 누구에게도 취업을 생각할 의지가 있다면, 그때까지 자신이 쌓아온 재능이 있고, 자신이 알지도 못하는 재능도 보너스로 있다.

반드시 존재하는 나의 재능

학교를 다니면서 지각을 수도 없이 하며 화장실 청소 단골이 되었어도 남들보다 몇 배는 더 반복적으로 한 활동(?)들이 생겼던 것이고, 지각하지 않으려 애써본 것도 재능이 된다. 하다못해 스마트폰 알람을 몇 시로 해 놓는 것이 좋은지, 블랙ㅇ크의 노래든 박ㅇ준의 목소리든 어떤 알람이 효과적일지 고민한 것도 재능이 된다. 어느 누구라도 제품 기능기획팀에서 이런 고민이 없었던 직원보다 이런 고민이 많았던 직원을 바랄 것이라는 사실에 동감할 것이다. 그런 경험들을 진짜 재능으로 발전시킬 수 있는 직장, 재능을 더 튼튼히 만들어 갈 수 있는 직장, 내가 몰랐던 재능도 발현시킬 수 있는 직장을 찾으면 된다. 다만 그렇게 직장을 찾으려는 결심을 단호하게 해야 한다는 것이다. 직장에 귀천(貴賤)이 없다. 어딜 가더라도 각자에게 존재하는 재능을 잘만 발휘하면 직장을 자주 옮기더라도 한 직장에서 이삼십 년을 근무하더라도 정말 감사하게 기쁨 가득하게 살 수 있다.

이력서의 작성과 관리

더 중요한 이력서 '관리'

대부분 이력서를 '작성'하는 것이 이 단계의 일이라 생각하는데, 오히려 작성보다 '관리'가 중요할 수 있다. 독자들 대부분이 아는 사실이겠지만, 이미 우리나라의 대표적인 구인·구직 사이트는 간단한 AI 시스템을 적용하여, 기업들을 세분화시켜 여러 그룹으로 만들어 두고, 구직자들의 이력 키워드들을 기업들의 세분화된 그룹들과 매칭시키는 작업을 기계적으로 진행하기 때문에 취준생들은 이력서 등록 내용을 전략적으로 관리할 필요가 있다. 예를 들어, 본인이 희망하는 회사들의 공채 또는 수시 채용이 시작되지 않았거나 진행이 보류된 시기에는 내 이력서가 열람되기를 기다려야 하는데, 초기에 특정 회사를 타겟으로 작성된 이력서가 등록된 상태라면, 희망하는 회사들의 채용 시기가 아닐 때는 이력서 내용을 보다 포괄적으로 수정 등록, 또는 추가 등록할 필요가 있다(특정한 회사를 타겟으로 쓴 것처럼 보이지 않도록).

재료공학을 전공한 취업준비생이 세라믹 재료 관련 회사에 입사 지원을 하기 위해 이력서에 학교생활 중 세라믹 관련 수업 내용, 세라믹 관련 회사에서의 인턴 내용들을 집중적으로 표시해 두었는데, 결과가 좋지 않아, 다른 재료 계열의 회사에서 내 이력서를 열람하길 바라는 상태가 되었다면, 세라믹 관련 내용들을 강조했던 이력서상의 부분을 재료 분야의 전반적인 내용으로 수정한 버전을 등록하거나 수정한 버전을 추가로 등록할 필요가 있는 것이다. 회사에서 면접위원으로 십수 년을 활동한 필자는 매번 면접 테이블 위에 정렬된 이력서 중 누가 보더라도 다른 회사, 다른 계열 입사를 위해 써 두었던 이력서를 그냥 제출한 것으로 보이는 이력서를 여러 건 보게 된다.

물론 그 십수 년 동안 그런 이력서를 제출한, 아니 그런 이력서가 제출되도록 이력서 관리를 제대로 하지 않은 지원자 중에서 면접을 통과하는 경우는 거의 보지 못했다. 이는 구인하는 회사 측에서 시스템적으로 거르지 못한 것뿐이지, 앞으로 구인하는 일반 회사들도 아주 기본적인 AI(면접 희망자들의 이력서와 자기소개서의 내용을 키워드 중심으로 분석하여 1차로 걸러주는 시스템)를 활용하게 된다면, 면접 테이블 위에 오르지도 못하고 걸러지는 지원자 서류가 될 것은 자명하다. 그렇다면 이력서와 자기소개서는 어떻게 구성하고 어떤 유의점을 가지고 기술해야 하는 걸까.

이력서와 자기소개서의 내용 구성

두 가지로 나누어 설명하기로 한다. 첫 번째 경우는 자신이 취업을 원하는 회사를 몇 개 정해두고 이력서를 등록 후 지원하여 면접 대상자가 되기를 기다리는 경우이고, 두 번째 경우는 위의 경우처럼, 이력서를 먼저 등록하고 구인·구직 사이트에서 추천하거나 자신의 이력서를 열람하고 면접을 하고 싶다는 제안을 하는 회사들의 면접에 참여하는 경우이다.

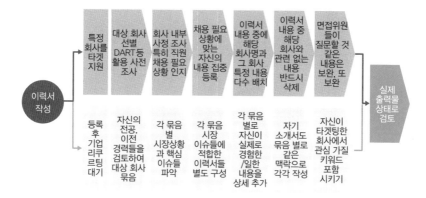

이력서, 자기소개서를 작성할 때의 기본적인 절차

첫 번째 경우엔 먼저, 지원할 회사를 선별하는 것이 중요하다. 아무리 취업문이 좁다고 하더라도 "아무데"라도 들어갈 수만 있다면 좋겠다는 생각은 빛의 속도로 버려야 한다. 취준생 여러분들을 위로하려 하는 이야기나 꼰대가 되고 싶어서 하는 이야기도 아니다. 잘못하면 입사하여 아까운 젊음의 시간과 체력을 쏟아부었음에도 통장에는 예상했던 금액이 찍히기는커녕, 몇 달 치 급여가 밀릴 수도 있고, 수십 년이 지나도 좋지 않은 기억이 될 송사에 휘말릴 수가 있기 때문이다.

하지만 큰 걱정을 할 필요는 없다. 인터넷을 통해 웬만한 정보들은 대부분 파악할 수 있기 때문이다. 금융감독원에서 운영하는 기업정보 전자공시시스템 DART[4]는 코스피시장이나 코스닥시장에 상장된 주식회사부터 비상장회사까지 다양한 회사들의 경영 상태가 공시되어 있다. 이와 함께 해당 기업 홈페이지를 통해 비전과 경영철학 등을 파악

---

4 http://dart.fss.or.kr/

하고 자신이 바라던 취업의 대상이 맞는지를 신중히 판단하도록 한다. 물론 이 정보들은 자기소개서를 쓸 때도 충분히 반영해야 한다.

이후, 그 직장과 관련된 정보 파악을 해야 하는데, 잡플으닛 같은, 자신이 근무하는 기업의 내부 평가를 솔직히 올리는 사이트들이 있으므로, 그런 사이트들도 꼼꼼히 확인하여 자신이 근무하기에 심각한 결격 사유가 있지는 않은지, 무엇보다 자신이 가진 재능 발휘가 가능한 회사인지를 파악해야 한다. 이 단계의 시간 투자는 절대 아까운 것이 아니다. 검토 결과 입사 지원을 하지 않기로 하더라도 입사 지원해서 낙방하더라도 동종 업계의 환경을 파악하는 좋은 기회이고, 앞서 언급한 것처럼 다른 회사에 입사하게 되었을 때도 아깝지 않은 사전 정보 조사 결과를 가지고 동료, 선후배들과 좋은 정보 교류를 할 수 있는 활동이 되는 것이다. 이 결과와 이 과정 또한 재능이 된다.

이렇게 입사 지원하고자 하는 회사들을 선별하여 각각에 깔맞춤 형태의 이력서와 자기소개서를 구성해야 한다. 하나를 만들어 회사 이름만 바꾸겠다는 태도를 버리자. 면접위원들은 몇 가지 키워드들의 구성만 보더라도 '아, 이 친구는 회사 이름만 바꿔 가면서 우리 회사뿐 아니라 다른 회사에도 지원했겠는데'라는 생각을 할 수 있다. 자기소개서엔 적어도 해당 회사 이름은 5번 이상 나타나게 하고 그 회사의 비전 관련 내용, 특화된 경영 상황과 신입사원의 역할 등에 대한 내용이 눈에 띄도록 구성하자.

특히, 이력서와 자기소개서 모두에 이 회사와 관련 없는 타 분야 회사나 동종 업계 내에서 다른 회사를 연상할 수 있는 내용이나 단어가 있다면 꼼꼼히 검토하여 삭제하도록 해야 한다. 면접위원 중 어느 한 명이라도 "이 친구는 ○○ 회사를 우리 회사로 착각하고 있네…"라는 의견을 던질 때, 그 부분을 안 보던 다른 위원들도 찾아서 그 부분을 보는, 참으로 싸 한 분위기를 만들면 결과는 굳이 설명할 필요가 없다. 실제로 그런 경우가 의외로 많이 발생한다. 그렇다고 모든 경우의 이력서와 자기소개서가 모두 완벽한 아름다움의 문학 소설일 필요는 없다. 무엇보다 대기업, 중견기업, 중소기업, 공공기관을 막론하고 면접위원들이 자기소개서를 처음부터 끝까지 꼼꼼히 읽을 것이라는 기대는 하지 말아야 한다. 시중의 수많은 자기소개서 쓰는 법 관련 책들에도 나와 있지 않은 내용인데, 어떤 회사, 어떤 기관의 면접위원들이라도 그 시간에 다른 할 일들이 많은 사람들이라는 것과 그들의 머릿속에는 항상 다른 회사 일이 돌아가고 있다는 것을 염두에 둘 필요가 있다. 면접 시간 중에도 면접에 집중하는 면접위원은 그 사람을 직접 데리고 일할 조직 사람과 CEO뿐이다.

　두 번째 경우엔 등록해 둔 이력서와 자기소개서를 최소한 꼭 입사하고 싶은 회사들의 묶음별로 각 묶음에 맞는 타입으로 만들어 등록해 두는 것이 좋다. 특정한 회사를 염두에 두는 것은 첫 번째 경우에 해당하므로 회사들의 묶음(자신이 입사 지원을 하게 될 분야 내에서 소분류로 묶음을 만든다)을 스스로 만들고 각각의 묶음에 맞는 키워드들을 집중적으로 사용하여 작성한다. 각 묶음별로 현재 어떤 시장 상황인지 그 묶음의 핵심 이슈가 무엇인지 등을 파악한다. 그런 내용에 내 전공과 이전 이력들을 맞추어 강조할 것은 강조하고 강조하지 말아야 할 것은 강조하지 않도록 한다. 예를 들어, 무역과 관련된 전공에 그 분야 회사를 잠시라도 다녔던 사람이라면 무역 분야의 회사에서 경력 관련 가점을 줄 수가 있겠지만 무역 분야 내에서 소프트웨어 시스템을 기획하고 관리할 사람을 찾는 회사가 여럿 있고 최근 시장에 새로운 시스템 표준이 등장했다든지, 시스템 관련 인력들이 많이 모자란다든지 하는 이슈가 있을 경우, 자신의 이력서에 적어도 그런 시스템을 다루어 보았다는 내용과 어떻게든지 그런 시스템을 가지고 수행했던 업무를 떠올려 상세히 기술해 놓을 필요가 있다. 그런 방식으로 작성한 이력서는 무역 분야 중에서도 시스템 관련 인력을 뽑는 회사들에 전달되는 이력서가 될 것이다.

이때, 지원자 대부분은 이력서까지는 수정하는데, 자기소개서는 하나로 만들고 단어 몇 개만을 바꾸고 마는 경우가 있다. 각 묶음에 따라 자기소개서의 구성까지 달리할 필요가 있으면 시간이 걸리더라도 자기소개서에까지 신경을 쓸 필요가 있다. 예를 들어, 같은 '사업기획' 직무라도 한 묶음의 회사들은 신사업을 추진하는 사업기획 업무의 신입사원을 원하고 있고 또 한 묶음의 회사들은 이미 추진 중인 사업들의 세부 기획을 지원하는 신입사원을 원하고 있는데, 이력서와 자기소개서에 신사업을 발굴하는 데에 필요한 역량과 경험을 갖추었다는 내용만 전면에 등장하도록 구성되어 있다면, 그와 다른 버전이 필요하다는 것이다.

꼭 필요한 최소한의 노력

매주, 또는 며칠에 한 번씩 뉴스 검색 등을 통해 자신이 입사하고 싶은 회사들의 묶음을 생각하여 그 회사들의 시장 내 이슈들은 무엇인지를 파악하여 내 이력서와 자기소개서에 관련 키워드들을 포함시키는 노력을 꾸준히 하자. 내가 중고등학생 대상 교육 분야 회사들을 하나의 묶음으로 이력서와 자기소개서를 구성해 놓았는데, '언택트', '플랫폼' 등의 키워드가 갑자기 이슈가 되는 상황이라면 나의 이력서와 자기소개서에 관련 내용들을 추가하여 다시 수정/등록하는 작업을 꾸준히 해야 한다는 것이다. 아주 바쁘신 채용 담당자의 경우, 키워드 검색으로 1차 서류 심사 통과자를 선별할 수도 있는데, 그 간단한 절차에서 내 이력서가 탈락한다면 참으로 안타까운 일이다. 하지만 그런 일이 실제로 '있다.' 물론 관련된 경험, 이력이 전혀 없다면 굳이 거짓으로 추가하지는 말아야 한다. 오히려 긴 인생에서 후회되는 일로 남을 수 있다. 다만 정말 잘 생각해서 조금이라도 관련이 있는 경험과 이력은 꼭 포함시키도록 한다.

까칠한 독자들은 구인 사이트에 구인광고를 올리는 회사들에 이력서를 등록(입사 지원)하기도 바쁜데, 무슨 분류, 무슨 관리를 하라는 이야기냐 라고 반문하겠지만, 구인하는 회사 입장, 1차 서류 심사를 하는 경영지원팀이나 인사팀 담당자 입장이 되어보아야 한다. '아닌' 사람들은 분명히 보인다. '아니지 않게 보이기 위한' 최소한의 노력으로 생각하자. 그렇게 많은 시간의 투자가 아니다.

면접 상황을 염두에 둔 이력서와 자기소개서

성공적인 면접을 위한 지피지기(知彼知己)

다시 이력서 및 자기소개서의 구성과 작성 시의 유의점으로 돌아가자. 두 가지 경우 모두 면접 대상자가 된 경우에는 각 회사의 면접 상황과 환경을 알아야 한다. 지피지기는 백전불패다. 그걸 어떻게 아느냐는 투덜거림보다 한번 시도는 해보자는 의지가 필요하다(물론 지금 논하는 이 회사에 꼭 입사하기를 원하는 경우만 해당된다). 인사담당자와의 전화 한 통으로 1석2조의 효과를 거두는 방법을 꼭 써보길 권한다. 그것은 면접 대상자로 선정되어 연락을 받은 다음 날이 좋다.

다음과 같은 문맥이면 소기의 성과를 거둘 수 있다. "안녕하세요. 어제 이번 ○○채용의 면접 대상자로 결정되었다는 연락을 받은 ○○○이라고 합니다. 몇 가지 여쭤볼 것이 있어 전화했는데 잠시 통화 가능하신지요. (괜찮다는 답변을 들으면) 먼저, 좋은 기회 주셔서 감사를 드립니다. 혹시 면접 관련하여 몇 가지 여쭤봐도 될까요. (괜찮다는 답변을 들으면) 면접위원 분들은 모두 회사 내부 분들이신지요."(왜 질문하냐는 식의 대답을 들으면, 교수님 등 외부에서 위원님들이 오신다면 이론적, 학문적 부분들을 조금 더 꼼꼼히 챙겨 보려 한다고 대답하면 된다) 이 단계에서 인사담당자가 어떤 사람들이 들어온다는 말을 해 주지 않더라도 내부 사람들로만 구성된다. 아니다 정도만이라도 필요한 정보이므로 굳이 어떤 분이신지 몇 분이 들어오시는지 등을 묻는 것은 역효과가 될 수 있으므로 여기까지 하는 것이 좋다.

전화를 끊을 때도 노력을 해야 한다. "감사합니다. 잘 준비해서 가도록 하겠습니다. ○○일에 뵙겠습니다." 대기업이든, 중소기업이든 면접 위원들은 인사담당자와 적어도 수차례에서 수십 차례 만났을 정도로 막역하다. 이 정도만 하더라도 면접 당일, 인사담당자가 "○○○씨는 전 화까지 하면서 잘 준비하려 하던데요. 꽤 적극적이었어요." 등의 정보 를 면접위원들에게 전할 가능성이 크다. 면접위원 입장에선 플러스면 플러스지 마이너스는 아니다.

채용 배경의 파악

면접위원들이 회사 내부 사람들로만 구성된 것이 확인되면 일단은 일반적인 면접 준비 외에 현재 채용의 배경을 파악하고 그와 관련된 답변 준비에 집중하기로 한다. 정말 그 회사에 입사하고 싶다면, 친구, 친구 누나, 선배 형, 삼촌의 친구 인맥이라도 동원하여 그 회사의 현재 채용이 필요한 상황에 대한 파악이 필요하다. 면접 시, "○○○○ 주식 회사에 ○○○의 상황이 생길 경우, 저의 ○○○ 경험이 기여할 수 있는 포인트라 생각됩니다." 정도의 대응으로 가능할 정도의 정보 수집이 될 수 있다면, 취업의 7부 능선은 넘는다고 할 수 있다. 물론 면접을 본 사 람들이 면접 경험을 올리는 사이트에 회원 가입하여 해당 회사의 최근 면접 질문 내용이 있는지 살펴보는 것은 필수이다.

나의 상식과 면접위원의 상식

그 회사와 관련된 내용이 해당 산업 분야의 일간지 등에 최근 게재 된 기사 내용이 있다면 이 역시 필수적으로 스크랩하여 읽어보고 이해 하여 가는 것이 중요하다. 필자가 면접을 본 지원자 중 회사가 그 당시 집중 투자하여 신문에도 나곤 했던 신사업 분야의 약어들이 있었는데, 그 약어들을 질문했을 때, 정확히 약어가 의미하는 원래의 명칭을 맞추었던 지원자들이 우수한 점수로 1차 면접을 통과했던 것을 바라본 기억이 많다. 그렇다. 나의 상식과 면접위원의 상식은 다르지만, 최대한 그 차이를 줄여보자.

돋보이게 만드는 작은 차이

먼저 이력서의 경우 학력, 경력, 인턴/대외활동, 교육이수, 자격증, 수상 이력, 해외경험, 어학, 포트폴리오, 취업우대/영역, 자기소개서 등의 내용으로 구성되는데, 모두 같은 폼으로 출력되므로, 면접위원들은 비슷비슷한 서류들 중에 몇 명을 골라야 하는 스트레스를 받게 된다. 그래서 그들을 도우려면(나를 선정하도록 만들려면), 같은 구성 속에서도 뭔가 돋보이는 다른 사람들과 차이가 있는 구성을 만들어야 한다. 예를 들면 학력의 경우, 졸업논문이나 작품 등의 "+" 추가 서류 입력 항목을 적극 활용하고(굳이 졸업 작품이 없더라도 그 회사의 현재 상황에 맞는 스크랩이나 간단한 분석서, 최대한 유사했던 프로젝트 결과물들을 올려놓아도 된다) 자신이 꼭 내밀고 싶은 경력이나 활동이 있으면 인턴/대외활동이나 포트폴리오 등의 항목에 꼭 맞지 않는다고 생각되더라도 일단 입력하도록 하자. 앞서 이야기한 해당 시장에서 이슈가 되는 내용과 관련한 자신의 경험을 스토리라인을 갖춰 펼쳐 보이는 것에 시간을 아끼지 말자.

| 끝까지 꼼꼼히

면접위원의 입장으로 준비

탈락하는 대부분의 입사지원자들이 간과하는 내용이 있다. 면접위원들이 1차 서류심사에 합격한 지원자들을 대상으로 면접을 진행할 때, 모니터 화면으로 지원자들의 이력서를 띄워 보거나 종이 서류 형태로 테이블 위에 놓인 이력서를 보면서 질문을 하게 되는데, 화면이나 종이 형태나 내용이 잘리거나, 형태를 알아볼 수 없게 "깨져" 보인다든가 하면 아무래도 부정적인 선입견이 생기게 된다. 이를 방지하려면, 자신이 입력한 내용들을 한 번 화면이나 종이로 출력하여 보아야 한다. 출력된 내용으로, 실제 면접위원의 입장이 되어 검토를 해보는 과정을 꼭 거치도록 하자. 사전 조사 내용을 바탕으로 면접위원의 예상 질문 리스트를 만들고 매끄러운 답변을 준비하는 것은 정말로 여러 도서에서도 권장하고 있다.

입사 준비 단계부터 중요해지는 재능 발휘 스킬

이렇게 이력서, 자기소개서에 공을 들이는 이유는 이런 과정의 스킬들을 통해서 AI 시대를 준비하는 나의 재능 발휘하기가 시작되기 때문이다. 다시 한번 언급하지만, 회사는 AI를 도입하는 단계이든, AI를 적용하는 단계이든, AI의 결과물을 활용하고 비즈니스 모델을 확장하는 단계이든, 그 회사의 비즈니스에 대한 경험을 쌓았고 재능을 겸비했다고 판단되는 사람(가장 재능이 뛰어난 사람이 아니다. 입사 단계부터 가장 재능을 잘 발휘하는 사람이다)은 계속 함께하고 싶다고, 필요하다고 판단 받게 된다.

둘, 신입사원 시절의 재능 발휘 스킬
'신입사원이라면 잊지 말아야 할 5계명'

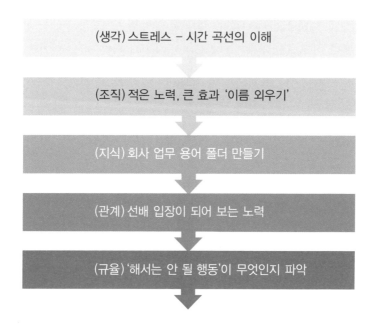

(생각) 스트레스 – 시간 곡선의 이해

(조직) 적은 노력, 큰 효과 '이름 외우기'

(지식) 회사 업무 용어 폴더 만들기

(관계) 선배 입장이 되어 보는 노력

(규율) '해서는 안 될 행동'이 무엇인지 파악

첫 출근, 내 자리를 찾아 앉으면 이 회사의 사원으로서 첫날 일이 시작되는 것이다. 어떤 각오를 해야 할까, 어떤 일을 제일 먼저 해야 하나, 사람들과는 어떻게 지내는 것이 좋을까 등등의 고민이 시작되고, 일정 기간 회사 생활을 하다 보면, 자의든 타의든 자신의 업무에 대한 전문성, 경험을 쌓게 된다. 이러한 '나의 재능'들이 생기기 시작하면,

또, 정말로 심각한 고민 끝에 '아, 이 회사는 아닌 것 같다. 어서 나가 야지.'라는 생각을 하지 않는다면, '시스템 구축이든, 자동화든, AI든 어떤 모습이 현실로 이 회사에 나타나더라도 난 내 의지에 반하는 퇴 직은 하지 않으리라.'라는 생각을 하게 될 것이다. 본 장에선 그러한 의 지를 실현하는 '신입사원 시절의 재능 발휘'가 어떻게 하면 가능해질지 를 생각, 조직, 지식, 관계, 규율의 측면으로 다룬다.

[생각] 스트레스 - 시간 곡선의 이해

워라밸, YOLO를 위해 필요한 근본적인 생각

첫 취업 성공 후, 첫 번째로 해야 할 일은 의외로 나의 회사와 관련된 일이 아니다. 이 회사의 생활뿐 아니라, 다음 회사, 그다음 회사 생활에서도 변함없이 적용되는 '워라밸(Work and Life Balance), YOLO(You Only Live Once, 당신의 인생은 한 번뿐) 등을 위한 스트레스 - 시간 곡선'을 이해하는 것이 필요하다. 스트레스 - 시간 곡선은, 워라밸과 YOLO 같은 의미를 직장에서 적용하기 위해 필요한 '근본적인 생각'이다.

아주 심각한 꼰대 상사가 아니라면 워라밸 관련 직원들의 바람을 대부분 이해할 것이다. 워라밸을 잘 조절하는 직원들의 창의성과 생산성이 더 높다는 여러 연구 결과들도 자주 알려지고 있다. 그런데, 이 워라밸의 의미를 좀 들여다볼 필요가 있다. 단순히 일에 5시간을 투자했으면 삶에도 5시간 투자해야 한다는 의미

워라밸(Work and Life Balance)

는 아닐 것이다. 일로 받는 고됨과 스트레스의 정도만큼 사람다운 기본적인 생활, 힐링, 즐김의 정도가 있어야 한다는 의미로 해석하면 큰 이견이 없을 것이다.

이런 것을 깊이 이해하지 않고 많은 기업들은 퇴근 종소리가 울리자마자 직원들의 PC를 묻지도 따지지도 않고 끄게 하고 모든 잔업, 특근을 기록에 남기면서 이를 부서장 평가에 반영하는 제도를 적용하면서 (여기까지는 그래도 봐줄 만했다) 절대적인 시간이 필요한 업무 성과를 평가

하는 방식에는 변화를 주지 않음으로써, 한때 우리나라는 퇴근 후 회사 근처의 커피숍에 팀원들 모두 다시 모여 업무를 계속하는 진풍경을 볼 수 있는 나라가 되었었다.

Life와 Work, 치우침의 모습

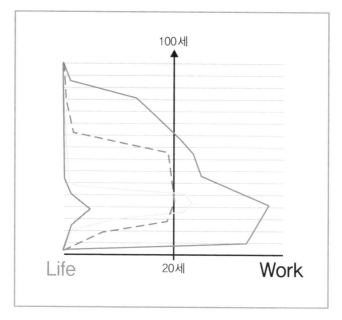

일과 삶의 연령대별 치우침 모습들

위 그림은 자신이 지금까지 살아오면서 일과 관련된 스트레스가 많았는지, 삶의 기본적인 요소들과 힐링, 즐김 등에 마음 쓰는 정도가 많았는지를 체크해 볼 수 있는데 자신의 나이가 많아지면서 어느 쪽에 치우쳐진 삶을 살았는가를 판단해서 점을 찍고 그 점들을 이으면 된다. 진한 파란 실선의 삶을 산 사람은 20세가 넘으면서 일에 치우친 삶을 시작하여 60세에 이르기까지 그런 고난의 길을 벗어나지 못하였다. 반면 점선의 사람은 30세가 넘어 일을 시작하면서도 삶의 기본적인 요소들과 힐링, 즐김 등에도 주안점을 두어 50세 정도까지 그런 균형을 잃지 않았다. 물론 흐린 실선의 삶과 같이 인생의 아주 짧은 기간만 일의 스트레스에 매여 산 사람, Life 쪽에 가까운 나지막한 실선의 삶과 같이 평생을 즐기며 사는 사람도 있긴 할 것이다. 중요한 것은 일도 적당히 하고, 일로 받는 스트레스만큼 내 사람다운 삶도 챙겨야 한다는 것인데, 취업 후 어떻게 그런 '밸런스'를 유지할 수 있을까.

스트레스 – 시간 곡선

취업 후 퇴사에 이르기까지, 아니 그다음 직장에서도 마찬가지로, 스트레스 관리를 잘 해야 한다고 필자는 감히 권하는 바이다. 같은 8시간을 근무하더라도 A대리는 출근 직후부터 정신없이 이것저것 해야 하고 여기저기 불려 다니긴 하지만 팀장의 업무지시들도 대부분 그닥 어렵지 않게 인식되는 것들이라, 저녁의 동호회 모임 단톡방에 '오늘도 정시퇴근 각~'이라 올리는 직장생활을 한다. B대리는 아침부터 스트레스에 쌓여 담배 피우러 나갈 시간만 기다리고, 팀장의 업무지시 중 반이상, "네!"라고 대답은 하지만 머릿속에 '어떻게 하란 말인가…'라는 자막이 계속 어른거린다며 한탄하는 직장생활을 한다. 'B대리처럼 살면서 깨지더라도 신경 안 쓰면 된다.'는 의견에 좋아요'가 많이 달릴 수도 있겠지만, 나이가 많아지고 직장생활 연차가 올라갈수록, 담당하고 관리해야 할 일의 개수와 종류는 많아지기 때문에 '깨지더라도 신경 안 쓰는 생활'로는 계속해서 새로운 일이 부여될 때마다, 머릿속이 하얘지며 또 다른 스트레스가 생기는 악순환을 막지 못한다.

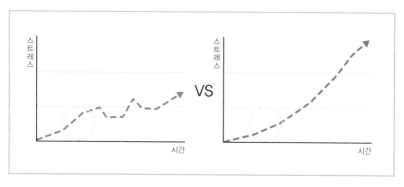

스트레스 – 시간 곡선

　스트레스 – 시간 곡선의 왼쪽과 오른쪽 곡선을 보면 왼쪽의 경우 스트레스가 올라가다가 어느 기간에 다시 떨어지는 경우가 있고, 오른쪽 그림은 스트레스가 계속 올라가기만 하다가 어느 시점에 약간 완만해지는 경향을 보이고 있다. 퇴사 시점이다. (조금 있으면 퇴사라 이 회사의 스트레스가 크게 늘어나지는 않지만, 다음 회사의 일이 걱정되어 다시 스트레스를 받는 유형이다. 답 없다) 스트레스가 올라가다가 떨어지는 경우에 주목하자. 동그란 점선 부분은 입사 후 보통 1~2년 정도 지난 시점으로, 어떤 일을 '담당'하게 되는 시기라 할 수 있다. 왼쪽은 맘먹고 그 일을 맡아서 부닥쳐 빡세게 제대로 공부하고 연습하고 선배들 노하우 물어물어 습득하는 것이다(재능이 쌓여가는 것이다). 쟤는 왜 저리 힘들게 살지? 라는 동기들의 수근거림이 들리더라도 시간에 따라 스트레스가 조금은 더 빨리 올라가더라도 한 단계 더 어려운 일, 새로운 일을 맞닥뜨리게 되는 경우에 당황하지 않게 되고, 남들보다 많은 시간을 투자하지 않아도 되는 스트레스를 오히려 떨어뜨리는 방법이다. 난, 맘먹기도 싫고 그 일 담당하기도 싫은데, 팀장이 "B대리, 이 건은 B대리가 맡아주어야겠어."라는 지시에 원망과 피하려 하는 고민, '그냥 고과평가 C 받고 말지 뭐'라는 생각만 머릿속에 가득하다면, '힘든 상황'만 반복될 뿐이다. 기울기만 달라질 뿐 스트레스는 계속 커져만 간다. A대리가 직장생활을 하는 동안의 스트레스 총 규모는 B대리보다 훨씬 작다. 성취감, 만족도 등으로 스트레스를 상쇄시키는 것도 큰 작용을 할 것이다.

스트레스 탈출을 위한 직장생활의 투자

밸런스를 더 효과적으로 유지하는 길은 스트레스를 줄이는 것이다. 회사를 위한 노력이 아니다. 나를 위한 것이다. 언제든 퇴사를 하고 다른 회사에 가더라도 참 잘 해 낼 것 같은 선배들, 이곳에서 매니저가 되고 리더가 된 선배들(일도 잘 하고 대체로 정시에 퇴근하며 평소 밝게 잘 웃어 주는 선배들)을 바라보자. 저 나이, 저 직급이 되었을 때, 일이 줄어드는 것이 아니라 'Life'를 챙길 수 있는 조정력/노하우와 같은 재능이 생기는 것이고 여러 스킬로 그 재능을 잘 발휘하면서 산다는 것을 알 수 있다. 이렇듯, '스트레스 – 시간 곡선'을 통해 유추할 수 있는 것은? 그렇다. 그냥 얻는 것이 아니라는 것이다. 어찌 보면 이것이 내가 가진 재능의 발휘를 위한 기본 조건이 될 수 있다.

▌[조직] 적은 노력, 큰 효과 '이름 외우기'

관계의 출발

스트레스 – 시간 곡선의 의미를 마음에 새기고 본격적으로 회사 생활을 시작해보도록 한다. 그 시작은 사람과의 관계이다. 아주 거창한 사람 사귀는 법을 이야기하는 것이 아니라, 기본적으로 신입사원이 자신의 재능을 발굴하고 제대로 발휘하기 위해 해야 하는 첫 번째 일을 이야기하는 것이다. 가끔씩 신입사원 중 시키지 않아도 본인이 알아서 이런 일을 하는 친구들이 보이곤 하는데, 그것은 바로 회사 부서들의 이름과 팀, 본부 사람들, 경영지원 조직의 사람 이름, 직급 – 얼굴을 매칭시켜 외우는 것이다. '그게 뭐 그리 급한 일이고 대단한 일인가 그리고 재능과는 또 무슨 상관인가'라는 반문이 있을 수 있지만, '저기요'와 같은 애매한 호칭, 직장에서만큼은 나의 재능을 발휘함에 있어 빨리 벗어나야 함을 알아야 한다.

'저기요.' 없는 신입사원 시절

어떤 학원을 가더라도 첫 번째 날의 내용(첫날에 이런저런 수강 내용의 개요만 이야기한다고 하면 둘째 날이 되겠다)이 가장 외울 것도 많고 이후 수업에 필요한 것들이 많아서 꼭 이해하고 넘어가야 한다는 것을 대부분의 독자들은 알 것이다. 하물며 회사는 어떠하겠는가. 신입사원들의 입사후 1년은 그 회사의 핵심 가치, 업무 내용, 문화를 이해하는데 매우 중요하다. 많은 질문과 대답이 쌓이고 재능이 발견되는 시기이다. 이런 중요한 시기에 저 사람이 누군지 몰라서 직급과 조직 이름이 헷갈려서 '저기요'가 입속에 맴돌다 타이밍을 놓치는 경우가 생기는 것은 결코 작지 않은 손해다.

부서의 이름과 경영진 및 주요 부서장들의 이름과 사진은 회사 그룹웨어나 조직도 파일들을 보면 쉽게 알 수 있지만, 팀원들의 이름과 얼굴이 함께 있는 자료는 구하기 쉽지 않으므로 직접 만들 것을 추천한다. 5분이면 된다. 그나마 빨리 친해진 고참이나 옆자리 선배에게 최근 팀 단체 사진을 얻어서 이름을 표시하는 것도 좋은 방법이다. 다 만들었으면 네임택을 보면서 확인하고 또 확인해야 한다. 이때 가끔씩 발생하는 실수가 이름을 잘못 붙이는 경우다. 신기해 대리님한테 한아름 과장님! 하고 부르는 경우, 한 번은 실수로 넘어가겠지만, 두 번은 절대 안 된다. (매우 동안인 어느 부장님께 ○○대리님! 하고 불렀던 어느 회사 신입사원의 슬픈 이야기는 많이들 알 것이다)

이제 어느 정도 자신감이 생겼으면, 아침 출근할 때 마다 마주치는 선배들에게 또랑또랑한 인사를 건네자. 그냥, "안녕하세요~." 보다 "신기해 대리님, 좋은 아침입니다."가 훨씬 살갑게 다가간다. 회사 내에서 이름을 부르는 문화가 아니라면 굳이 뗼 필요는 없다. 하지만 신입사원 시절의 모든 일상 대화에서 사람 이름과 얼굴을 빨리 익힐 경우, 많은 실수를 줄일 수 있고, 여러 기회를 얻을 수 있다. 자신이 꽤 높은 부서장일 경우에도 이는 해당되는 이야기다. 부서원들이 백 명도 넘는 조직에서 그들의 얼굴과 이름을 며칠 안에 외워 활용하는 부서장과 1년이 넘도록 '저 친구'로 일관하는 부서장 중 누가 인싸[5]가 될 수 있을지는

---

5 인사이더의 약자, 아웃사이더의 반대 개념으로, 자신이 소속된 무리 내에서
   적극적으로 어울려 지내는 사람을 일컫는 표현.(나무위키, https://namu.wiki/, 2020.7.15)

굳이 설명하지 않아도 된다.

신뢰에 이르는 시간과 나의 재능 발휘

누가 누구인지를 잘 파악하고, 회사 및 부서에 대한 이해도를 빠르게 높여, 많은 선배들과 리더들의 신뢰를 얻기까지 걸리는 시간이 줄어들면 줄어들수록 내 재능을 발굴하고 발휘하고 발전시킬 수 있는 기회는 늘어난다. AI 시대가 다가온다는 것은 기업이, CEO가 데이터 중심의 사고를 시작했다는 것이다. 예전 같이 "네 재능을 알리지 말 것. 회사가 그것을 알면 계속 일을 시킨다."라고 후배들에게 어깻짓을 하며 속삭이던 선배들의 시대는 가고 있다. 이제 누가 어느 정도로 작은 재능을 가지고 있는지, 재능이 별로 없는데도 경험을 쌓으려 하지 않고 편한 일만 하려 하는지를 손쉽게 데이터로 알 수 있는 시대가 도래하고 있는 것이다. 그런 사람들의 재능은 더 이상 발굴되지도 발휘되지도 발전되지도 않는다. 지금의 회사를 떠날 시간도 더 빨리 오고, 다음 회사로 가지고 갈 재능은 더욱 초라해진다.

┃ [지식] 회사 업무 용어 폴더 만들기

회사 업무 용어 정리

6개월이면 필요 없는 것이 될 일이지만, 회사 업무 용어에 친숙해 지기 위한 노력은 반드시 필요하다. 그 방편으로 '모바일 폴더'를 만들 것을 추천한다. 학교 다닐 적에 만들던 영어 단어장 같은 개념은 아니고, 중요한 업무 용어들의 정확한 해석을 정리하고 이해가 될 때까지 계속 보완하는 개념의 폴더라 생각하면 된다.

분야에 따라 심하게 약어들이 많은 회사가 있다. 재료공학을 전공한 이들에게 SEM은 Scanning Electron Microscope(주사 전자 현미경)의 약어이다. 하지만 재료공학을 전공하고 전자재료 분야 기업들을 컨설팅하는 회사에 입사하게 되면 곧, SEM은 Strategic Enterprise Management(전략적 기업경영)의 약자가 됨을 체험하게 된다. 입사 후 한 달가량은 회의에 참여할 때마다 도대체 이 사람들이 어느 나라 말을 하는지도 모를 수 있다. 내 재능을 이곳에서 발휘하고 싶은데, 내 재능에 이곳의 경험을 보태 더 가치 있는 재능으로 만들고 싶은데, 수동적이고 주눅 든 내 모습을 발견하게 되는 순간순간이 매일 발생한다. 딴 방법 없다. 그런 단어가 나올 때마다 폰으로 정의를 찾고 URL을 복사하여 클라우드 기반 노트 서비스를 이용, 폴더들을 만들고 폴더별로 차곡차곡 정리하자. 녹음 기능도 십분 활용하여 내가 모르는 말이 6개월 후에는 없도록 해야 한다.

ASAP (as s○○n as possible, 최대한 빨리), BCC (blind carbon copy, 숨은 참조), CC (carbon copy, 참조), FYI (for your information, 참고하세요. 특히 받

은 메일을 다른 사람한테 이송할 때 사용), N/A (not applicable, 해당사항 없음), TBD (to be decided, 확정되지 않았음) 등은 직장생활을 어느 정도 한 독자라면 웃음이 나올 법한 기본적 약어들이지만, 이것도 몰라서 눈치 보며 폰으로 검색을 해야 했던 올챙이 신입사원 시절이 분명히 있었을 것이다.

내게 주어지는 역할은 재능 발휘의 기회

'이 친구가 회사 생활 적응을 어느 정도 한 것 같군.', '빠르게 적응하는 재능이 있는 것 같네.'라는 선배들의 평가가 내려진다면, 단순 반복되는 일에서 점차 어떤 '역할'을 맡게 된다. 내가 입사를 희망했던 바로 이 직장에서의 '역할'은 내 재능을 한 번 터뜨려 볼 수 있는 필드이자 기회가 된다. 그런 역할을 적시에 맡기 위해 자신이 만들었던 폴더는 분명한 가치가 있다. 또 한 가지, 폴더에 정리한 결과들을 보며, '내가 왜 이런 쉬운 말들을 굳이 정리까지 해 가며 외우려 했을까'라는 생각이 들 때쯤 생기게 되는 후배 신입사원들, 새로운 올챙이들에게 폴더 전체를 환영 선물로 보내보자. 선배의 재능을 인정하고 감사하는 초롱초롱한 눈빛을 보게 될 것이다.

▎[관계] 선배 입장이 되어 보는 노력

모든 선배가 후배를 사랑하진 않는다.

신입사원의 시기를 어느 정도 벗어나게 된다는 것은 후배가 생긴다는 말과 같다. 자신도 선배가 되는 것이다. 이 시기가 될 때까지는 길지 않은 기간이겠지만, 신입사원 시절의 자신의 모습은 대부분 까맣게 잊게 된다. 특히, 이런저런 허드렛일까지 도맡아 해야 했던 눈물 나는 막내 시절을 보낸 신입사원의 경우, 똘망똘망한 후배 사원의 입사를 손꼽아 기다리게 된다. 자신이 선배들한테 서운했던 것, 아무도 가르쳐주지 않았던 정보, 지식의 습득을 위해 혼자 끙끙 앓았던 기억, '내 후배가 들어온다면 정말 따뜻한 선배가 되어 주어야지'라는 다짐, 모두 어딘가로 사라지고 '들어오기만 해봐라. 내 이 모든 짐을 넘겨주리라'라는 전투의욕으로 바뀌는 자신을 보게 된다. 그런 상황에서 입사한 신입사원은 '사람 좋게 생긴 선배님들께서 내가 입사한 것을 축하해주시고, 함께 알콩달콩 잘 지내기를 바라시는 눈빛을 보여주시는구나'라는 오해 아닌 오해를 하다가 어설픈 실수를 했을 때나 공동 작업에서 뒤처지는 순간에 예상치 못한 선배들의 성난 목소리를 들을 수 있다.

신입사원의 입사에 즈음한 선배들의 생각

다음은 필자가 직장생활하면서 신입사원의 입사를 기다리는 선배 사원들의 관심사는 무엇인지 들어 본 내용들이다. (물론, 아주 긍정적인 기다림의 표현도 있었지만, 그런 내용은 제외하였다)

'이번에 입사하는 신입, 제발 한 명 몫은 해줬으면 좋겠어.'

'설마 이것저것 다 챙겨줘야 하는 건 아니겠지?'

'한 번만 이야기해도 알아들어야 할 텐데.'

'일 못 하는 건 용서가 되는데, 자세가 잘못된 후배는 용서가 안 돼.'

'1번 면접자가 똑똑한 것 같던데, 우리 팀으로 왔으면 좋겠다.'

'마지막 면접자는 합격했긴 했다는데, 쫌, 아닌 것 같아. 우리 팀으로 오면 어쩌나.'

'난 지금 내 일 하는 것도 벅찬데, 팀장님이 나한테 신입을 붙이면 어쩌지? 가르쳐 가며 일할 자신 없음.'

선배/고참에게 말하기와 선배/고참의 말 듣기

이런 마음을 가진 선배들이 버티고 서 있는 직장에 혈혈단신으로 바람 부는 광야에 홀로 서 있는 듯 외로운 신입사원에게, 재능을 잘 발휘하고 발전시킨다는 건 사치스러운 말로 들릴지 모른다. 하지만 해야 한다. 신입 시절에 얻을 수 있는 가장 큰 자산은 선배들의 경험과 지식이다. 이것을 쏙쏙 잘 빼내어 자신의 것으로 만드는 노력은, 힘들긴 하지만 반드시 거쳐야 하는 과정이고 그러한 노력을 통해 자신의 재능을 발휘하고 발전시켜 나가 보자. 다음 장에서 보다 자세히 다루겠지만, 선배들과 어떻게 말하고 듣느냐에 따라 '경험과 지식'이라는 소중한 자산을 얻을 수도 있고 못 얻을 수도 있다. 이것은 매우 중요한 스킬인데, 이를 간과하는 신입사원들이 의외로 많아서 정리해 보았다. '그렇게까지 하면서 직장생활을 하긴 싫습니다.'라는 말이 나올 정도는 아닌 내용이니까, 한번 잘 읽고 바로 시도해보면 좋겠다.

선배/고참에게 말할 때	선배/고참의 말을 들을 때
• 명확한 자신의 견해 정리 • 명료한 자기표현 • 효과적인 전달 방식의 선정 • 적절한 환경의 조성 • 선배/고참의 이해 여부 확인 • 선배/고참 스타일에 대응하기	• 주제에 대한 관심 끌어올리기 • 적극적 경청 • 나의 의견 정립을 위해 필요한 것 파악 • 선배/고참의 스타일을 이해 • 선배/고참의 전달 방식에 동화 • 정확한 이해를 위한 질문

선배/고참과 어떻게 말하고 듣느냐는 매우 중요

선배라고 해서 무조건 굽신거려야 하는 시대는 이미 지나갔다. 오히려 선배에게 말할 때, 평소보다 더욱 명확하게 자신의 견해를 표현해야 하는 시대가 되었다. 다만 사전에 무엇을 말할지 잘 생각하고 그 선배가 편안하게 들을 수 있는 예의를 갖추면 된다. 두서없이 이런저런 질문을 묶어서 전달하려다 보면, '그래서, 하고자 하는 말이 뭐야'라는 선배의 짜증을 받을 수 있다. 다음부터 말 걸기 힘들어지는 것은 당연하다.

전달 방식 또한 잘 결정해야 한다. 직접 말로 하는 것이 좋을지, 메신저가 좋을지, 많은 사람들이 있는 곳이 좋을지, 단둘이 이야기하는 것이 좋은지 등을 짧게라도 꼭 고민하자. 빨리 친해진 선배에게, "박 과장님께 ○○○○를 여쭤보고 싶은데, ○○○를 통해 여쭤봐도 될까요?" 같은 질문을 해서 정보를 얻은 다음 실행에 옮기는 것도 좋은 방법이다.

돌직구와 같은 단도직입적인 질문이나 의사 표현은 좋지 않은 결과를 가져올 수 있다. 상황에 맞는 인사와 센스 있는 '띄워드림'으로 분위기 잡은 후, 하고자 했던 말을 꺼내는 지혜를 발휘하자. "대리님, 식사 맛 있게 하셨어요~?" (이런 질문에 대한 대답으로 현재 기분 상태를 알 수 있는 경우가 많다. "어, 오늘 구내식당 밥이 좀 괜찮더라고. ○○씨는?"이 정도면 좋은 찬스다) "많은 분들께서 ○○○ 부분의 우리 회사 전문가분 중에 대리님이 최고라고 하셔서, 한 가지만 여쭤보려고요." 그렇게 어려운 것은 아니다.

누군가의 말을 선배에게 전해야 하거나, 중요한 답변, 의견을 받아야 하는 경우에는 나의 말이 제대로 전달되었는지를 확인하는 것도 중요하다. 그렇다고, "이해하셨나요?" 같은 표현으로 분위기를 싸하게 만드는 실책을 저질러서도 안 된다. 했던 말을 서너 번 반복하는 것도 비추. 그렇다면 어떻게 해야 할까. 전달할 내용을 다 전하고 난 후, 간단명료하게 한 번만 더 반복하는 방법을 추천한다. "(전달 내용 설명 후) 선배님, 그러니까, 요약하자면, ○○○는 ○○하여 가능한 방법이 아니니, 다른 대안, 특별히 비용이 가장 덜 들어가는 대안이 필요하다는 것인데요." 물론 대화 시작 전에 짧게 요약한 내용이 머릿속에 있어야 한다.

선배의 스타일을 사전에 확인하는 것도 중요하다. 말보다는 메일이나 메신저와 같이 글로 질문받는 것을 선호하는 선배에게 말부터 하는 것은 적절치 않다. "선배님, ○○○ 고객 건 관련하여 선배님의 ○○를 묻는 메일을 조금 전에 보내드렸습니다. 시간되실 때 답변 부탁드려요." 정도의 표현이라면, 대부분 오케이 사인이 떨어질 것이다. 또, 사람들 앞에서 크게 떠들며 업무 이야기를 하는 걸 좋아하지 않는 선배라면, 그 선배가 혼자 있지만, 업무에 푹 빠져 있지는 않은 타이밍을 잘 잡도록 한다. 그런 스타일들을 어떻게 다 파악하냐고? 주의 깊게 잘 살펴보면 1주일이면 알게 되는 것들이다. 신입사원이라고 모니터에만 집중하는 첫 1주일을 보내선 안 된다.

선배의 말을 들을 때에도 스킬이 필요하다. 우선 나 자신이 선배의 말과 관련된 내용에 관심을 가져야 한다. 가식적인 고개 끄덕임, 영혼 없는 "네, 네"인지는 말하는 사람이 제일 잘 안다. 실제로 내 마음속의 관심을 끌어올리고, 친구 간의 "아 진짜?"에 해당하는 추임새, 즉 "정말 그렇겠네요.", "와, 고생 엄청 하셨겠어요. 저라면 못할 것 같아요." 등의 적극적 경청의 표시를 하도록 한다.

직장에서 선배들과 대화를 나누다 보면 결론적으로 나의 의견을 말해야 할 때가 의외로 많다. 맨 마지막이, "자, 알아들었지. 그럼 할래? 안 할래?"라든지, "이런 상황인데, 어느 정도의 시간이면 되겠어?"와 같은 대화에선, 선배의 말을 들으며 의사결정을 위해 어떤 것들, 어떤 정보들이 필요한가? 에 집중해야 한다. 그저 멍때리고 듣다가 다시 이런저런 내용을 되묻는 것처럼 선배를 답답하게 하는 경우는 없다.

선배의 듣는 스타일 뿐 아니라 말하는 스타일 파악도 중요하다. 항상 화가 나 있는 것 같은데, 알고 보니 평상시 말하는 투가 그런 사람이 있고, 항상 웃는 얼굴로 많이 심각한 내용을 말하는 사람도 있다. 말하는 도중에 짧은 질문을 던지고, 그 질문에 대한 답이나 반응이 좋지 않으면 짜증을 내는 사람이 있고, 업무적인 대화를 나누기 전에 기본적인 준비가 되어 있지 않으면 관련 자료 검토를 다시 하고 오라고 돌려보내는 사람도 있다. 모든 선배들의 스타일에 맞추려 노력할 필요는 없겠지만, 각각의 스타일을 빨리 파악하여 적어도 어떤 스타일인지 알고 대화하는 것이 서로 오해를 하거나, 기분이 상하는 일을 방지할 수 있다.

전달 방식도 참 다양하다. 가끔씩 만나게 되는 말 속에 뼈처럼 담아 전하는 선배들. 농담인 줄 알았는데, 진짜 하라고 시키는 것임을 나중에 알게 되는 경우도 있다. 반대로 진짜 업무지시처럼 이야기하면서도 알고 보면 농담인 사람도 있는데, 이런 경우는 주변 사람들에게, 정말 작업을 하라는 이야기인지에 대한 의견을 구해보길 권한다. 상당히 많은 정보와 구체적인 요구사항을 제시해야 가능한 지시를 아주 간단히 이야기하는 리더도 있는데, 꼬치꼬치 되물으면 화를 내기도 하는 스타일의 경우에는 최대한 지시 내용을 꼼꼼히 정리한 후, 우선, "네, 잘 알겠습니다. 해보겠습니다. 말씀하신 내용을 제가 좀 정리해 보고, 간단히 몇 가지 질문드리도록 하겠습니다." 정도로 우호적인 대답을 하고, 한 박자 늦춘 시간에 (보통 1시간 정도 후면 좋다) 확인해야 할 정보들과 꼭 질문해야 할 세부적인 요구사항을 정리하여 질문하는 것이 좋다.

"말씀하신 내용으로는 이 일의 목적도 모르겠고, 작업 결과물이 어떤 모습인지 떠오르지 않습니다."라고 대응하는 직원들이 가끔씩 보이는데, 그 일을 하기 싫다는 모습으로 비칠 수 있고, 감정적으로 좋지 않은 분위기가 형성될 수도 있으므로 조심해야 한다. 어차피 그 정도로 요구사항을 명확히 하기 어렵거나 시간이 걸리는 전달 사항이라면 1시간 정도 정리할 시간을 갖는 것이 여러 면에서 괜찮은 방법이다. 급박한 상황이라 여유가 없다면? 어떻게 해서라도 상세한 요구사항 파악을 시도해야 한다. 자신 있는 대답을 먼저 하여 신뢰의 마음을 가지게 한 후, 최대한 많은 대화로 노력해야 하는 것이 '요구사항 명확화'이다.

마지막으로, 내가 제대로 이해했는지 확인하는 단계가 꼭 필요한데, 선배들에게 "제가 다시 말해 볼게요. 틀린 것이 있으면 지적해주세요."라고 하는 것이 가장 좋을 것 같지만, 매번 그런 방식의 대응을 하다 보면 말하는 선배는 한 번 이야기하고, 자신이 이야기한 내용을 또 듣고, 거기서 빠뜨린 것을 지적해 줘야 하는 것에 불편함을 느낄 수 있다. 이럴 때는 명확한 대답과 함께, 간단히 요약하며, '즉시', '최대한' 등의 단어를 추가하여 대화를 마무리하는 방식을 써 보면 좋다. "넵, 알겠습니다. 즉시 ㅇ과장님께 연락 드려 ㅇㅇ자료를 받아서 최대한 빨리 ㅇㅇ 작업을 완료한 후 그 결과를 메일로 보내드리겠습니다." 정도가 좋은 표현이다. 대부분 이런 경우에 한두 가지 유의할 점이 추가로 전달되면서 마무리된다. 자, 이렇게만 하면, '업무 지시할 때 하나부터 열까지 다 설명해줘야 하는 답답한 신입사원'이 될 가능성은 제로가 된다.

[규율] '해서는 안 될 행동'이 무엇인지 파악

입사 후 빠른 파악이 필요한 '주의 사항'

    사회생활을 처음 시작하는 신입사원이 아닐지라도 새로운 회사에 입사하게 되면, 그 회사에서 매우 중요하게 다루어지는 '해서는 안 될 행동'들이 어떤 것인지를 빠른 시간 안에 파악하는 것이 좋다. 대부분 회사에서 공통적으로 금기시되는 행동, 즉 업무시간에 게임을 한다든지, 출퇴근 시간을 지키지 않는다든지, 틈만 나면 휴대폰 통화를 큰소리로 한다든지 하는 것들 이외에 이 회사만의 특별한 '주의사항'이 무엇인지를 파악하여 항상 조심하는 자세가 필요하다. 한순간에 이 정도는 괜찮겠지 등의 마인드로 시범케이스가 되어 기분도 상하고, 입사 첫해 고과(考課)도 걱정되게 하는 상황을 만들어선 안 된다.

선배들을 통해 '최악의 행동' 파악

    어떤 기업에서 내부 설문을 통해 파악한, '선배들이 생각하는 신입사원들의 행동 중에 최악인 것들'을 정리해 보았다. (물론 회사마다 이런 내용은 달라지므로, '우리 회사라면 어떤 내용일까'라는 생각을 시작하는 단초로만 활용하자) 이런 내용을 접하면, 바로 앞에서 지적해주지 않더라도 '선배들은 이런 생각을 하고 있구나.'라는 것을 알게 된다.

    회사마다 또 같은 회사라도 시기에 따라 사원들이 유의해야 하는 사항들이 여럿 있다. 많은 숫자의 직원들이 고객 사이트로 파견을 나가는 회사 같으면 파견지 고객들이 있는 상황에서의 행동들이 중요할 것이고, 새롭게 등장한 업종의 회사 같은 경우, 신입사원들은 배울 것이 매우 많은데, 그런 배움의 자세를 굉장히 강조하는 시기가 있을 것이다. 이런 내용이 회사 게시판에 없더라도 사원들이 행동 지침(규율)이 있지 않더라도 스스로 '주의를 요하는 사항'을 만들어, 자신의 재능을 발휘해 보기도 전에 '불량 사원'으로 찍히는 일이 없도록 해야 한다.

1위	회사내부 사정 관련 안될 말, 안해도 되는 말을 한다.
2위	업무수행 결과물에 성의가 없다. (대충대충, 고민없이, 오탈자 남발 등)
3위	지시사항을 자주 까먹는다.
4위	많이 부족한 상태인데 배우려는 의지가 보이지 않는다.
5위	수행업무 관련 도구사용 교육 없이 투입되었다.
6위	고객의 질문에 무조건 "모릅니다"로 일관한다.
7위	고객에게 본인이 잘 모르는 내용을 너무 자신있게 이야기한다.

선배들이 꼽은, "이런 행동은 최악이다."(예시)

굳이 거창한 조사 작업을 할 필요는 없다. 회식 때 옆에 앉게 된 선배나, 우연히 퇴근하면서 지하철역까지 같이 걷게 된 선배한테 물어보면 된다. "선배님, 우리 회사에서 제일 금기시 되는 행동은 뭘까요? 선배들이 제일 싫어하는 신입사원들의 행동이랄까요." 보통 2~3가지 이상 이야기를 할 것이므로, 대여섯 명한테만 물어봐도 공통되는 것을 제외하면 대충 5가지 이상의 '이런 행동은 최악이다.'가 만들어질 것이다.

셋, 직장에서의 슬기로운 커뮤니케이션 스킬

'직장 내 소통의 하이패스가 되는 지름길'

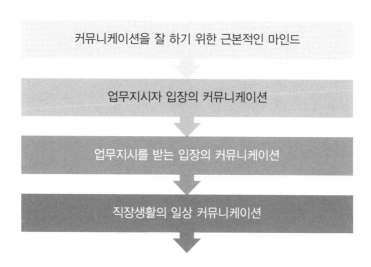

커뮤니케이션을 잘 하기 위한 근본적인 마인드

업무지시자 입장의 커뮤니케이션

업무지시를 받는 입장의 커뮤니케이션

직장생활의 일상 커뮤니케이션

많은 학자들이 AI 시대가 오더라도 AI가 '아직 저는 그 말씀에 대한 답을 배우지 못했어요.'라고 하며 가장 힘들어할 것으로 '커뮤니케이션'을 꼽고 있다. 반대로 이야기하면, 커뮤니케이션 측면에서 사람의 역할이 오래 지속될 것이고, AI 시대가 도래하는 데 자신의 재능을 제대로 발휘하기 위해선 커뮤니케이션을 잘 하는 사람으로 인정받을 필요가 있다는 이야기가 된다.

오해는 하지 말자. 'AI가 커뮤니케이션을 잘 못할 것 같으니까, 난 커뮤니케이션을 잘 해서 살아남자'는 개념이 아니다. 커뮤니케이션의 영역이 다르다. AI를 도입하는 과정에서 커뮤니케이션을 잘 하는 사람으로 인정받는 사람에게 무언가 역할이 부여될 것이고, AI가 도입된 후에도 커뮤니케이션 잘 하는 사람에게 AI의 커뮤니케이션을 보완하고 검토하는 등의 일은 계속될 거라는 의미이다.

이렇듯 중요한 커뮤니케이션에 대해 본 장에서는 커뮤니케이션을 잘 하기 위한 근본적인 마인드 형성부터 이야기하고, 직장에서 일어나는 커뮤니케이션 중에서 중요 영역인 업무지시자와 응답자 입장뿐만 아니라 일상의 커뮤니케이션에 대해 정리해 보려 한다.

커뮤니케이션을 잘 하기 위한 근본적인 마인드

근본적인 마인드 형성이 중요한 이유

최근 수년 동안 직장에서의 커뮤니케이션을 잘하는 방법과 관련된 도서들이 많이 출판되었다. 하지만 대부분 이럴 때는 이렇게 대응해야 한다는 식의 '사회생활 잘하는 법'처럼 기술되어 있고, 근본적인 마인드 형성에는 많은 부분을 할애하고 있지 않다.

90년대생, 밀레니엄 세대 등 앞으로 이 사회를 짊어지고 나갈 청년들은 '굳이 내가 왜 맘에도 없는 말을 해야 하고 기분 내키지 않는 태도를 취해야 하느냐.'라는 근본적인 주장을 하기에 대응 표현 중심으로 가이드를 주는 방식으로는 그들에게 큰 도움이 되지 않을 것이다. 세상도 점점 더 솔직해지고 있고 가식을 더욱 용서치 않으며 논리적인 데이터에 근거한 합리적 표현을 원하고 있기 때문이다.

바람직한 커뮤니케이션에 대한 고민

다음은 사회학적인 관점으로 '커뮤니케이션'을 정의한 내용[6]이다.

'커뮤니케이션은 인간이 생존과 바람직한 사회생활을 영위하기 위해 외부적으로 나타내는 의사표시이다. 이러한 커뮤니케이션은 전달과 수용, 또는 반응을 행하는 2개의 주체와 그러한 교류작용을 연결하는 매개물을 필요로 한다. (중략) 커뮤니케이션은 인간의 사회적 성격을 반영하는 인지적 상호작용이기 때문에 사회적 상호작용이 맺어지는 형식에

---

6 https://namu.wiki/, 2020.07.06

따라 다양한 형태의 커뮤니케이션이 존재할 수 있다. (중략)'

　간단히 이야기해서 커뮤니케이션은 매개물을 통한 상호 의사표시라는 것인데, 그것이 바람직한 사회, 즉 우리의 이야기 범주로는 바람직한 직장생활을 위한 교류작용이라는 것이다. 그렇다면 바람직하지 않은 교류, 의사표시는 어떤 것이 있을까. 소통되지 않는 한 방향의 지시, 전체 구성원들에게 피해를 주는 오류 정보 전달, 누군가를 음해하는 중상, 모략 등이라 하겠다. 따라서 문제는 이러한 것들과 반대되는 바람직한 의사소통의 커뮤니케이션을 추구하는 마인드를 형성하는 것이다.

피상적이지 않은 커뮤니케이션

　내가 주인공이 아니라, 전체 구성원이 주인공이고, 그들 한 명 한 명도 나름 고민들을 안고 살아간다는 것. 한마디 말의 실수를 한 것에 그들도 후회하고 미안해한다는 것. 정말 나쁜 사람 같지만, 저들의 마음속에도 표현하기를 어려워하는 답답함이 있다는 것. 거짓이 진실처럼 인정받고, 아무도 오류를 지적하지 않아 공동체 전체가 위험해지는 것을 강 건너 불 보듯 하다. 무엇보다, 난 이런 커뮤니케이션이 싫고 바꿀 마음도 없어서 다른 회사를 알아보겠다는 마음가짐. 나가면 그만이 겠지만, 나를 둘러싸고 있는 작은 사회를 변화시켜 보려는 노력은 해보지도 못하고 이미 경험했던 그러한 사회일지도 모르는 곳을 향해 문을 두드려야 한다는 점을 인식하는 것이 중요하다.

　AI 시대와 나의 재능 발휘하기를 논하다가 갑자기 윤리 도덕 교과서가 되는 것으로 볼 수도 있겠지만, 잘 생각해보면, 이런 마인드가 형성되어 있지 않다는 것은, 어떤 훌륭한 커뮤니케이션을 위한 노력을 하더라도 억지로 하는 것이고 피상적인 표현만 바꾸게 되는 것으로, 그저 자신의 마음을 다 아는 친구에게, '너 참 사회생활 잘 한다.'라는 말만 들을 뿐인 것이 된다.

진심으로 기분을 좋게 만드는 커뮤니케이션

그래서 필자는 감히 '커뮤니케이션의 기본은 진심이고 결과는 기분이다.'라고 강조한다. 억지로 외우고 억지로 표정을 바꿔서 진행하는 커뮤니케이션은 이제 더 이상 '잘 하는 커뮤니케이션'이 아니다. 마음 자체를 바꾸자. 진심으로 대하고, 진심으로 함께 하려 하고, 진심으로 위한다면 그 커뮤니케이션의 결과가 원하는 것이 되지 않더라도 그렇게 후회스럽지는 않을 것이다. 또한 그 진심이 좀 느린 속도이지만, 다가갈 수만 있다면, 그 다음번의 커뮤니케이션은 보다 더 원하는 결과에 가까워질 것이다. 이런 노력으로 우리 모두 기분 좋게 일을 해 보자. 한 명 두 명 합심해서 그렇게 만들어 가야 하는 것이다.

커뮤니케이션의 기본, 진심과 기분

▎업무지시자 입장의 커뮤니케이션

업무지시 커뮤니케이션의 중요성

먼저 업무지시를 할 때의 커뮤니케이션 방법이다. 일 시키는 것을 책까지 봐가며 고민해야 하냐고 말씀하시는 분들이 계실지 모른다. 그러나 최근 대부분의 기업 경영진들은 업무지시를 어떻게 하느냐에 따라 공동체의 분위기가 급변하고, 조직의 성과도 크게 영향을 받는다고 생각한다. 2019년 7월 16일부터 『직장 내 괴롭힘 금지법』이 시행되어 업무지시와 관련하여, 지위 또는 관계의 우위에 있는 사람이 업무와 관련된 질책 과정에서 모욕감을 주려는 의도가 다분하다면, 직장 내 괴롭힘에 해당하여 처벌받을 수 있게 되었기 때문에 더욱 업무지시 커뮤니케이션이 중요해졌다. 또한, 커뮤니케이션이 구성원의 재능을 발굴하고, 더욱 크게 발전시키는 것에 매우 큰 영향을 주는 것이기도 하기에 그 중요성이 더욱 배가된다고 할 수 있다.

평소 자신의 업무지시 스킬이 좀 부족하다 싶은 독자는 지금부터의 내용을 요약하여 모니터 옆쪽의 메모판에 붙여 두고 매일 보고 읽으면서 '나의 것'으로 만들기를 권한다.

업무지시 전에 확인할 내용

··· 지시하려 하는 사항을, 당신은 어떤 것인지 잘 알고 있는가?

당신이 업무지시를 받는다고 생각하고 혼자 지시사항을 읊조려 보는 것이 좋은 방법이다. 가상의 부하 직원이 '정작, 당신은 무슨 소린지 아십니까?'라는 대사를 머릿속에 넣고, 눈을 똥그랗게 뜬 채 바라보고 있다고 가정하고 지시사항을 읊어 보면 대략 감이 잡힌다. 30초도 안 되어 머리를 긁적거린다면 업무지시를 하더라도 99% 실패이다. 그 지시사항을 사장님께 받았든지, 부사장님께 받았든지 다시 찾아가야 한다. 물론 어려운 걸음인 것을 안다. 하지만 나중에 지시사항이 애초 원하던 모습이 아닌 것으로 완결되어 더 큰 일이 생기는 것보단 낫다.

"지난번에 지시하셨던 ○○○건 다시 말씀해 주실 수 있을까요?"라고 다시 질문하기가 너무 창피하다면, 머리를 긁적거릴 때 막혔던 부분들이 무엇이었는지 정리해서 다음 표현으로 시도해보면 조금은 분위기가 괜찮아질 것이다. "지난번에 지시하셨던 ○○○건의 이행 준비가 착착 진행되고 있습니다. 그런데, 저희가 한 번 더 확인하고 진행하면 더 결과가 좋을 것 같은 사항들이 있어서 여쭤보러 왔습니다. 결과가 도출되면 활용하시려 하는 용처와 중간 과정에서 꼭 고려하라고 하셨던 …을 말씀해 주셨으면 합니다."

… 짧은 업무지시라도 갖출 것이 있다던데?

업무지시를 할 때 가장 먼저 고민해야 하는 것은 당연히 누구한테 시킬 것인가이다. 독자가 만약 팀장 이상이거나 고참 사원이라면 예전에 업무지시를 받기만 하던 시절을 생각해보자. 업무지시를 내리는 사람과 관련된 뒷담화 중에서 상당히 큰 부분을 차지하는 것이 '아무한테나 시킨다.'이다. "우리 본부장님은 자기 방문을 열고 나와서 제일 먼저 보이는 사람한테 일을 시켜. 그래서 그 방문 바로 앞에 책상이 있는 김 과장이 제일 고생하지." 이런 말을 하는 직원들을 상상해야 한다. 그렇다면 누구에게 시켜야 한단 말인가? '이 지시사항을 이행하여 가장 좋은 성과를 낼 사람?'

아니다. '이 지시사항을 지금 상황에서 이행하여 가장 좋은 성과를 낼 사람'이다.

물론 해당 지시사항을 이행하기에 가장 적합한 조건을 검토하는 것은 필요하다. 전공, 경험 및 적성과 직급 또는 지시사항과 관련 있는 업무 수행 여부 등을 살필 것이 있다. 하지만 그런 검토를 통해 최종 낙점된 직원이라도 그 직원의 현재 상황이 어떤지를 살펴야 한다.

많은 조직에서, '일을 꽤 잘 하고, 재능이 출중한 직원'한테 일을 몰아주게 되어 그 직원이 번아웃[7]되거나 로열티가 떨어져 회사를 나가게 되는 등의 실수를 범한다. 정말 그 직원이 이 회사의 핵심 인재라면 오랫동안 좋은 컨디션으로 일 할 수 있도록 여건을 마련해 주어야 한다. 그것이 지금 당장 눈앞의 많은 일들을 그 직원이 처리함으로써 얻게 되는 이득보다 훨씬 큰 이득이 된다. 그런데 모든 직원들이 다 바쁜 일들에 매여 있다면 어떻게 해야 할까. 가장 투덜거리지 않을 직원한테 시킨다? 아니다. 간단한 방법이지만 가장 피해야 하는 방법이다. 그나마 자세가 좋은 직원을 잃을 수 있는 방법이기 때문이다.

우선, 모든 직원들 각각이 현재 매여 있는 일들을 파악하자. 그리고 그 일들의 경중과 긴급성, 대체 가능 유무 등을 따져보자. 간단히 표를 만들어 지속적으로 관리하는 것도 좋다. 병렬적인 업무 진행을 하고 있는 직원 중에 어떤 직원의 업무들 중 몇 가지를 팀장 권한으로 취소/

---

7 번아웃 : 의욕적으로 일에 몰두하던 사람이 극도의 신체적·정신적 피로감을 호소하며 무기력해지는 현상.

연기 시킬 수 있다면, 그리고 해당 직원이 이번 지시사항을 수행할 수 있는 역량도 갖추고 있다면 정말 괜찮은 선택이 될 수 있다.

이제 남은 것은 무엇일까. 지시사항과 관련된 업무 경험이 있는 직원이 새롭게 업무지시를 받은 직원에게 어느 정도 조언해 줄 수 있도록 해 주는 것이다. 그리고 본 지시사항 건을 팀 회의 시에 공유하고 최대한 투명하게 이번 일을 맡을 사람이 선정된 과정을 알리는 것이다. 이런 과정을 거쳐야 모든 구성원들이 누가 무슨 일을 하는지 알게 되어 각자의 업무 진행에 참고할 수 있고, 새로운 일의 진행 절차에 대해 리더와의 신뢰를 형성하게 된다.

성명	업무	특성	기간 1주 2주 3주 4주 5주 6주 7주 8주	중요도	시급성	대체가능여부	대체방안	비고
김새로이	내년전략수립	사장님지시		상	상	불가	N/a	지연중
박이서	"	"		상	상	불가	N/a	지연중 (업무경험자)
명현이	"	"		상	상	가능	나뒤끝	지연중
이승리	고객요구대응	팀고과직결		상	하	불가	N/a	작년평가C
장사라	프로젝트 A	매년반복		중	하	불가	N/a	정상진행 중
나뒤끝	"	"		중	하	가능	구열심	정상진행 중
성공해	프로젝트 B	올해론칭		상	중	불가	N/a	지연중
구열심	"	"		상	중	가능	명현이	지연중
한착해	마케팅	바쁠정도 시기의존		중	하	가능	잠시중단	-
반정도	팀어드민	상시대기		하	중	불가	N/a	-

직원들의 업무 파악을 위한 점검표

누가 할 것인지가 정해졌으면, 이 작업을 왜 하는지와 무엇을 할 것인가를 전달한다. 앞서 '지시해야 할 사항'에 대한 목적과 해야 할 내용을 명확히 알게 되었으므로, 이를 최대한 시간순으로 정리한다. 이때, 작업 담당 직원의 경험치를 고려하여 선·후행 관계를 정의해야 한다.

예를 들어, '작년에 제안한 사업들의 발표 평가 때 심사위원들이 질문한 내용과 답을 정리하라.'라는 지시사항이라면, 목적은 아래와 같이 정리할 수 있다.

- 작업 결과가 만들어지면, 각 사업팀으로 하여금 질문 내용과 답변의 결과들이 제안 성공 또는 실패에 어느 정도 영향을 끼쳤는지를 분석하고,
- 그 결과가 '영향이 크다.'라는 것으로 확인되면, 앞으로 제안발표 시, 사전에 모의 질의/답변 순서를 회사 전체적으로 시행하여,
- 실제 제안발표 시에 반영되는지도 체크하여 성공률을 높이고, 노력의 결과도 분석해 보려 하는 것
- 궁극적으로 제안 성공률을 높이는 것

해야 하는 일은 아래 표와 같이 정리하면 된다.

번호	To do list	협조 대상
1	작년 제안사업 정리	사업관리팀
2	각 제안사업의 담당팀/제안발자/제안발표 참석자 확인	사업관리팀 담당팀장
3	각 담당팀에서 정리해 놓았던 자료 유무 질의 → 자료 보유 시, 그 자료를 받아 정리 → 미보유 시, 그 당시의 발표자와 참석자들을 인터뷰하여 최대한 질문 내용과 응답 내용을 복기	–
4	각 질문 내용을 유형별로 분류 응답에 성공한 질문들과 실패한 질문의 구분 체크	–
5	각 결과를 제안 성공 여부와 연계시킬 수 있도록 수치화	–

그다음은 작업 일정의 전달이다. 이 부분도 '작업 지시자'들이 고민을 많이 해야 하는 부분인데, 멋있는 목소리로, "Due Date는 ○○일까지야." 정도의 전달만 하는 경우가 대부분이고, '최대한 빨리', 또는 '일단 다 되면 이야기해.' 정도의 애매한 지시로 끝나는 경우도 있다. 이 부분이 안타까워, 어떻게 하는 것이 작업 일정의 전달 측면에서 정말 합리적인 지시자가 되는 길인지를 논해 보려 한다.

일정의 최종 마감은 정해져 있을 것이다. 보통 임원 보고나 사장님 보고, 혹은 '○○에 제출'이나, '○○에 게시'와 같은 빼도 박도 못하는 날짜와 시간이 있으므로, 그 이전의 시한을 정하면 된다.

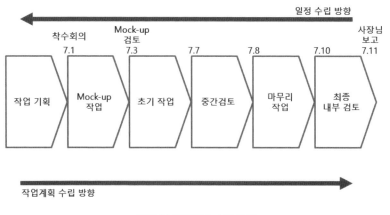

일정 및 작업계획 수립 방향

보통 전체 기간, 최종 마감 후 수정에 걸리는 시간, 수정까지 마친 자료의 발표 연습 등 별도의 과정 등을 감안하여 시한을 정한다. 전체 기간이 1~2주 이상이고 최종 검토에서 나오는 보완 사항들의 반영에 걸리는 시간이 그리 길지 않다면 보통 마감의 하루 전이 시한이다.

그때부터 작업 일정을 백워드(backward)로 작성하면 된다. 백워드의 처음은 당연히 최종 내부검토가 될 것이고, 시한의 하루 정도 전이다. 그리고 마무리, 중간 검토, 초기 작업, Mock-up 검토, Mock-up 작업, 착수 회의, 작업 기획 등의 '거꾸로 계획'을 세워 본다. 물론 기간이 상당히 촉박한 경우에는 하루에 두, 세 단계가 진행되기도 한다.

> 💡 Mock-up 이란?
> 초기 작업을 시작하기 전에 작업의 뼈대(frame)만 먼저 만들어 보는 것이다. 주로 산출물의 구성, 순서, 목차(세부 단계)와 각 부분에 담기는 내용들을 정의하여 중간 단계의 합의를 많이 벗어나지 않도록 하는 역할을 한다. 중요한 것은 이런 작업 일정 수립을 작업자와 함께 해야 한다는 것이다.

화이트보드 등을 이용하여 작업자와 이야기 나누며, "○○일부터 ○○일까지는 마컵(Mock-up, 마컵이 무엇인지는 이 책의 뒷부분에서 상세히 다룰 것이다. 우선, 위의 설명 참고) 작업 결과를 검토해야 할 것 같은데 문제는 없겠어요?"처럼 단계별로 일정을 잡아나가도록 한다. 휴가 등 작업자의 개인 일정과 회사 행사 등을 반영하고 중요한 과업일수록 예비일을 하루에서 이틀 정도 두어 예상치 못한 일이 생기는 경우를 대비한다. 세부적인 작업계획 수립은 포워드(forward) 방향으로 한다.

… 구체화의 정도는 어디까지?

필자가 본 내용으로 강의를 하다 보면, 이 부분에서 질문이 꽤 많이 나온다. 도대체 업무지시를 어느 선까지 구체적으로 내려야 하는가에 대해 많은 사람들이 답답함을 갖고 있는 듯하다. 대면 지시 때에는 "알겠습니다."라는 자신 있는 답을 한 후, 자리로 돌아가서 목적이 애매하다느니, 본인도 잘 모르면서 지시를 하는 경우가 어디 있느냐 등의 뒷담화가 바람 타고 들렸을 수도 있다. 또는 중간 점검을 할 때, 진척도가 거의 없어서 질책하려 하니 위 내용이 앞담화가 되어 다가오는 기억들이 있어서일 수도 있다. '개떡같이 말해도 찰떡같이 알아듣기'를 바라는 상급자들의 욕심이 큰 작용을 했기 때문일 수도 있다.

업무지시를 너무 상세하게 내려도 지시를 받는 직원의 재능 성장에 큰 도움이 되지 않는 그러니까, 시키는 대로만 하면 되는 회사 생활을 하게 하여 창의력이나 고민의 깊이를 얕게 만드는 단점과 지시받는 직원의 자존심에 상처(뭘 그렇게 자세히 이야기해주나. 내가 알아서 잘 할 수 있는데)를 주는 경우도 있기 때문에 '최대한 구체적으로 업무지시를 하되, 몇 번의 유사한 작업을 거친 경험이 쌓인 직원이라면 서서히 구체화 정도를 낮추면서 해당 직원이 정해진 범위 내에서 보다 나은 결과물을 만들기 위한 고민을 할 수 있도록 해 보는 것'이 좋다.

위 사례의 해야 하는 일 1번을 보자. "작년 제안사업을 정리(협조 : 사업관리팀)", 이 내용만으로는 경험이 없는 직원이라면 '도대체 정리라는 것이 뭘 의미하지?'라는 고민에 휩싸이게 된다. 전후 내용을 종합하면, 경험이 있는 직원은 '매출과 관련된 내용도 있어야 할 것이고, 담당팀 정보와 고객 정보도 있어야 할 것 같고, 시기가 언제인지도 표시해야 할 것 같다.'라는 생각을 할 수 있겠지만 이런 작업이 처음인 직원에게는 당연한 것이 아닐 수 있으므로, "사업관리팀에 협조를 부탁해 놓을 테니까, 작년 제안사업을 정리하고, 여기서 정리란 무얼 의미할까?(잠시 침묵. 한, 두 개씩 답을 말하면 '그렇지' 등의 추임새를 넣으며 함께 대화 형태로 정의해 가고, 답이 잘 나오지 않으면 몇 가지를 알려주는 형태를 취한다) 시기는 몇 월인지만 있어도 되고, 사업 규모가 있어야겠지. 그리고 고객이 누구인지, 기관과 담당팀 정도 우리 담당팀 이름, 발표자 이름, 발표회 참석자들 이름, 마지막으로 수주에 성공했는지 여부를 표시하면 돼"와 같은 구체적인 설명을 하도록 한다.

'사업관리팀에 협조 부탁' 부분도 "내가 사업관리팀장한테 전화로 협조 요청하고 담당자를 선정한 후 알려달라고 해서 연결시켜 줄 거니까, 그 담당자와 연락을 취하세요"와 같이 구체적으로 설명을 해야 한다. 실제로 사업관리팀장과 논의해서 담당자를 알려주어야 함은 물론이다.

또한 특별히 바라는 내용이 있을 경우의 지시사항은 반드시 명확히 부연 설명할 필요가 있다. 원하는 내용이 있었으면서도 '이 정도는 알아서 해 오겠지.'라고 생각했다가 지시사항 수행 결과물에 그런 내용이 없다고 나무라는 건, '난 부족한 지시사항을 전했소.'라는 고백을 하는 것과 똑같다. 앞선 사례의 5번이 그런 경우인데, 응답에 성공한 질문들과 실패한 질문들이 수주에 결정적인 영향을 미쳤는지를 수치적으로 알고 싶을 경영진의 요구를 대변해야 하므로, "담당팀, 발표자 및 제안 발표회 참석자들의 의견을 물어 아주 결정적인 질문이라고 판단했을 경우는 10, 그다지 큰 영향을 주지 않았던 경우는 2점으로 하고 중간의 척도는 자유롭게 정해보세요"와 같은 부연 설명을 꼭 하도록 한다. 이상과 같은 업무지시 구체화 내용을 종합해 보면 다음과 같다.

> 💡 올바른 업무지시 방법
> - 추상적인 표현 금지 예시 적절하게, 적당히, 체계적으로 등
> - 협업해야 할 조직과 협업 내용 정의 후 확실히 지원
> - 지시사항 중 정보 정리 절차에 대한 설명은 세부 항목 반드시 제시
> - 특별히 원하는 내용이 있으면 예를 들어서 상세히 설명
> - 숫자로 표현해야 하는 부분 필요시 척도 등 제시
> - 자신이 생각하는 최악의 경우를 가정 → 그 부분에 대한 설명을 더 자세히 제공
>   예시 최대한 설명했음에도 불구하고, 어떤 부분이 원하는 내용과 매우 다른 결과물이 나올 수 있는 부분일까를 가정

… 결과물 이미지는 설명하였는가?

지시사항 전달이 어느 정도 명확했어도 작업 결과물의 재작업을 해야 할 때가 있다. 바로, 지시사항은 이해하였는데, 이를 표현하는 방법이 지시되지 않아서 작업자가 임의로 표현하여 제출 후 지시자가 원하는 형식이 아니라고 하여 다시 작업을 해야 하는 상황이다.

위 사례의 1번 내용은, 지시자가 모든 내용을 스프레드시트 형태로 표시해주길 기대하고 있다. 조사하는 각 사업의 규모 중에 제안발표 시의 질문에 대한 답변의 성공 여부가 어떤 영향을 주었는지를, 수치적인 사업 규모를 반영하여 합산할 필요도 있고, 기간별, 발표자별 등 간단한 통계치도 산출해 보고 싶기 때문이다. 하지만 결과물 이미지에 대한 지시사항을 누락한다면, 작업자는 전체 내용을 워드프로세서로 작성할 수도 있다. 또한, 각 사업팀이 보유하고 있는 자료의 질문 및 답변 내용들의 형식도 천차만별이라 이에 대한 지시도 "스프레드시트의 해당 셀에 텍스트 형태로 모두 입력하고, 옆 컬럼에 각 질문을 유형화한 그룹 중 어느 것에 해당되는지 번호 또는 알파벳 타입(미리 분류해 놓은)을 표시해주세요."라는 구체적인 내용으로 전달해야 한다.

··· 업무지시 할 때의 환경도 고려해야 하나?

물론이다. 첫 번째, 장소는 해당 업무지시와 관련된 사람들이 다 있는 장소를 택하는 것이 좋다. 그 업무를 이전에 했던 사람에게 도움을 주길 요청할 수 있고, 지시받는 사람이 현재까지 하던 업무가 잠시 종료됨을 공식적으로 공유할 수 있다. 혹시라도 결과물이나 작업 내용과 관련하여 보다 좋은 아이디어가 제안될 수 있고, 채택할 수 있기 때문이다. 너무 시끄러워도 안 될 것이며, 너무 조용해도 관련 없는 사람들, 다른 팀의 업무에 방해가 될 수 있다. 두 번째, 어떤 시간이 특별히 좋다와 같은 조건은 없다. 다만 퇴근 시간 임박해서 지시하는 것은 절대 금해야 한다. 퇴근 시간이 임박해올수록 또 다른 라이프가 시작되는 것에 마음 일부분을 빼앗기는 사람의 마음을 이해해야 한다. 그 시간이면 당연히 집중력이 떨어진다. 하던 작업 마무리하고 퇴근하는 것이 최고의 생산성이다. 그 시간대에 새로운 지시, 부담되는 내용을 전하지 말자. 반드시 내일이 되면 다시 설명해야 하는 상황이 온다. 세 번째, 인프라가 잘 갖춰져 있는 환경에서 지시하는 것이 좋다. 예를 들어, 예전의 자료를 참고할 수 있도록 PC나 노트북이 있으면 좋고, 일정 계획을 같이 정하기 위해 화이트보드 같은 용품이 있는 곳이 좋다. 받아 적을 수 있는 업무 다이어리와 펜 등 기본적인 내용도 챙기도록 해야 한다. 쿨한 리더가 되고 싶다고 복잡한 업무지시를 커피숍 같은 장소에서 하는 것만큼 큰 실수가 없다.

업무지시 중에 대비할 상황

··· 지시받는 사람의 마음을 진심 어린 칭찬으로 열려는 노력을 했는가?

필자는 어딜 가더라도 업무의 반은 기분이라고 강조한다. 기분 좋게 일하면, 꼬박 8시간짜리 어려운 업무도 콧노래를 흥얼거리며 즐겁게 할 수 있고, 기분이 나쁘면 1시간짜리 업무도 힘들고 짜증내며 하루 종일 붙잡을 수 있다. 업무지시를 할 때도 이와 같은 기본적인 사람의 심리를 알아야 한다. 어느 누가 지금 일을 하지 않는 것도 아닌데, 업무지시를 받을 때 '신난다!'를 외치겠는가. 백이면 백 모두가 부담스럽고 걱정되는 순간이 업무지시를 받을 때이다.

그렇기에 칭찬을 적극적으로 사용하자. 업무지시에 있어 띄워주고 칭찬해 주는 것은 네 번 해야 하는 일이다. '업무지시 4칭찬', 이것은 반드시 외우시라.

첫 칭찬은 업무지시 내용과는 상관없는 것이 좋다. 그렇다고 없는 것을 지어내는 것은 역효과. 여유가 좀 있다면, 사실대로 칭찬할 것이 생길 때까지, 기억 날 때까지 기다리자. 점심시간이 끝난 1시경, 다른 직원들은 평소 하던 습관대로 양치하고, 커피 마시며 서로 이야기하는 분위기인데, P대리만 PC를 켜고 업무를 시작했다. "야, 역시 P대리는 시간 지키는 것이 칼이네. 회사에 점심시간 이후 업무 정상 시작 표창 제도가 있으면 P대리가 1순위인데~"라며 칭찬하는 것도 방법이다. 조금 썰렁하지만, 이 정도로 분위기는 제법 잡힐 것이다. "에이 팀장님, 또 뭘 시키시려고요?" 그렇다. 다 안다. 팀장 빼고는 아이큐 다 150 이상이라 생각하자. 첫 번째 칭찬은 업무지시를 하기 위한 칭찬이 아니다. 업무지시를 할 시간 약속을 하기 위한 칭찬이다. 아무런 사전 안내 없이 바로 업무지시를 하는 것은, 치과에 가서 접수하자마자 의사가 이 뽑는 도구를 들고 걸어 나오면서 입을 벌리라고 하는 것과 같다. 첫 번째 칭찬 후 간단히 업무지시 건의 미팅을 안내만 하며, 마음의 준비와 건의할 내용을 정리하는 시간을 준다. 뻘쭘했던 앞의 칭찬이 그래도 조금은 분위기를 부드럽게 만든다. "○○○건으로 이야기를 좀 해야 하는데, 언제가 좋을까." 정도면 된다.

두 번째 칭찬은 업무지시를 할 때 해야 하는 업무 분야와 관련된 칭찬이다. 굳이 사례를 만들 필요는 없다. 설명 중간에 능동적으로 답변하는 태도와 사전에 갖추고 있는 지식이 보일 때, 각종 추임새로 칭찬하면 된다.

> 팀장 : "(중략) ○○단계에서 이 작업을 병행하면 좋다는 거지."
> 팀원 : "그러니까, 그 작업에 사업관리팀 담당자와 협력하는 것이
>   죠?"
> 팀장 : "그렇지, 역시 하나를 이야기하면 열두 개를 아는군."
> 팀원 : "음…. (어색한 미소) 어서 계속하시죠."

세 번째 칭찬은 중간 결과를 검토했을 때 필요하다. 보통 중간 검토 시, 많은 부분이 수정되고 때에 따라 요구사항이 추가되기도 하므로 작업자가 힘이 빠지는 일이 빈번하다. 이 단계에서 "(중략) 이 짧은 시간에 이런 결과물을 내다니, 대단하네. 정말 수고했어. 음, 내 의견은 한두 가지밖에 없네, ○○내용을 이 부분에 추가하면 더욱 완벽하게 될 것 같다는 건데, ○○내용은…. (중략)" 등과 같이 수정/보완/추가 요구 전에 힘을 주는 칭찬을 잊지 말자. 상대방의 반응까지 좋게 만드는 칭찬 스킬은 이 책의 범위를 벗어난다. 하지만 답은 있다. 바로 진심이 담긴 칭찬이면 된다는 것이다. 마음 자체에 진실로 대견하고 고생했고 고맙다는 생각이 자리잡게 하면 된다. 어려워도 그렇게 만들자.

마지막 네 번째 칭찬은 당연히 작업 결과물에 대한 칭찬이다. 그 결과물이 활용되어 매우 좋은 성과를 거두었다면 당연히 최고의 칭찬을 하는 것이 맞겠지만, 큰 성과를 거두지 못했더라도 마음에서 우러나오는 아낌없는 칭찬을 하도록 하자. 자신의 재능을 발휘하기 위해 노력했고 상사의 지시사항 이행을 위해 최선을 다한 그 모습 그리고 과정을 진심으로 칭찬하자. 그는 결과와 상관없이 더 발전된 재능을 가지게 되었을 것이다. 자신의 재능을 더 크게 발전시키는 것에 도전할 수 있는 어려운 하나의 관문을 통과한 것에 다 함께 축하하는 분위기를 만들자.

… 지시사항뿐 아니라 전후좌우도 이해하는가?

어떤 지시사항이 잘 전달되고 완결되었을 때, 무엇이 남을까? 함께 노력했던 구성원들 모두가 조금이라도 재능을 발전시켰고 조직 전체적인 역량이 올라갔음을 느낄 수 있을까? 다음에 이와 유사한 지시사항이 부여될 때, 지금보다 더 나은 대응이 가능할까? 당신이 리더라면 이런 고민을 할 수 있을 것이다.

바로 이거다! 라는 답은 없겠지만, 그래도 하나의 방법은, 업무지시를 하게 된 배경과 어떤 고민을 거쳐 이러한 방법과 과정을 적용하게 되었는지, 그리고 이 업무가 성공적으로 완료되면 어떤 일이 있을 수 있는지 등을 상세히 설명하고 이해시키는 것이다. '그런 것을 전할 필요가 있는가? 아직 주니어들인데, 그런 심오한 이야기를 할 필요가 있는가?'라는 고민은 잠시 접어두고, '이들의 재능이 단편적으로 기계의 부속품처럼 딱 그 일에 관련된 부분만 성장하길 바라는가 아니면 전체적인 그림을 볼 줄 알게 되고 이 일의 의미를 생각하면서 작업하여 다음번 작업 수행 시에 이해가 깊은 상태에서 일을 시작하게 되길 원하는가.'에 집중하여 생각하길 바란다.

프로야구 경기에서 고등학교를 졸업하고 첫 경기를 뛰게 된 신인 선수가 첫 타석에 들어서는 장면을 종종 보게 된다. 이들의 머릿속은 하얗고 심장은 두근두근 뛰겠지만, 감독은 이 선수가 단지, 안타 치는 재능, 수비 잘 하는 재능뿐 아니라, 매번 설명해 주지 않아도 경기 전체를 볼 줄 알고 그런 경기 흐름 속에서 각 상황에 따른 자신의 역할을 생각할 줄 알게 되길 바랄 것이다. 감독의 재능에는 신인 선수들을 그런 선수들로 육성하는 것도 포함된다.

'당신은 많은 것을 알려 하지 말고 시키는 이 일만 제대로 하라.'는 분위기의 업무지시는 그 결과가 좋더라도 딱 그만큼만이라는 것을 기억하자. 그렇지 않도록 최대한 상세히 전후좌우를 설명하는 것이 좋다. 또한 설명할 때 필요한 인프라를 잘 활용하도록 하자. 대상자와 함께 업무지시의 시간을 잡고 난 후, 그 시간이 되기 전에 참고할 자료를 전달하고 업무지시를 할 때 지시의 각 부분과 관련되는 자료를 보면서 설명할 수 있도록 노트북과 빔프로젝터, 또는 대형 디스플레이가 있는 곳이 좋다. 업무지시와 관련된 '전후좌우'를 이야기할 때 기록할 수 있는 준비(모바일폰, 노트북, 업무 다이어리 등)를 하도록 "관련된 이야기들이 좀 많을 것 같으니까 적을 준비를 하고 시작하도록 합시다."와 같이 사전에 언질을 주는 것도 필요하다.

업무지시를 받는 사람의 자세가 '난 그런 내용 필요 없으니, 딱 할 일만 이야기해 주세요. 전후좌우 필요 없습니다.' 일수도 있다. 매우 서운한 마음에 앞뒤 다 자르고 진짜 딱 할 일만 설명하면 둘 다 손해다.

'아, 그렇구나, 당신의 상황이 지금 그런 마음을 갖게 될 만한 것을 이해한다. 그래도 작업 하면서 필요한 정보일 수 있으니 짧고 간결하게 최소한의 것은 설명할게.'라는 마음으로 필요한 주요 내용들을 짧게라도 전달하도록 하자. 진심은 언젠가는 통하게 되어 있다.

··· 지시받는 사람의 응답도 기록해야 하는가?

자신의 방을 나와서 여러 팀이 근무하고 있는 업무 공간으로 와, 아무 책상 위나 걸터앉아서 제법 중요한 업무지시를 싱거운 농담들과 섞어 간단히 하고 아무 질문과 대답 과정 없이 쓱 일어나 자신의 방으로 돌아가는 임원들이 있다. 그러면 안 된다는 아주 좋은 사례다. 상당히 높은 확률로 "정말로 하라는 말씀이었습니까?", "언제까지 무얼 할지 구체적으로 말씀하지 않아서…", "이 정도면 될 줄 알았는데…", "저한테 하신 말씀이었나요?" 등 여러 반응이 나올 수 있다. 이런 스타일은 상호 간의 신뢰도 모래성 같이 약해지게 만든다.

이 사례에서 중요하게 봐야 할 것이 하나 있는데, 바로 지시받은 사람의 응답 여부와 응답 내용이다.

직장 내에서 지켜야 할 예의만 갖춘다면, 업무지시가 현재 나의 상황에서 할 수 없는 지시일 경우, "제가 지금 그 업무를 할 수 있는 상황이 아니라서, ○○○, ○○○ 등이 조정되도록 해주셔야 할 것 같습니다." 정도의 답변을 하는 것은 이제 흠이 아니다. 또, 업무지시 이행을 위해 위와 같이 조정이 필요하다는 의견이 있다면, '그런 걱정은 하지 마세요. 내가 다 힘쓰면 됩니다.'와 같은 허세는 금물이며, 잘 기록한 후에 (업무를 지시하는 사람은, "넵, 알겠습니다"와 같은 답변을 들었을지라도 업무지시 도중에 상호 신뢰를 위해 관련된 사람들이 보는 앞에서 응답 내용을 자신이 기록하고 있음을 보이는 것이 좋다) "잘 알겠어요. 이 건은 내가 조정할 수 있을 것 같은데, 한 번 노력해 보고 2시간 후에 다시 이야기하도록 하죠. 괜찮겠어요?" 정도로 마무리하는 것이 좋다. 이후 주변 상황과 조직 전체적으로 신중히 검토하여 조정을 마치고 다시 업무지시를 하는 것이 좋다. 신중하지 못한 '조정'은 연쇄적으로 다른 업무의 어려움으로 작용하여 많은 문제가 뒤엉키는 결과를 초래할 수 있기 때문이다.

업무지시에 대한 지시받은 자의 답변 내용은 '확실한 자신감과 의지 / 의지가 보임 / 긍정 답변과 일부 조정 내용 건의 /대답은 했으나 자신감 없음 / 부정적 / 확실한 거부 의사 표명' 등으로 그 자리에서 기록하고 각 답변에 대한 대응을 바로 시작하도록 하자.

… 지시사항 이행 중간 확인은 어떻게 해야 하나?

아주 짧은 시일이 소요되는 업무지시가 아닌, 2~4주 이상 걸리는 작업은 업무지시를 한 후 하루 이틀 지난 시점에 착수 회의를 하는 것이 좋다. 물론 몇 개월 정도가 걸리는 프로젝트 성격의 일이라면 착수 회의를 준비하는 데에도 1~2주가 걸릴 수 있다.

착수 회의까지는 작업을 기획하는 것으로, 업무지시를 받은 직원이 어떤 일을 어떤 일정으로, 어떤 직원 또는 어떤 부서와의 협력으로 진행할지, 필요한 공수(effort) 및 예산은 어느 정도인지를 발표하거나 서면으로 보낸다. 이 내용을 바탕으로 업무지시 내용이 제대로 전달되었는지를 다시 명확히 확인할 수도 있다. 업무지시자는 이를 검토한 후 꼭 피드백을 주도록 한다. '오케이, 이 내용대로 진행합시다.'라는 피드백이라면 너무 좋겠지만, 대부분 여러 추가/부연 의견이 있을 것이므로, 피드백은 최대한 상세히 전달해야 한다. 비대면일 경우 문서(메일 포함)로 전달하고 피드백 내용 및 피드백에 대한 반응도 꼭 기록으로 남기도록 한다.

이후 사안에 따라 적절한 시점에 Mock-up 작업 결과를 검토해야 한다. 관련자들뿐만 아니라 애초 업무지시를 내린 상위 경영진도 참석하여 의견을 내는 자리를 만드는 것이 좋다. Mock-up 검토 시 나온 의견을 토대로 초기 작업을 진행하여 중간 검토를 하고 그 의견을 종합하여 마무리 작업을 하는 순서로 진행하면 된다. 물론 최종 내부검토 시에도 관련자들의 의견이 모이도록 노력하는 것은 필수이다.

나폴레옹이 말한 '이 산이 아니잖아.'란 의견이 나오는 것을 두려워하지 말자. 작업 완료 후 그런 의견이 나오는 것보단 백 배 낫다.

… 지시 도중의 돌발 반응에는 어떻게 대처하는 것이 좋은가?

앞에서도 짧게 다루었지만, 업무지시 중에 '전 못하겠습니다.', '제가 지금 진행 중인 일 때문에 그 일까지는 할 수 없습니다.' 등의 거부 의견을 접할 수 있다. 당신이 리더인데 팀원이 이런 의견을 당당하게 눈 똑바로 뜨고 이야기하는 것, 이젠 뒷목 잡고 쓰러질 일이 절대 아닌 시대가 되었다. 물론 회사의 규정을 위배하거나, 예의 없이, 그것도 편한 친구 간에도 사용하지 않는 방식으로 거부 의견을 제시할 때에는 냉정히 규정대로, 또는 그런 자세만 정확히 짚어 타이를 필요는 있다.

하지만 그 의견만큼은 진지하게 생각해보아야 한다. 못하겠다고 하는 이유는 무엇인지, 지금 하는 일 때문에 못하겠다는 것이 합리적인 것인지 등을 따져봐야 한다. 업무지시 이전에 이런 상황이 있을 수도 있음을 가정하여 여러 가지를 파악하더라도 그 결과와 직원들의 생각은 다를 수 있으므로, 예기치 않은 '거부 사태'에 직면할 수 있다.

어쩌겠는가. 일의 반은 기분이 좌우하고 못하겠다는 결연한 자세를 가지고 그 이유도 분명히 제시하는 사람한테 억지로 일을 시키면 기분이 나빠질 것이고 그 상황에서 아무런 조정 없이 일하라고 몰아가면 일의 성공 여부는 굳이 논하지 않아도 알 수 있다. 일의 중간쯤에 다른 사람을 찾고 그 사람한테 다시 설명하는 일이 생길 바에는 다른 대안을 마련하는 것이 상책이다.

업무지시를 거부하는 이유가 타당한지 면밀히 살펴본 결과 그 이유가 타당하지 않은 것이라면 다른 대안을 찾는 시간적 손실에 대한 책임은 당사자가 감당해야 하는 몫임을 전달해야 하는 것도 업무지시자의 역할이다. 업무지시에 대해 못하겠다는 반응을 접했을 때, 곧바로 '알았다. 다른 사람한테 시킬 것이다.'와 같은 대응을 하는 것은 더 큰 문제를 야기할 수 있으므로, "그런 의견을 내는 이유가 타당한지는 함께 더 고민을 해 봐야 할 것 같네."라고 언급하고 미팅을 마무리한 후 '그 이유'에 대해 실제로 심각하게 검토해 봐야 한다.

어떤 조정이 있으면 지시 내용 수행을 할 수 있다는 의견도 무조건 들어주는 것은 아님을 모든 독자는 알고 있을 것이다. 다만 이 의견을 들어주면 선례가 되어 모든 직원들이 업무지시를 받을 때 이런저런 조정 요구를 하지 않겠냐는 아주 보수적인 생각으로 '수용하지 말아야겠다.'라고 결정해서도 안 된다. 합리적인지 검토하고 또 검토해서 조정 여부를 판단해야 한다. 물론 합리적이라고 판단되면 선례가 되는 것을 걱정하지 말고 주저 없이 조정을 진행하자.

회사나 작업 환경에 따라, 이 외의 돌발 상황들이 있을 수 있다. 미리 알고 대비하도록 하자. 그런 돌발 반응의 발생 가능 여부를 잘 모르겠다고 한다면 평소 신뢰가 두터워진 직원에게 미리 물어보는 것도 나쁘지 않다. "우리 팀의 지금 상황에서 ○○ 업무를 지시해야 한다면, 어떤 돌발 상황이 생길 수 있을까?"

업무지시 후에 해야 할 일들

… 끝까지 기다리기만 하면 되는가?

업무지시 후에도 해야 할 일들이 있다. 업무지시자의 입장에선 중간 검토 후 최종 검토까지의 시간이 참 길게 느껴질 수 있다. 이 책의 후반부에 몇 번 더 다루겠지만 기획 작업, Mock-up 작업, 중간 검토 등 작업의 앞부분에 많은 시간을 할애하여 최대한 초기 목적에 맞는 방향으로 가게끔 노력했다면, 중간 검토 후 최종 검토까지는 시간을 갖고 진득하게 기다리는 여유도 필요하다. 담당하는 직원들의 재능이 발휘되고 있는 시간이다.

또한 작업 난이도와 상관없이 초반부의 상호 커뮤니케이션에 집중해 주어야 하며, 마무리 작업까지 잘 진행하고 있는 담당자들에게 감사와 격려의 메시지도 전달해 줘야 한다. 다만 어중간한 말로 감사와 격려의 '뜻'만 전하려 하면 아무것도 전달하지 않는 것만 못할 수 있다. 진심이

들어간 가시적인 것들도 때론 필요하다. 직장마다 다르겠지만, 아무래도 먹는 것 〈 특별 휴가 〈 유가증권의 순서가 아닐까 싶다. 그렇다. 한 번쯤은 수고함을 신명나게 격려해 줄 필요가 있다.

··· 중간 확인할 때의 자세는?

사회생활을 시작해서 처음으로 업무지시란 것을 하고 중간 검토를 통해 지시된 사항이 잘 진행되고 있는지를 확인하는 독자라면 어떤 표정을 지어야 하는지를 고민할 수 있다. 웃는 얼굴, 냉정한 포커페이스, 부릅뜬 눈 등 다양한 표정 등이 떠오르겠지만 이 중에 정답은 없다.

중간 확인 때는 '우리는 한 팀이다.'라는 표정이 정답이다. 중간 확인 시까지는 그 결과가 애초 기획 작업, Mock-up 작업을 통해 전달했던 내용과 큰 차이가 있을 경우에 업무지시자도 50%는 책임이 있다고 봐야하기 때문이다. "미안합니다. 제가 이 부분의 설명을 제대로 하지 못했군요."라는 표현을 열 번도 넘게 할 수 있음을 각오하고 임해야 한다.

마음을 그렇게 준비했으면, 실물은 무얼 준비해야 할까. 착수 회의 때 정의 내렸던 작업해야 하는 사항들, Mock-up 작업 시 논의했던 내용들을 보면서 검토할 수 있는 환경이다. 물론 사전에 중간 결과물을 보고 어떤 내용들을 전달하고 토의할지, 무엇을 결정해야 할지도 꼼꼼히 살펴보아야 한다.

··· 지시사항의 최종 확인은?

대부분의 업무지시자들은 이 단계를 가장 기다린다. 자신이 최초 지시자가 아니라, 대표이사 혹은 경영진의 지시를 대변한 경우에는 더욱 긴장하며 기다리게 된다. 하지만 따지고 보면, 착수 회의, Mock-up 작업 검토 회의, 중간 검토 회의 등에서 업무지시자는 최선을 다했다. 할 만큼 한 것이다. 거기에 따라 중간 검토 이후의 작업들은 이미 진행이 되었고 그 결과가 좋기만을 바라면 되는 것이다.

여기서, '좋은 결과'를 전체 작업자들을 함께 고려하여 내 마음속에 잘 정의해 두면 된다. 다른 조직 부서장들의 '최고'라는 찬사? 대표이사의 박수? 작업자들의 기쁨에 들뜬 자화자찬? 그 어느 것도 바라지 말자. 바래야 하는 것은 업무지시대로 작업이 진행되었음을 합리적으로 확인할 수 있게 되는 것. 그 이상도 이하도 아니라고 생각하자. 찬사와 박수와 자기만족들이 뒤따른다면 그것은 덤이다. 그러므로 이 단계에선 간단히 중간 검토 결과와 그때 제기되었던 사항들만을 가지고 최종 결과와 비교하며 확실하게 놓친 부분이 있는지, 최종결과보고 등까지 남은 짧은 시간에 결과를 업그레이드할 수 있는지 등을 논의해야 한다.

또한 총 작업 기간 동안 어려웠던 점, 아쉬웠던 점, 반영하기 힘들었던 사항들에 대해 이야기하고 기록하는 것도 잊지 말고 진행하는 것이 좋다. 그것이 '좋은 마무리'이다.

▌ 업무지시를 받는 입장의 커뮤니케이션

업무지시를 받는 것에 대한 마음의 자세

업무지시를 받는 직장인들은 대부분 유쾌한 상태가 되기 어렵다. 내가 아무 일도 하지 않고 있는 상황에서 업무지시를 받을 확률은 매우 낮고 귀에 쏙쏙 들어올 정도로 명확히 이해되는 업무지시를 받기도 쉽지 않기 때문이다. 하지만 업무지시를 받는 것은 내 재능을 발굴, 발휘하고 발전시키는 출발점이다. 따라서 업무지시를 받는 것이 불행이 아닌 나의 재능 개발의 시작 단계로 생각하면, 몇 가지 기본적인 사항들을 숙지하고 업무지시를 받으러 가는 발걸음이 무겁지 않게 될 수 있다. 지금부터의 내용을 주의 깊게 살펴보고 업무지시를 받을 때 바로 활용할 수 있도록 그 내용을 잘 요약하여 '외우도록' 하자.

업무지시를 받는 중에 확인할 내용

··· 업무지시를 제대로 받을 수 있는 상태인가?

업무를 지시하는 사람의 성향은 천차만별이다. 이 책을 읽었거나 적어도 위에서 설명한 내용을 고민해 본 사람은 그러지 않겠지만 업무지시를 아무 때나, 아무 장소에서나 하는 사람들이 있다. 업무지시를 받는 사람 입장에선 쉽지 않은 표현이긴 하지만 '잠시만요.'는 무례한 행동이 아니다. 어떤 상황에서라도 지금 업무지시가 시작된다는 느낌이 들면, 업무 다이어리와 펜, 또는 모바일폰, 노트북 등 지시사항을 기록하고 업무지시 중간에 참조할 수 있는 '도구'들을 준비하도록 한다. 준비가 어려운 장소에서 업무지시가 시작되었을 땐, "잠시만요. 기록할 수 있게 다이어리를 가져오겠습니다."를 외치고 전력 질주한다. 업무를 지시하는 입장에선 잘 듣고 꼼꼼히 실행하겠다는 모습으로 보인다.

 … 이 사람. 지금 자신은 업무지시사항을 알고 이야기하는 걸까?

이 책의 내용 중 가장 어려운 부분이다. 온 정신을 집중하여 업무지시를 듣고 기록하다 보면 논리에도 맞지 않고 흐름도 이상하며 기존에 했던 업무와 동일할 수 있다. 또는 윗선 경영진의 지시로 더는 하지 않기로 한 업무일 수도 있다. 한 마디로, 업무지시를 하는 사람이 누군가에게 지시받은 사항을 그대로 전달하려고 하는데, 그 내용을 잘 이해하지 못하고 지시하는 상황이다. 이런 경우, 업무지시를 받는 사람은 딜레마에 빠진다. 자신의 가슴 속에서는 '알고 이야기하시는 거 아니죠? 바빠 죽겠는데, 정확히 이해하고 지시해야지. 이 답답한 양반아.'라는 외침이 요동치지만, 머릿속에서는 '참자, 근데 이 상황을 어떻게 해야 하지, 잘못하다가는 쓸데없는 일을 하게 생겼는데, 기분 나쁘게 해 드리지 않으면서 정확한 지시사항이 전달되게 하는 방법은 없을까?'라는 이성의 끈을 놓지 않으려는 안간힘이 시작된다.

업무지시자 본인이 크게 기분 나쁘거나 민망하지 않으면서도 좀 더 파악해 봐야 하겠다는 생각을 스스로 할 수 있게 하는 방법, 쉽지는 않다. 최선의 방법은 바로 '함께 고민하는 것'이다. 우선은 이 업무지시의 배경과 누구로부터의 지시인지, 아니면 업무지시자의 단독 지시인지 등을 확인한다. '이거 당신 생각이야, 누가 시킨 거야?'라는 속내를 들키지 않도록 조심하여 질문해야 한다. "사장님께서 이 건에 관심이 많으신 것 같던데, 사장님 지시인가 보네요." 등의 질문이면 괜찮다. "아니야, 부사장님 지시야."라거나, "아니야. 내가 그냥 생각이 나서." 등과 같은 답변으로 진위를 파악할 수 있다.

그 후, 전체적인 업무지시가 끝날 때까지 "네. 알겠습니다!"라는 적극적 추임새로 지시사항을 잘 듣고 정리하는 모습을 보인다. 이때, '이 사람 분명히 잘못 알고 있다'라는 확신이 들어도 최대한 내색하지 않는 것이 좋다. 사람이 창피해지고 모멸감을 느끼게 되면 함께 고민하는 시간이 큰 의미가 없게 될 수도 있기 때문이다. 그럴 경우, 지시사항 전달이 끝나면, "말씀하신 내용을 제가 한 번 정리해 보겠습니다."라는 표현을 하고 전체 내용을 복기한다. 그 후에 짚어야 하는 내용들에 대해 질문 형식으로 하나하나 함께 고민하는 분위기를 만들어 본다. 절대 취조하는 듯한 억양을 사용해선 안 된다. "(중략) 여기까지는 무슨 말씀인지 알겠고 어떻게 해야 할지 어느 정도 작업 이미지가 떠오르는데 이 부분부터 좀 이상합니다. 이렇게 하면 작년 말의 작업과 똑같은 결과가 나오거든요. 원하시는 게 ○○이라면, 이 부분은 작년 말의 작업 결과를 인용하고 이 다음에 ○○작업으로 두 결과를 비교하는 게 어떨까요?" 등의 표현으로 실제 목적에 맞는 작업이 되려면 어떻게 해야 하는지를 함께 고민해보는 상황으로 바꾸는 것이 최선이다.

… 나는 지금 듣고 있는 지시사항을 이해하고 있는가?

업무지시 도중에 이해되지 않는 사항들이 있으면 어떻게 해야 하는가를 고민하기 전에 업무지시 사항들을 어떻게 정리해야 하는가를 먼저 이야기하도록 한다. 업무지시자가 아주 친절하고 명석하여,

** 업무수행목적 : ○○○○○○○○○○○○

** 업무 내용

1. ○○○

1-1) ㅇㅇㅇㅇㅇㅇ

1-2) ㅇㅇㅇㅇㅇㅇ

1-3) ㅇㅇㅇㅇㅇㅇ

2. ㅇㅇㅇ

2-1) ㅇㅇㅇㅇㅇㅇ

2-2) ㅇㅇㅇㅇㅇㅇ

2-3) ㅇㅇㅇㅇㅇㅇ

:

　이런 모습으로 지시하지 않는 이상, 업무지시를 정리해야 하는 것은 업무지시를 받는 사람의 몫이다. 이렇게 정리하는 훈련이 되어 있지 않은 사람은 어떤 일이라도 What to do? 라는 관점과 '논리적인 분류'라는 형태를 적용하여 일상생활 속에서 해야 할 일들을 정리해 보기 바란다. 어렵지 않다. 여행을 떠날 때 준비해야 할 것을 메모할 때를 생각해보자. 비슷하다.

　신입사원들 중에는 회사의 상황과 경영 전반의 용어를 자주 접하지 않아 업무지시의 목적을 이야기하는 도중에 이해가 잘되지 않아도 '에이, 그냥 시키는 것만 하면 되지'라고 생각하거나, 업무지시자가 업무의 목적을 설명하지 않았는데도 질문하지 않는 사람이 많다. 자신의 재능은 종합적이어야 하고 업무 수행 후 목적이 유사한 여러 관련된 다른 업무에도 활용되도록 하는 것이 좋으므로 지시받는 업무의 목적이 무엇인지는 꼭 알아두도록 하자. "이걸 왜 하는 건지 잘 모르겠는데요." 라는 형태의 질문보다는 "이 일의 목적을 알고 일을 진행하면 좀 더 효과적으로 진행할 수 있고 추가적인 좋은 아이디어도 만들어 볼 수 있을 것 같습니다. 간단히 이 업무의 목적이 무엇인지 알려주실 수 있을 까요." 정도의 표현이 좋다.

다시 업무지시사항들을 생각하는 부분으로 돌아가 보자. 위와 같이 정리를 하다 보면 어떤 한 항목이 간단한 것이 아니라, 업무지시사항에는 들어가 있지 않지만 하위에 많은 일들이 있는 항목인 경우도 있다. 예를 들면, "(중략)이 단계에서는 팜플렛을 만들어 전달하고⋯. (중략)"라는 지시사항이 있었는데, 이 중 아주 짧게 지나간 팜플렛 부분은 예산 확보, 구성 기획, 콘텐츠 제작, 인쇄소 섭외, 내부 검토방안 수립, 베타 버전 작업, 검토 및 승인, 인쇄, 검수 및 예산 집행 등의 '일'이 필요한 경우다. 이런 경우는 우선 기록을 하고 어느 정도의 수준인지에 따라 투입되는 공수(작업 인력 규모와 기간)가 매우 크게 달라지므로, 잘 표시를 해 두었다가 업무지시 후 복기를 할 때 원하는 수준에 대한 질문을 해야 한다. 이 질문에 대한 답변 내용을 업무지시자와 함께 전체 일정 계획 수립 시 일정에 반영한다.

업무지시 내용 중 어떤 내용은 잘 이해가 되지 않을 수도 있다. 업무지시자가 친구도 아닌데, 자신이 이해가 되지 않는다고 계속 꼬치꼬치 묻는 것이 부담되어 질문을 하지 않고 적기만 하면 십중팔구 다시 질문하는 상황이 발생한다. 따라서 꼭 업무지시자에게 질문해야 하는 내용은 지시를 받을 때 질문하자. 다만 예의는 갖추어야 하고 약간의 조심스러운 유머를 덧붙이는 것도 좋다. 필자도 주니어 시절 이런 경우에 "제 무식을 용서하십시오. ○○○○라 하셨는데, 잘 이해가 안 됩니다.(중략)"와 같은 표현을 자주 썼다. 또한 업무지시자 이외에 다른 선배에게 질문하면 될 것 같은 부분은 '나중에 김 대리님께 질문과 같이 자기만 아는 표시를 하여 선배들에게 따로 질문하는 것도 좋은 방법이다.

앞선 사례 중 '작년 제안 사업 정리 (사업관리팀 협조)'와 같은 업무지시의 경우에 '정리'라는 것을 업무지시자가 상세히 설명해 주지 않는다면 어떻게 정리하면 되는지를 질문하도록 해야 한다. 다만 이런 내용들을 질문할 때 "그 부분의 '정리'를 설명해 주세요"와 같은 어찌 보면, 하나부터 열까지 다 상세하게 안내해달라는 식의 질문은 업무지시자를 매우 힘들게 할 수 있다. "말씀하신 '정리'는 몇 월인지와 사업 규모, 고객사, 우리 담당팀, 마지막으로 수주 성공 여부를 표시하면 될까요?" 정도로 자신의 의견을 담아 질문을 하도록 하자.

그럼, "그렇지, 조금만 더 보태자면 발표자 이름, 발표회 참석자들 이름도 활용될 수 있으니까 추가하도록 하지"와 같은 답변이 나올 것이고 분위기도 한결 부드러워질 수 있다.

최종 결과물의 형태, 이미지 확인도 중요하다. 형태는 보고서 / 발표자료 / 시제품 / 양산제품 등으로 다양하며, 스프레드시트로 만들어야 할지, 워드프로세서로 만들어야 할지 등도 중요하다. 이런 내용들을 상세히 확인해야 한다.

업무지시를 받을 때 구체적으로 확인해야 할 사항은 다음과 같다.

- 적절하게, 적당히, 체계적으로 등의 추상적인 표현이 있으면 그 내용들의 구체적 세부사항 질문하기
- 업무지시 각 내용 수행 시 협업할 조직과 협업 내용 질문하기
- 지시사항 중 정보를 정리하는 내용이 있으면 세부 항목을 꼭 확인 (초안 먼저 제시)
- 지시자가 특별히 원하는 내용이 있는 경우, 상세히 설명 요청하기
- 최종 결과물의 이미지와 형식 합의
- 업무지시 이행 중 필요한 내용이나 구체적이지 않은 사항 질문하기

주의할 것은, 절대 업무지시 중에 "제 상황이 지금~" 이런 표현으로 업무지시자의 말을 잘라서는 안 된다는 것이다. 먼저 다 듣고 복기하고 이해되지 않는 부분에 질문해야 한다. 이상한 부분에 대해 함께 짚어보는 단계도 지난 다음에 '자신이 할 수 있다, 없다.'라는 것을 주제로 이야기를 나누는 것이 현명한 처신이다. 대부분의 업무지시자들의 귀에는 업무지시 도중에 "제 상황이 지금~"이란 표현을 하는 직원의 말이 "전 하기 싫습니다."로 들리기 때문이다. 어떤 일인지 다 듣기도 전에 못 한다고 하는 것은 상식적으로도 적절치 않다.

… 왜 나인가?

업무지시사항을 다 듣고 잘 기록한 후, 이해되지 않는 부분에 대한 질문까지 다 마치면 '이 일을 왜 나한테 시키는 걸까'라는 고민에 머릿속이 복잡해질 수 있다. '나보다 선배인 ○대리가 하는 것이 더 좋은 결과를 만들 것 같은데, 이번 한 번 정도는 내가 보조가 되고 누군가가 이끌어주면 좋을 것 같은 일인데, 내가 진행하다가 혹시 실수라도 하면, 어쩌나' 등의 생각이 계속 고개를 들 것이다. 하지만 이럴 때일수록, 지시받은 일의 수행으로 내 재능이 개발되고 발전될 것을 기대하는 것이 좋다. ○○○대리가 가진 재능을 이번 기회에 나도 갖게 될 것이고 보조보다는 이끄는 역할이 보다 많은 경험과 재능을 쌓을 수 있게 할

것이며, 실수하더라도 전후 과정에서 최선을 다한다면 그 역시 훌륭한 경험치가 되어 관련 재능을 더 튼실하게 해 줄 것임을 생각하자.

그리고 분위기만 조성된다면 업무지시자에게 나를 선택한 것에 특별한 이유가 있는 건지 한 번 물어보는 것도 나쁘지 않다. 깊은 생각 없이 일을 시키기에 급급한 리더라도 이런 질문을 받으면 경험에 비추어 조직 내에서 해당 업무를 이번에 내가 담당하게 된 것에 대한 장점, 그리고 내가 발전할 모습 등을 이야기할 것이다. 뻔한 답일지라도 그걸 들은 나는 지시받은 업무의 수행 도중에 어떤 면에 더 신경을 써야 하고 어떤 내용이 나의 업무 이력에 또는 경험에 특별히 도움을 줄 수 있는지 등을 알 수 있게 된다.

··· 나의 상황이 그 업무를 수행하기에 적합한 상황인가?
오해하기 쉬운 부분이다. 이 단계의 고민은, '내가 이 일을 하지 못하는 열 가지 이유'를 만드는 단계가 아니다. 내 자신이 이 일을 함으로써 생길 수 있는 문제를 사전에 파악하는 단계이다. 업무 욕심 때문에 지시자의 강압 때문에 짧은 시간 안에 고민하기 힘들어서 덥석 "잘 할 수 있습니다."를 외쳐놓고 그 일도 망치고 기존에 하던 일도 펑크 내는 실수를 범해선 안 되기 때문이다.

따라서 어떤 것이 필요한지 또는 어떤 것이 조정되어야 하는지 등으로 나의 상황을 나열해 보는 것이 좋다. 업무지시를 다 받고 난 뒤 바로 이런 의견을 제시하기에 시간이 부족하면, 우선 "네, 알겠습니다." 라고 답변한 후, "지금 제가 진행 중인 업무와 함께 수행 시 발생할 수 있는 문제가 있지 않은지 검토해 보고 말씀드리도록 하겠습니다." 정도의 융통성을 확보해 두도록 하자. 짧은 검토로 업무지시 이행을 위한 조정 필요 부분이 정리되면, "제가 맡고 있는 업무 중 ○○업무를 올해 진행하지 않는 것으로 검토한 적이 있습니다. 그 내용대로 올해 그 업무를 진행하지 않는다면 지시하신 업무를 제가 하는 데에 문제가 없을 것 같습니다"와 같은 표현으로 조정을 건의하도록 하자.

또한, 내 상황을 고려하여, 업무지시자가 하면 짧은 시간이 소요되는데, 내가 하면 며칠이 걸리는 사전 준비는 바로 업무지시자에게 요청하도록 하자. 예를 들어, 업무지시 내용 중에 ○○○ 자료 정리가 포함되어 있는데, 내가 하면 3일이 걸리는 반면, 업무지시자가 두 달 전에 이미 해 놓은 것이 있는 경우, "제가 지금 수행 중인 기존 업무도 완전히 신경을 안 쓸 수는 없기에 혹시 이전에 정리하셨던 ○○○ 자료를 주시면 큰 도움이 될 것 같습니다." 정도의 표현으로 요청하면 큰 무리 없이 도움이 되는 자료들을 받을 수 있을 것이다.

기존 업무도 조정되지 않고 내가 가진 역량으론 업무지시자가 원하는 만큼의 수행 결과가 도저히 나오지 않을 거라는 확신이 서면 냉정하게 판단해서 의견을 제시해야 한다. 하지만 업무지시 직후에 아무 대안 없이 "못하겠습니다."라는 의견을 전달하는 것은 절대 금물이다. 잠시의 시간을 두고 대안까지 마련한 후 다시 업무지시자에게 가서 대안과 함께 이야기하도록 해야 한다. 대안으로는 누군가와 함께 하도록 조치해 달라거나, 일정 계획을 변경토록 건의한다거나 하는 방법이 있다.

… 일정 계획 수립은 어떻게 해야 하는가?
적극적으로 의견을 개진해야 하는 부분이다. 전술한 바와 같이 일정 계획 수립은 업무지시자와 함께 논의하며 만들어야 하는데, 마무리, 중간 검토, 초기 작업, Mock-up 검토, Mock-up 작업, 착수 회의, 작업 기획 등의 '거꾸로 계획'으로 만든다. 각 일정은 시간까지 구체적으로 확정해야 하며, '시간 될 때'와 같은 애매한 약속을 하지 않도록 한다.

이때, 개인적인 휴가 등 자신의 일정을 빠짐없이 반영하고 업무지시자와 함께 하는 검토 등의 일정에 관련자들의 일정이 반영될 수 있도록 한다. 가끔씩 이런 계획을 이야기하자고 하면 "그건 당신이 알아서 하세요"와 같은 자세를 취하는 리더들이 있는데 굳이 함께 일정 계획 잡는 것을 꺼려한다면 "일정 계획 초안은 제가 만들어 오늘 퇴근하시기 전까지 보여드리도록 하겠습니다. 5분만 시간 내어 검토해주시기 바랍니다."라는 등의 표현을 사용하여 최대한 상호 합의에 의한 일정이 만들어지도록 노력하자.

… 어떻게 대답하고 어떤 요청을 할 것인가?

업무지시의 마무리 멘트는 지시를 받는 사람이 하는 것이다. 대부분, "네, 알겠습니다."이지만, 업무지시자 입장에서는 그 "네, 알겠습니다."란 말 자체보다는 평소 그 사람이 하던 대답의 억양, 크기, 톤 등을 살피게 된다. 화가 난 억양인지, 대충 할 것 같은 억양인지, 또는 자신감 있게 큰 소리로 대답하는지, 흥미롭게 생각하는 높은 톤인지, 심각함이 전달되어 오는 낮은 톤의 대답인지 등을 단 몇 초 만에 느끼는 것이다.

이왕 하기로 했으면, 자신감 충만한 큰 목소리로 잘 해보겠다는 다짐의 억양을 보이고 흥미롭게 진행해 볼 것을 의미하는 높은 톤의 답변을 하도록 하자. 아니, 마음 자체를 그렇게 만들어야 한다. 자신의 재능이 개발되기 시작하는 순간의 대답이다. 그렇게 대답을 함으로써 얻는 것은 업무지시자로 하여금 신뢰를 갖게 하는 것과 함께, '이 친구 열심히 할 것 같군. 뭔가 필요한 것이 있다고 하면 내가 좀 도와줘야지.'라는 마음을 갖게 한다. 자신감 있는 대답과 함께, "향후 ○○○ 등 작업에 필요한 사항을 정리해서 요청하도록 하겠습니다."란 멘트를 전하자. 대부분의 경우, "오케이~." 라는 답이 따른다. 그리고 지시사항 수행에 필요한 사항을 최대한 잘 정리해서 요청하도록 한다. 좋은 분위기가 사라지기 전에 요청하는 것이 좋다.

업무지시 이행 중에 챙길 것들

… 중간 확인 시점 되기 전에 먼저 이 산이 맞는지를 확인

직장생활에서 맞닥뜨리게 되는 대부분의 지시사항은 그 단계들이 짧더라도 작업 기획 〉 Mock-up 작업 〉 초기 작업 〉 중간 검토 〉 마무리 작업 〉 최종 내부검토와 같은 순서로 진행된다. 여기서 중간 검토 시점 이전의 세 단계는 모두 업무지시자의 생각대로 작업이 진행되는가에 초점을 맞춘 단계라고 생각하면 된다. 따라서 많은 질문과 대답이 오갈 수 있고 진행하던 것을 원점부터 다시 시작하게 되는 경우도 있다. 이에 실망하거나 분 낼 필요가 없다. 다 그렇다고 생각하자.

Mock-up 작업 결과를 업무지시자와 함께 검토하다 보면, 새로운 아이디어가 나오거나 계획했던 내용들이 변경되기도 한다. 이런 것들을 잘 기록하여 중간 검토 시 '누가 이렇게 하라고 했지?'라는 분위기가 형성되지 않도록 하자. 중간 검토 앞부분의 단계들에서 결정되는 내

용들은 동영상, 사진, 회의록 등의 수단으로 기록을 남기는 것이 좋다.

⋯ 중간 확인 때의 질책은 약

'이 산이 맞는지'를 열심히 확인해 가며 작업했는데도 불구하고 중간 검토 시 '이 산이 아닌 다른 산'을 올라야 한다는 결론이 내려질 수 있다. 또 애초 생각보다 더 높은 수준의 결과물을 원하는 업무지시자의 속내를 알 수도 있다. 그런 상황에서 질책을 받을 수도 있고 생각지 못한 큰 목소리를 들을 수도 있다. 모두 다 약이라고 생각하자.

대부분의 리더와 경영진들이 최종 결과물만이라도 기억에 남기면 좋겠는데 다 기억하는 사람은 드물다. 그러니까 중간 검토 시의 질책은 약이 맞다. 너무 서운하지 않아도 된다. 다만 중간 검토 결과는 분명히 상호 간에 인지해야 한다. 최종 결과보고 때 '이 산이 아닌데'와 같은 상황이 되면 어느 누구도 행복할 수 없다. 중간 검토 때의 의견들을 잘 기록하고 공유해야 하며 중간 검토 후 하루 이틀 뒤, '최종 결과물은 ~이런 것이 될 것입니다.' 정도의 별도 보고를 하는 것이 좋다.

⋯ 모든 커뮤니케이션 방안 동원하기

이제 최종 결과물을 만들 때까지 작업에 매진하는 일만 남았다. 보안이 중요한 비밀 작업이 아니라면 사내 모든 인맥을 동원하여 최고의 품질을 담기 위해 노력해야 한다. 특히 커뮤니케이션 측면에서 다음 절부터 설명하는 물어보기, 부탁하기 등의 내용을 잘 학습하여 활용해보도록 하자. 메일이나 인터넷 블로그, 전문 사이트 등을 십분 활용하고 필요할 경우 외부 전문가 대상 인터뷰 등도 시도해야 하는데 이 책의 후반부에서 다루는 내용도 함께 활용해보자.

▎직장생활의 일상 커뮤니케이션

아침 인사

커뮤니케이션의 종류 중에 참 눈치 보이는 부분이다. 대부분의 커뮤니케이션 관련 도서에서 '활기차게 하라', '자신감을 보여라', '기억에 남도록 하라' 등 참 무슨 말인지는 알겠는데 두 손 오그라드는 멘트들을 많이 접할 수 있었다. 하지만 어찌 그런 것들이 억지로 한다고 되는 것들인가. 필자는 본 장의 전체적인 기조라 할 수 있는 "커뮤니케이션의 기본은 진심이고 기분이다."를 다시 한번 강조하고 싶다.

아침에 출근할 때, 마음속으로 예전에 취업을 준비하던 시기를 생각해보고 예전보다 많은 것을 가진 것에 감사해보자. 화창하면 화창한 것에 비가 오면 비가 오는 것에 감사하며, 가만히 있으면서 시간 보내는 자가 아닌 그래도 노력하는 자로 움직이고 있다는 것에 감사해보자.
이러한 생각으로 동료들과 선후배들에게 "좋은 아침입니다~."라며 인사를 건네면 된다. 표정 연습할 필요도 없다. 내 마음과 진심이 좋은 아침이라고 하면 표정은 따라온다. 아무런 꾸밈도 필요 없다.

감사 인사

마음을 바꾸면 감사할 것이 너무도 많다. 책이나 드라마에서 보는 최악의 선배들, 국가대표급 꼰대들. 그런 사람들은 이 사무실에 없지 않은가. 그래도 최악은 아닌 선배들, 꼰대긴 하지만 가끔은 세대를 넘나들어 주시는 부장님이 있고 이런 사람들이 시간을 내어 나에게 조언도 해준다. 어려운 부탁인데도 "밥 사!" 하면서 해결해준다. 이 어찌 감사할 일이 아닌가. "감사합니다.", "고맙습니다."란 인사에 진심을 가득 담으면 최고의 감사 인사다.

퇴근 인사

저녁 6시 1분. ○대리님이 나를 부를까 말까 고민하는 표정으로 슬금슬금 쳐다본다. 팀장님과 과장님들은 무슨 일인지 심각하게 두런두런 이야기 중이시고 다른 직원들도 PC를 끄는 사람이 아무도 없다. 어떡해야 하나. 오늘 보기로 약속한 공연은 늦으면 들어가지도 못하는 공연인데. 망설이지 말자. 지금 가나 1시간 후에 가나 다를 것은 없다.

지금 마음 듬뿍 담은 퇴근 인사를 하고 나가면 '저녁이 있는 삶'을 보내며 여유 있게 공연을 보며 에너지를 충전할 수 있다. 내일 또 열심히 업무에 집중하여 가치 있는 일을 해낼 힘이 생기는 것이다. 만일 주저하며 이러지도 저러지도 못하다가 공연도 늦고 재충전도 허공 속으로 사라져 내일의 업무에 집중하지 못한다면 팀원들에게 민폐일 뿐이다. 그럼 정해졌다. 바로 지금 퇴근이다.

다만 마음을 듬뿍 담은 퇴근 인사는 필요하다. 진심으로 그들을 위한 마음을 담아 "저 그만 퇴근해보도록 하겠습니다. 즐거운 저녁 시간 보내세요"와 같이 인사하고 문을 나서자. 이제 계획했던 에너지 재충전을 실행하고 내일 진심으로 하루를 열심히 살면 된다. 이런 것들이 진심으로부터 출발하지 않으면 나중에 누군가 훅 치고 들어온다. "자네 왜 어제 팀 전체가 바쁜 상황에서 혼자 그렇게 일찍 나갔는가"와 같은 질책성 질문에도 진심이 담겨있지 않은 거짓으로 답을 하게 된다. 몇백

년 살지 못하는 인생, 몇십 년 다니지도 않을 회사를 그렇게 살아서 무슨 의미가 있을까.

물어보기

원칙적으로 자신의 업무도 바쁜데 동료가 무엇을 물어본다고 친절하고 성의 있게 가르쳐줘야 한다는 의무는 없다. 다만 이유를 찾자면 나도 언젠가는 누군가에게 무언가를 물어볼 수도 있다는 '품앗이'를 연상하면 된다. 이를 조금 더 근본적으로 생각하면 의외로 문제는 간단해진다. 질문받은 사람이 의무가 없음에도 가르쳐 주는 것이므로 물어보는 사람이 먼저 그 대가를 주는 것이 옳다는 생각을 가진 채로 다가가면 커뮤니케이션은 아주 잘 진행된다.

대체로 칭찬을 먼저 던지면 분위기는 좋아진다. 이때 너무 '다큐'로 접근하면 분위기가 싸해질 수 있다. '예능'으로 접근한다. "과장님~, 우리나라 한강 이북에서 ○○○ 분야 최고 전문가 3명 뽑으면 꼭 들어가시죠." 과장님 대답이 "두 명 뽑아도 들어가거든." 정도면 절반의 성공이다. 조심스러운 자세로 질문 사항을 전하고 바로 대가를 제시한다. "과장님 ○○○○ 좀 알려주세요. 제가 아메리카노 쏘겠습니다." "괜찮아" 같은 반응이 나오면 좋고 나오지 않으면 대가를 주는 것이 당연하다고 생각하고 기분 좋게 쏘면 된다.

나는 그 사람에게 커피를 쏜 이후에도 여전히 가르쳐 준 내용으로 일을 잘 헤쳐나간 기쁨과 그에 대한 고마운 마음을 가지고 있게 된다. 이런 마음으로 그 사람에 대한 평판을 좋게 하는데 일조할 수 있고 내 재능이 발전함과 함께 다른 이들의 재능 발전에도 힘을 보태게 된다. 이것이 물어보기의 분위기 연쇄 상승 메커니즘이다. 쌀쌀맞은 태도로 "몰라."라는 답변을 들었다고 해서 실망할 필요 없다. 그게 당연한 거니까. 커피에서 파스타로, 파스타에서 피자 한 판으로 딜을 시도하거나 분위기 연쇄 상승 메커니즘의 또 다른 주인공을 찾으면 된다.

모를 때

누군가가 나에게 어려운 질문을 해 왔을 때 나에게 그 질문에 대한 답도 관련된 지식도 없는 경우가 있다. 이때 현재 하는 일이 바쁘다고 해서 "몰라."로 넘어가는 경우가 있다. 물론 리더나 선배가 물어봤다고 하면 최대한 공손하게 답을 하긴 하겠지만 한 글자 정도 더 붙이는 정도일 수 있다. "몰라요."

하지만 위에서 언급한 '분위기 상승 메커니즘'이 '몰라'에서부터 출발할 수도 있음을 설명한다. 필요한 시간은 단 1분이다. '1분 외롭지 않게 함께 해주기'로 그 메커니즘이 작동되도록 해보자. 우선 나 자신한테는 그와 관련된 도움 되는 지식이 없음을 설명하고 함께 '알기 위한 방안' 생각해보기에 나서본다. 함께 검색도 해주고 주위 누군가에게 같이 물어봐 주기도 한다. 30초 정도 흘렀다. 그리고 비슷한 상황에서 내가 해결했던 다른 사례를 설명해준다. "나는 예전에 ㅇㅇㅇ방법을 몰랐었는데 ㅇㅇㅇ를 통해 알 수 있었거든. 그 방법 한 번 고민해보는 것도 좋을 것 같아." 그리고 마지막 10초, 나와 친한 대타를 연결해준다. "옆 팀의 내 입사 동기 ㅇㅇㅇ대리가 알 수도 있을 것 같은데 내가 추천했다고 하고 가서 인사 잘 하고 한 번 물어봐. 아마 알고 있으면 친절히 알려줄 거야. 냉장고에서 주스 한 병 가져가면 돼~."

그렇다. 모를 때는 1분만 투자하자. 구성원 모두의 분위기 상승을 위해. 어느 누구도 1분 투자하지 못할 정도로 바쁘지는 않다.

부탁하기

고객사와의 핸드폰 통화를 마친 박대리에게 최대리가 다가온다. "한참 기다렸네. 무슨 통화를 그리 오래 해? 이것 좀 설명해 봐. 어제부터 해석해보려 했는데 난 도저히 못 하겠더라고." 착한 박 대리이지만 당황한 표정을 감추지 못한다.

아무리 친한 사이라도 직장 내 커뮤니케이션에는 지켜야 할 것이 있다. 바로 상대방의 상황과 기분 이해이다. 평소에는 "공짜로는 안 되지." 정도로 넘길 수 있는 부탁도 바쁜 상황에서는 정말 어이없게 들릴수 있다. '부탁'에는 '당연'의 의미가 전혀 들어있지 않음을 항상 기억하자. '부탁'에는 항상 '진심 어린 예의'가 함께 있어야 한다. 절대 당연한 것처럼 부탁해선 안 된다.

또한, 부탁할 때에는 절대 추상적으로 하면 안 된다. 부탁한다는 것은 어떤 일을 해 달라고 청하거나 맡기는 것이다. 들어주겠다는 것도 고마운 것인데 맡긴 일로 부담을 지우거나 서로 입장이 난처하게 되는 일이 생겨선 안 된다. 구체적이지 못한 부탁이 분위기 상승이 아닌 분위기 하락을 만들 수 있다. "이 구매 건 빨리 좀 부탁해." 언제까지라고 콕 짚으면 좀 미안하니까 '빨리'라는 표현을 썼을 것이다. 그러나 부탁받은 사람이 '내일까지는 아니겠지. 일단 내 일 바쁜 것 다 해 놓고 모레쯤 해 줘야지.'란 생각을 가지고 있는 것을 모르면 사달이 나는 것이다. 오늘 중에 해야 했던 건데. 며칠 뒤 두 사람의 얼굴은 붉으락푸르락 해지게 되었다. 안타까운 일이다. "정말 미안한데 오늘 퇴근 시간까지 해 주면 좋겠어. ○○○, ○○○ 활용해야 하고 ○○○, ○○○ 참조로 기안까지만 되면 완료에요. 내일 점심 내가 쏨."처럼 구체화해야 한다.

부탁 받을 때

연애 시절 다음과 같은 경험이 다들 있을 것이다. "자기야, 나 부탁이 있는데 들어줄 거야 안 들어줄 거야." 이런 질문으로부터 1~2초 그 찰나의 순간에 오만가지 생각을 다 하게 된다. "뭔데?", "일단 들어보고"와 같은 대답은 100점 만점에 20점 정도가 됨을 잘 알고 있다. 최근 들어 뭘 가지고 싶어 사달라고 하는 것일까, 회사 상황 안 좋던데 휴가 내서 어디 놀러 가자는 것일까. 고민하다가 쓰러질 뻔한 기억들. 고민 끝나기 전에 오케이 사인 보냈다가 엄청난 부탁이어서 눈물 흘린 기억도 있다.

하지만 직장생활에서의 부탁에는 철저히 "뭔데?", "일단 들어보고."로 답하는 것이 정답이다. 진심으로 상대방을 위한다면 들어보지도 않고 오케이 하는 것은 옳지 않다는 생각을 가지고 있어야 한다. 내가 하고 있는 일도 있고 나의 사생활도 있기에 구체적인 부탁 내용을 다 듣기 전엔 그 부탁을 들어줄 수 있을지 들어주기 힘들지를 알 수 없는 것이다. 부탁하는 쪽에선 거절당할까 봐, 구체적이지 않은 정보만 전달하고 부탁을 들어주는 작업을 일단 시작해 주길 바랄 수 있지만, 부탁을 받은 쪽에서 냉정하고 침착하게 구체화를 요구하여 수락 여부를 검토해야 한다.

물론 '공동체의 한 구성원이 얼마나 힘든 상황이면 부탁을 했겠는가.' 라는 생각으로 최대한 들어주는 방향으로 검토하는 것은 맞지만 결국 부탁을 들어줄 수 없게 된다면 믿고 맡긴 그와도 어색해지고 공동체 전체적으로도 분위기가 다운된다. 아끼고 사랑할수록 부탁을 수락하는 문제는 최대한 구체적인 내용을 파악하고 결정하도록 하자.

마지막으로 부탁을 들어주려 했는데 못 들어주게 되었을 때 또는 그와 비슷한 상황이 갑자기 닥쳤을 때 부탁한 사람에게 빛의 속도로 연락하는 것을 잊지 말자. 저녁이든 늦은 밤이든 그런 상황에서의 연락은 빠를수록 좋다. 대안을 찾을 시간을 조금이라도 더 주고 끝까지 부탁을 들어주려 한, 마음을 조금이라도 더 전할 수 있는 방법이다.

지적하기

상대방이 뭔가 실수를 하고 계속하여 반복해도 내 삶에 큰 지장이 없으면 굳이 지적하고 가르쳐주고 또 개선되는지를 확인하는 일이 구시대의 산물처럼 여겨지는 때가 되었다. 그러나 조직 전체에 영향을 미치고 그 사람뿐만 아니라 다른 사람들도 동일한 실수를 할 수 있는 것이어서 많은 이들의 재능 발전에 걸림돌이 된다고 판단되면 용기를 내어 지적해 주는 것이 맞다.

직장생활에서의 지적은 매우 어려운 커뮤니케이션이다. 정말 노력하여 지적해주었는데도 금방 SNS 여러 방에서 "○○○ 대리의 지적질"로

도배될 수 있다. 최근 커뮤니케이션 관련 도서들은 지적의 방법을 여러 가지로 설명하고 있지만 안타깝게도 근본적인 출발점을 설명하는 경우는 거의 없는 것이 현실이다.

지적의 출발은 저 사람과 내가 소속된 공동체를 생각하는 마음과 저 사람을 위하는 마음을 같은 선상에 올려두는 것이다. 굳이 5:5, 4:6 같은 비율을 이야기하지 않더라도 둘 다 중요한 것임을 알고 시작하는 것이 좋다. 저 사람이 앞으로 그런 실수를 하지 않게 되어 저 사람에 대한 인식도 좋아지고 공동체 전체적으로도 산출물들의 품질이 올라가는 이점이 있다. 또한 그런 지적 이후에 저 사람이 의기소침해지거나 소극적이 되지 않고 오히려 좋은 기분으로 적극적인 업무 진행으로 공동체 전체의 분위기까지 끌어올린다면 그보다 좋은 결과가 어디 있겠는가.

한 대리는 오늘 출근하자마자 신입사원 중 한 명이 적은 고객 대응 메시지를 보고 뭔가 말을 해 주어야겠다는 생각을 하게 되었다. 최근 몇 주일 동안 고객 요구사항에 대한 대응 문자메시지를 보내는 업무를 시켜보았는데 맞춤법이 몇 군데씩 틀려서 나가는 것이다. 몇 번 검토를 해주었을 때는 금방 수정되는데 조금 다른 내용에서 또 맞춤법 오류가 발견되는 것이다. 고객이 아무 생각 없이 메시지를 받아보면 모르지만, 맞춤법 등을 따지는 고객이라면 회사의 이미지에도 영향을 주는 일이 될 수도 있기에 오늘은 지적해야겠다고 생각했다.

··· 저 사람의 입장이 되어보기 위하는 마음을 갖자

하지만 가만히 생각해보니 그 문자 메시지들이 얼마나 중요한지에 대한 내용이나 회사 이미지에 영향을 줄 수 있다는 것도 어떤 실수에 유의하라는 내용도 구체적으로 전달해준 것이 없었다. 또 입사 후 몇 달간 의욕적으로 일하고 있는 이 친구가 심한 지적을 받을 경우 팀 내에서 분위기 메이커 역할을 하던 모습에도 영향을 줄 수도 있다. 그래서 이 친구의 마음을 먼저 헤아려 보고 이 친구를 진정 위하는 마음을 갖기로 했다. 어려운 형편에도 항상 미소를 잃지 않는 것도 대견스럽게 생각하고 간혹 실수가 있지만, 자신의 재능을 발전시킬 수 있는 분야의 일들에 능동적으로 참여하는 모습들도 좋게 판단했다. 이제 이 친구를 위한 마음으로 실수를 지적하고 그 부분의 재능이 발전될 수 있기를 바라는 마음이 만들어졌다고 판단되었을 때 '지적의 준비'를 시작했다.

··· 위하는 마음으로 관찰 시작

우선 '위하는 마음'을 잃지 않고 이 친구의 해당 업무를 관찰해 보았다. 뭔가 잘못을 파악하려는 마음으로만 관찰하면 인사하는 목소리며 복장과 신발 의자에 앉는 소리 등 이 사안과 관련 없는 모든 것이 다 지적의 대상이 될 수 있다. 좋은 마음으로 지적해 주려다가 답답한 후배로 오히려 안 좋은 인식을 만들 수 있으니 꼭 '위하는 마음'으로만 관찰하도록 하자.

이 친구가 고객 대상 메시지를 보내는 업무는 꼭 오전에 진행되었는데 아침 회의나 다른 보고 건으로 바쁘기 직전에 진행되었다. 그리고 한 번 만들어 놓은 샘플들을 계속 사용하기 때문에 틀린 맞춤법이 계속 전송되는 상황이었다. 샘플을 만들어 놓은 시스템에도 맞춤법 검사 기능이 없어서 이 친구가 국어에 정통한 친구가 아니라면 새롭게 만들 샘플에도 충분히 실수를 반복할 여지가 있었다.

··· 관찰 결과의 정확한 전달

직급이 올라가고 나이도 들고 내 분야에 자신감이 생기면서 이전에는 잘 쓰지 않던 표현들이 내 입에서 자주 쓰이는 것을 발견하는 때가 있을 것이다. 그런 표현 중에 커뮤니케이션 측면에서 아주 나쁜 단어들이 있다. 바로 "전혀" "하나도" "절대" 등의 100% 지칭 단어들이다. 스포츠 경기를 보다 보면 어떤 해설자가 "전혀 연습하지 않고 나왔어요."라든지 "효과가 하나도 없는 저런 작전을 왜 쓰는지 모르겠네요.", "저런 스윙으로는 절대 안타를 때릴 수 없어요"와 같은 표현을 쓰는 것을 가끔 접한다. 과연 연습을 1도 안 했고 효과가 1도 없고 안타를 1도 못 때릴까. 격한 마음의 분출이 잘못된 표현으로 나타나면 사실이 아닌 것을 알고 있는 사람의 마음에 많은 불편을 줄 수 있다.

이 사례도 마찬가지이다. "당신의 메시지에 맞춤법 맞는 문장이 하나도 없어.", "하루도 정확한 메시지가 보내지는 것을 못 봤어." 등과 같은 표현은 이 친구의 재능을 발전시키고 팀 전체의 분위기도 상승시키자는 지적의 목적에 위배되는 것이다. 서로 기분만 나쁘고 팀 분위기도 나빠진다. 그래서 관찰이 필요하고 그 결과의 정확한 전달이 필요하다. 여기서 '전달'에 칭찬을 덧붙이면 지적의 효과는 배가된다. "○○씨가 담당하는 고객 응대 메시지를 지난 한 주간 지켜보았는데 하루도 안 빠지고 시간도 정확하게 진행되었더라. 나는 예전에 하루나 이틀 늦게 메시지를 보낸 적도 있어서 선배들한테 혼나기도 했거든. 그런 점은 아주 좋아. 그런데 문장 중에 맞춤법 오류가 하루에 한두 번씩 있네. 큰 오류는 아닌데 계속되면 고객 눈에 비치는 회사 이미지 전체에 문제가 될 수도 있어서 팀장님이나 다른 분들 지적하시기 전에 내가 먼저 ○○씨랑 이야기 나누어 개선하는 것이 좋을 것 같아." 정도면 좋다.

내 생각에 정말 효과적인 개선안이 있더라도 그 직원의 의견을 들어보아야 한다. "A방법을 쓰도록 해"와 같은 권고가 "아 정말 좋은 방법이구나."라는 마음으로 다가가기까지는 많은 시간이 걸린다는 것을 알아야 한다.

"이런 오류가 생기는 이유가 뭘까. 내가 보기에는 ○○씨가 많이 바쁠 때와 이 일이 시간대가 겹치는 것이 좀 힘들어지는 이유 같거든."

"네 대체로 그런 상황입니다. 저도 B 등의 방법을 고민해보고 있습니다.(중략)"

"(중략) 오케이 B방법도 검토해 보고 A방법도 생각해보셔."

"네 먼저 A방법을 써 보겠습니다. 그런데 대리님 우리 팀 단톡방에 A방법으로 작성한 샘플을 버전 업될 때마다 올리는 건 어떨까요? 많은 분들이 보시고 고객 입장에서 '더 좋은 표현은 이것이다.'라는 의견을 주신다면 좋을 것 같습니다."

"괜찮은 의견이네. 그럼 맞춤법 건은 A방법으로 개선시키기로 하고 샘플 개선 의견 듣는 것은 내가 좀 더 생각해서 단톡방에 의견 묻지."

이렇게 당사자의 의견이 반영된 개선방안의 적용 효과가 더 큰 것임을 알고 경청에 임하도록 하자.

이렇게 경청하고 개선방안까지 만든 후에 실제로 개선되는지를 확인하는 단계를 꼭 거치도록 해야 한다. 공동체의 명운을 가를 수 있는 아주 중요한 건이 아니라면 가벼운 유머와 함께 개선의 약속을 하도록 하는 것이 좋다.

"그럼 앞으로 고객 대응 문자메시지에서 맞춤법 오류는 발견되지 않을 것 같네."

"아… 그래도 노력은 하겠습니다만 제가 완전하지 못해 가끔 오류가 있을 수는 있을 것입니다."

"좋아 한주에 오류 건수가 2건 이하면 내가 아메리카노 쏠게."

"넵 알겠습니다. 열심히 해 보겠습니다.

지시사항 거절하기

리더의 지시를 거절한다는 것은 웬만하면 있어서는 안 될 일이지만 (거절하면 안 된다는 것이 아니라 그런 상황 자체가 없는 것이 낫다는 뜻이다) 사안에 따라 지시를 거절해야만 할 수도 있다.

황 본부장은 최근 고민에 고민을 거듭하다가 정 팀장을 불렀다. 몇 번의 계약 실패로 직원들의 사기가 떨어지고 회사 분위기도 침체되어 사장님의 '분발 지시'가 내려진 터. 뭔가 보여드릴 필요가 있다고 생각하여 정 팀장에게 다음 주말 강원도 한탄강으로 본부원 전체 워크샵을 떠나 레프팅을 하며 결속을 다지고 사장님께도 그러한 파이팅을 보여드릴 수 있도록 하라고 지시했다. 정 팀장은 순간 고민에 빠졌다. 몇 달간 계약 성공을 위해 전체 본부원이 주말도 반납하고 열심히 일해 왔는데 지금 이 분위기에서 또 주말을 워크샵으로 보낸다는 건 본부원들의 반발을 불러올 것이 너무도 자명하기 때문이었다. 하지만 정 팀장은 지시의 현장에서 부정적인 의견을 내지 않고 다음과 같은 답변을 했다.

"본부장님의 뜻을 잘 알겠습니다. 얼마나 고민이 많으셨을지 이해가 됩니다. 다만 본부원들의 의견도 한 번 들어보고 다른 팀장들도 아이디어를 가지고 있을지 모르니 본부장님 뜻이 더 큰 효과를 볼 수 있도록 하는 방향으로 제가 설계를 좀 해보도록 하겠습니다. 하루만 시간을 주십시오."

정 팀장은 다른 팀장들과도 회의를 했고 본부원들 중 대표 직원들과도 면담을 했다. 걱정한 대로 대다수의 직원들이 부정적이며 지금이 어떤 시대인데 실패를 했다고 레프팅을 하면 분위기가 개선되겠느냐며 오히려 휴식이 필요하다는 의견을 냈다. 정 팀장은 다시 팀장들과 회의를 한 후 황 본부장 방을 노크했다.

"본부장님 뜻을 본부원 모두가 이해하고 함께 의견을 나누며 발전적인 방향으로 여러 아이디어도 도출했습니다. 조금만 시각을 바꿔서 애초 목적을 다시 생각해보면 사장님의 뜻은 우리가 앞으로의 계약을 많이 성공시키고 그런 역량을 내재화하여 내년, 내후년에도 계속 좋은 성과를 내라는 것 아니겠습니까. 본부장님께서 말씀하신 레프팅은 우리가 분발하여 좋은 성과를 냈을 때 포상과 단합 두 마리 토끼를 다 잡는 방안으로 활용하고 지금 당장 해야 할 실패의 원인 분석과 향후 전략 수립 워크샵을 다음 주 주중에 먼저 진행하면 좋을 것 같습니다. 이에 대해서는 본부원들도 합심하여 열심히 임해보려는 의지를 나타냈고 그 워크샵 결과물을 사장님께서 보시면 더 좋아하실 것 같습니다. 중장기적으로도 구성원들의 만족도가 높아지고 좋은 컨디션으로 다음 승부에 임할 수 있어 결국 역전의 계기가 되리라 생각합니다."

황 본부장은 흔쾌히 승인하였고 모든 과정이 성공적으로 진행된 후 실제로 그 회사의 사장님은 워크샵 결과물에 대단히 만족하였으며 황 본부장이 정 팀장을 크게 칭찬하였음은 물론이다. 본부원들도 주말을 편히 보내고 좋은 컨디션으로 업무에 임할 수 있게 되었다. 또한 회사에서 주중에 어차피 하려 했던 일을 워크샵 형태로 조그만 호텔을 빌려 함으로써 사기도 더 오르는 1석 3조의 효과를 보았다.

경영진과 일선 현장의 분위기 차이로 이런 불가피한 '지시사항 거절'이 의외로 종종 일어나고 있다. 아래는 정 팀장의 대응을 간단히 요약한 것이다. 자신에게 이런 일이 파도처럼 다가올 때 당황하지 말고 꼭 참고할 수 있기를 바란다.

> 💡 **지시사항 거절을 위해 필요한 요령**
> - 지시사항의 근원적인 목적을 정확히 파악
> - 구성원 전체의 상황과 그들에게 필요한 것 판단
> - 공감하고 함께 걱정하면서 지시 상황에서 바로 거절하지 않기
> - 지시사항에 덧붙여 더 효과적인 방안을 만들어 보겠다는 의지 피력
> - 구성원 의견 청취 아이디어 도출 회의
> - 지시사항을 완전히 배격하지 않으면서 취지를 더욱 살릴 수 있는 아이디어 활용

넷, 스마트한 회의 준비와 진행 스킬
'효율과 에티켓, 두 마리 토끼를 잡는 회의'

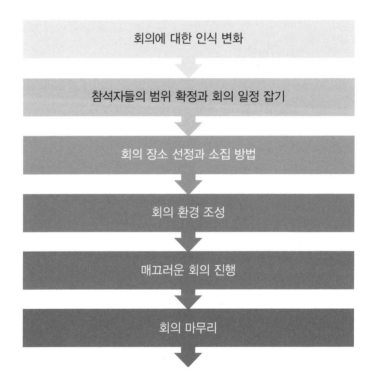

회의에 대한 인식 변화

참석자들의 범위 확정과 회의 일정 잡기

회의 장소 선정과 소집 방법

회의 환경 조성

매끄러운 회의 진행

회의 마무리

기술이 발전하고 지능화된 사회가 다가올수록 크게 변화할 것으로 예상되는 것 중 하나가 '회의'이다. 이제 직장생활 속 많은 회의는 SNS 의 단톡방에서 이루어지고 있으며, 자동화된 각종 데이터 분석으로 굳이 회의를 거치지 않아도 의사결정이 될 수 있는 분야가 많아졌다. 하지만 각 세부 분야별로 전문성을 가진 사람들의 깊은 식견과 노하우를 나누고 창의적인 아이디어를 보태어 지금까지보다 더 큰 성과와 만족도를 달성하는 방안들을 만들기 위한 회의의 필요성은 지속될 것이다.

AI 시대가 오더라도 사람들의 의견을 모으는 목적의 회의는 형태는 바뀔지언정 지속될 것이며, 그런 회의를 통해 나의 재능이 발휘될 수 있고 그 재능을 인정받아 보다 더 큰 경험과 새로운 시도로 이어지게 될 것이다. 이 장의 내용을 참고하여 많은 독자들이 앞으로 회의는 어떻게 변화해야 하고 자신이 가지고 있는 재능과 관련하여 회의 준비와 진행 스킬이 어떤 도움을 줄지를 생각해 볼 수 있었으면 한다.

┃ 회의에 대한 인식 변화

쓸데없는 회의? 쓸모 있는 회의?

직장생활 중, 회의에서 가장 다양한 형태의 의견 개진과 새로운 아이디어 도출이 일어날 것이라 생각할 수 있지만 사실 생각만큼 그런 일들이 활발하게 일어나지 않는다. 독자들이 최근에 참석한 회의를 떠올려 보자. 자신이 왜 참석하고 있는지 모두가 다 이해하고 있었는가? 회의 전, 회의에 대한 알림 내용이 효과적으로 전달되었는가? 이런 질문들에 모두 'Yes'라 답변할 수 있는 직장인이 많지는 않을 것이다.

회의는 다수가 모여 여러 종류의 정보를 나누고 필요한 의견들을 모아 논의 후 의사결정하기도 하는 모임이다. 당연히 중요한 안건도 많이 다루어지고 한 조직 안에서뿐만 아니라 여러 조직의 구성원이 모이기도 하며, 짧게 끝날 수도 있겠지만 매우 긴 시간이 소요될 수도 있다. 그렇다면 직장인들은 이런 회의에 대해 어떤 인식을 갖고 있을까?

대한상공회의소는 2017년 우리나라 직장들의 회의문화에 대한 조사 결과를 발표했다. 다음은 언론에 소개된 내용[8]을 그대로 옮긴 것이다.

---

8 디지털타임즈 박정일 기자 2017.2.26

대한상의는 기업문화 개선사업의 첫 번째 과제로 회의문화를 선정하고 그 연구 결과를 담은 '국내 기업의 회의문화실태와 개선해법' 보고서에서 이같이 밝혔다. 대한상의가 상장사 직장인 1000명을 상대로 설문조사를 한 결과 직장인의 회의 만족도는 100점 만점에 45점으로 낙제점에 해당했다. 부문별로는 회의 효율성 이 38점 소통 수준이 44점 성과 점수가 51점 등이었다.

회의하면 떠오르는 단어도 부정어 일색이었다. '자유로움 창의적'과 같은 긍정적 인 단어를 꼽은 응답자는 9.9%에 머문 반면 '상명하달 강압적 불필요함 결론 없 음' 등 부정어가 91.1%였다.

대한상의 측은 "창의와 혁신의 시대임에도 산업화 시대 유효했던 일방적 지시와 이행 점검 식 회의가 많다"며 "전근대적 회의 방식이 기업의 혁신과 효율을 떨어 뜨려 경쟁력의 걸림돌로 작용하고 있다"고 지적했다.

보고서에 의하면 직장인들은 1주일에 평균 3.7회 매번 평균 51분씩 회의하는데 절반인 1.8회는 불필요한 회의였다고 응답했다. 또 회의 중 약 31%인 15.8분은 잡담 스마트폰 보기 등으로 허비하고 있다고 답했다. 또 응답자들은 회의가 불필 요하다고 느낀 이유로 '단순 업무점검과 정보공유 목적이라서(32.9%)' 등을 꼽았 고 상사가 발언을 독점하느냐는 물음에 61.6%가 그렇다고 답했다.

 직장인들은 거의 매일 회의를 하면서도 그중 절반은 쓸데없는 회의 라 생각한다는 것이다. 시간 대비 효과 측면에서 보아도 50점이 안 되 는 것이 직장인들의 회의이다. 이제 시대는 다수가 오프라인상에서 모 이지 않더라도 여러 종류의 정보와 필요한 의견들도 모으고 논의도 할 수 있으며 의사결정까지도 가능하게 변화하고 있다. 그렇다면 이 '회의' 를 우린 어떻게 바라보아야 할까. 어떻게 진행해야 많은 이들의 재능을 펼칠 수 있게 하고 회의 자체에 대한 재능도 발굴할 수 있을까.

'회의'의 변화

 소프트웨어 패키지 기업인 S사에서는 '상식적으로 있어야 한다고 생 각하는 회의'를 상당 부분 없앴다. 매주 해야 한다고 생각하는 주간 실적 공유 회의와 마케팅 회의 등 일반적인 회사에서 주기적으로 하는 회의들을 과감히 없애고 단톡방에서 여러 정보를 공유하고 의견을 나누며 가벼운 의사결정에까지 이른다. 다만 대면 논의를 위한 회의가 필요할 경우 제안자가 단톡방에서 회의 필요 여부를 물어 개최되도록 한다. 물론 이때 참석자 범위도 정해지게 된다.

오랜 세월 굉장히 중요한 의견 교환이 일어나는 활동으로 인식되었던 '회의'와 관련된 많은 보고와 도서들에서 최근 S사와 같은 '변화'를 많이 이야기한다. 이 같은 변화는 무얼 의미하는 것일까. 이러한 변화도 AI시대의 도래와 관련이 깊다. 데이터 중심으로 생각하는 사고 변화, 즉 회의를 하는 것이 좋은가 하지 않는 것이 좋을까라는 고민의 시점에 회의를 하는데 필요한 여러 투자(주로 시간)들 대비 회의를 하지 않는 것이 어느 정도의 효과가 있는지를 데이터 측면으로 해석하는 것이 일반화되고 있기 때문이다.

꼭 필요한 회의만, 최적의 방식으로 진행

회의에 참석했는데 일방향의 전달임을 느끼게 될 때가 있다. 이런 경우 회의 참석자 중 일부는 회의가 진행되는 시간에 하려고 했던 자신들의 업무들을 못하는 것에 대해 아쉬워한다. 회의에 참석해도 회의 종료 시까지 한마디도 하지 않아도 되는 상황이면 실망감이 커진다. '이 정도면 SNS나 메일로 공유해도 될 텐데…'라는 생각을 가지는 사람도 있을 것이다. 이처럼 참석자들의 회의 주최측에 대한 신뢰도 저하 문제가 크다는 것도 여러 기업의 경영진이 가졌던 사고를 바꾸게 했다.

이렇게 그 입지가 축소되고 있는 '회의'를 어떻게 개최하고 진행하고 정리해야 하는지와 관련된 재능도 '어떻게 창의적인 소통 환경을 만들 수 있을까?'라는 CEO들의 고민 측면에서 굉장히 중요한 재능이 될 수 있다. 당신이 직장 내에서 회의를 소집할 수 있는 '권한'이 있는 위치의 사람이라면 그 회의가 꼭 필요한가를 반드시 고민해야 한다. 직원들의 시간도 금이다.

도저히 SNS의 단톡방이나 메일 등의 방식으로는 개최하려 했던 회의의 목적을 달성하지 못한다는 확신이 들었을 때, 최적의 회의 방식을 결정하고 회의 일정을 잡고 소집하는 단계를 진행해야 한다. 이는 온라인 화상 회의 전화 회의(컨퍼런스 콜)의 경우도 마찬가지이다. 장소 섭외를 제외하고는 비슷한 준비 과정이 필요하다.

▌참석자들의 범위 확정과 회의 일정 잡기

참석하지 않아도 되는 사람 먼저 제외

이때 회의 일정부터 걱정하는 직장인들이 있는데 이보다 더 중요하게 고민해야 할 것은 참석자들의 범위이다. 관련자들을 모두 나열하고 참석하면 좋을 것 같은 사람을 찾기 전에 참석하지 않아도 문제가 없을 것 같은 사람들을 빼는 방법을 써야 한다. 다시 말해 꼭 참석해야 하는 사람 말고는 그 대상에 올리지 않도록 한다.

그렇게 구성한 참석 대상자들의 면면을 보고 다시 대면회의(온라인 화상 회의 /전화 회의 포함)를 해야 하는지를 검토한다. 의외로 간단한 답이 도출될 수 있다. '오 그냥 단톡방에서 의견 나누어도 될 것 같은데.'라고 말이다.

참석자의 리더에 대한 협조 요청

참석자들의 범위가 결정되었으면 바로 회의 일정 수립 단계로 진행할지, 그 전에 해당자들의 팀 리더들에게 먼저 알릴 것인지에 대해 고민해봐야 한다. 특히 주최 측이 아닌 다른 조직의 구성원인데 이번 회의에 꼭 필요한 전문성이나 업무의 공동 책임이 있어 참석을 요청해야 하는 경우라면, 그 사람의 상위 리더에게 회의명, 목적, 참석 대상 정보를 전달하고 회의 일시를 확정하는 커뮤니케이션을 진행하겠다고 먼저 알리며 양해를 구해야 한다. 모든 회의 참석자에게 고마운 마음을 가져야 하겠지만, 특히 다른 조직에서 참석해 주는 사람과 그것을 승인하는 리더에게도 고마운 마음을 가져야 한다.

회의 일정 수립

회의 일정은 어떻게 잡아야 할까. 회의실이 비었을 때? 윗사람이 지시한 시간? 주기적으로 모든 회의 참석자들이 정해져 있고 참석자들이 그 시간을 확보해 두고 있는 것이 아니라면, 회의 목적에 필수적인 사람들의 일정을 고려하여 정하는 것이 최선이다. 주최 측에서 일방적으로 잡고 개개인의 일정이 있더라도 조정하여 참석 바란다는 자세를 취하면 어렵게 시작된 회의 시작 시간에 불만 가득한 얼굴들이 곳곳에 보이는 풍경을 접할 것이다.

많이 쓰는 방법으로 단톡방 등을 통해 회의명, 목적, 참석 대상을 알리며 회의 일시를 확정하려 한다는 공지를 한다. 이후 참석 대상들에게 일주일 정도의 기간 중 절대로 참석이 불가한 시간을 나타내도록 하는 방법이 있다. 회의에 소요되는 시간 안내도 중요한데 주최하는 조직의 리더 또는 주최 책임자와 협의하여 소요 시간을 정하고 꼭 이를 공지하도록 한다. 전 세계적으로 요즘 회사들의 회의는 대체로 1시간을 넘지 않는 것을 권장한다. 참석대상자들이 불가하다고 의견을 낸 시간들을 모두 피해 2~3가지 후보 일시를 만들고 다시 투표하거나, 의사결정권자가 정하는 시간으로 선정하는 등의 방법으로 추진한다. 만약 답글로 불가한 시간을 제시하지 않는 참석 대상자가 있으면 무시하고 시간을 결정하지 말고 꼭 유무선의 통화를 통해 응답을 받도록 하자.

다음은 S사의 신사업추진팀에서 위와 같은 내용을 고려하여 회의 일정을 잡기 위해 회사 단톡방에 올린 회의 일정 논의 게시글이다. 참고가 될 것이다.

예시 S사 신사업추진팀의 회의 일정 잡기

안녕하세요. 신사업추진팀 김대박 대리입니다.
최근 2달간 진행된 '신사업추진 후보 분야 분석 프로젝트'의 결과를 공유하고 '집
중할 분야 선정 회의'를 개최하려 합니다.

참석 대상 분들께서는 하기 시간 중 참석 불가능한 시간에 "본인은 ○요일 ○시
~○시는 참석이 불가능하다."라는 의견을 남겨주세요. 그 시간을 제외하고 일정
을 잡도록 하겠습니다. 회의 소요시간은 1시간입니다.

준비해야 하는 시간이 촉박하여 내일 18시까지 꼭 답글 올려주시면 감사하겠습
니다.

비고) 마케팅팀 ○○○대리님은 저희 팀장님과 마케팅팀장님께서 논의하셔서 회
의 참석자로 선정되셨습니다. 어려운 결정 내려 주셔서 감사드립니다.

회의 일정 수립 시 고려사항

여기서 한 가지, 매우 중요한 참석자인데 일정이 모두 맞지 않아 참
석이 어려워 대신 참석할 사람을 보내야 하는 경우가 있다. 필자의 경
험으로 대신 참석할 사람을 보내는 사람이나 대신 참석하는 사람 모두
회의에 100% 참석한 효과를 내기 어렵다. 후보 일정의 기간을 늘려서
라도 어떻게든 조정해서 원래 참석 대상이 참석하는 회의로 만들자.

또 자신이 참석은 가능한데 중요한 일 때문에 중간에 일어서야 한다
고 의견을 보내는 사람들이 있다. 회의가 한창 뜨거워지는데 한두 명이
일어서서 밖으로 나가는 것은 남은 사람들의 회의 참여 마인드에도 그
리 좋지 못한 영향을 준다. 귀찮더라도 모든 사람이 참석 후 종료 시까
지 회의실 밖으로 나가지 않도록 약간의 조정을 하자.

회의 장소 선정과 소집 방법

회의 장소 선정을 위한 고민

오프라인 회의의 경우엔 회의실이 필요하다. 그런데 많은 기업들이 회의실이 부족하다. 따라서 사전에 최대한 회의실의 여러 후보 시간을 확보하여 회의 참석 대상자들의 참석 가능 시간에 회의실을 사용할 수 있도록 하는 '지혜'가 필요하다. 어렵게 회의 참석 대상자들이 모두 가능한 시간을 확보하였는데 회의실 사용이 불가능하게 될 수도 있다. 다시 다른 시간을 잡기 위해 애쓰지 말고 회사 근처의 유료 회의실 대여를 알아보는 것도 좋은 방법이다. 또한 같은 빌딩의 협력 회사 관계자와의 친분으로 그 회사의 회의실을 사용하거나, 대형 식당 등에서 식사 시간 이외에 저렴한 가격으로 빔프로젝터, 대형 TV 등을 갖춘 방을 대여해 주는 경우도 많이 생겼으므로 이를 알아보는 것도 좋은 방법이다.

항상 진행하던 회의실이 아닌 곳으로 장소를 섭외할 수밖에 없는 상황이라면 회의 참석자 중 의사결정권이 있는 상급자에게 꼭 사전 보고를 하도록 하자. 회의 시작도 하기 전에 "이 회의 장소 누가 정했나?"와 같은 당황스러운 상황이 발생할 수 있다.

회의실 인프라 검토

또 한 가지 중요한 것은 '회의의 종류, 특성에 맞는 회의실 인프라가 잘 갖추어졌는가.'이다. 여러 노트북, 디스플레이 기기 등을 써야 하는데 전기 콘센트가 없다든지 하는 문제가 발생하지 않도록 회의 장소 확정 후에 꼭 답사하여 멀티탭 등 추가적으로 필요한 준비물을 챙기자.

회의 도중 각자 자신의 의견을 말할 때, 도식이 필요하거나 회의 진행자가 참석자들의 의견을 정리하기 위해 화이트 보드 등이 필요할 때도 있다. 이 역시 준비사항에 포함시킨다. 참석 대상자 숫자보다 1~2개 넉넉한 의자의 개수가 되는지도 반드시 파악해야 한다.

회의 소집의 원칙과 전달해야 할 정보

이렇게 꼭 필요한 회의인지, 회의 참석 대상은 어떻게 해야 하는지, 언제 개최하는지, 어디서 진행할지 등에 대한 고민이 종료되면 회의를 소집해야 한다. 회의 소집에도 원칙이 있다. 예전엔 대상자들한테 메일로 시간/장소만 통보하였는데 이제는 여러 가지 필수적으로 고려할 것들을 챙겨야 하는 시대가 되었다. 회의 소집은 가능하면 그룹웨어의 메일 기능을 사용하는 것이 좋다. 회의 결과를 "Re"로 달기에도 편하며, 회의 전후 여러 사람이 첨부파일과 함께 의견을 추가하고 그것을 공식적인 자료로 남기기에도 편하다. 이러한 기능을 모두 갖춘 협업 솔루션들이 있으니 참고해보는 것도 좋다.

회의 소집 메일에 담겨야 하는 내용으로는 회의명, 목적, 목표, 일시(소요시간 포함), 회의 장소, 참석 대상자 명단, 참석자 준비사항, 회의 주관부서 담당자 등이 있다. 여기서 회의 목표는 회의 개최를 알리는 담당자가 기술하기에 어려운 부분일수도 있다. 과연 무언가를 확정할 것인지 어떻게 확정할 것인지 등을 표현해야 하는데 이에 따라 참석대상자들의 마음가짐이 변할 수 있으므로 회의 개최 책임자와 논의하여 "○○의 확정, 참석자 투표로 이행 책임자 선정(참석 대상자 중에 선정. 참석하지 않더라도 선정 가능)" 등으로 명확히 기술하도록 한다.

회의 시간에는 회의 개최 책임자와 논의한 소요 시간을 분명히 표시하도록 해야 하고 회의 진행자에게도 분명히 전하도록 한다. 회의가 길어져 한두 명 바쁜 일이 있다는 핑계로 자리를 뜨기 시작하면 그것만큼 분위기를 어수선하게 만드는 것이 없다. 다 함께 자리에 앉아 회의를 시작하고 다 같이 끝내도록 노력해야 한다. 회의 장소가 평소 자주 진행하던 곳이 아니면 "12층 제3 회의실, 엘리베이터 내려 오른쪽 끝방"처럼 최대한 상세히 기술하고 특히 건물 밖이면 약도를 첨부한다.

혹시라도 해당 회의 중간에 들어오실 수 있는 중역 또는 고위 경영진이 있으면 이에 대해서도 언급한다. 회의 개최 메일을 받고 실무자 회의로 이해하여 맨발에 슬리퍼를 신고 왔는데 중간에 사장님께서 들어오셔서 옆자리에 앉으시는 바람에 당황했다는 모 차장의 이야기는 꽤 유명한 스토리다. "같은 층에 사장실이 있는데 회의 시간에 사장님 일정이 없으시고 본 건에 관심이 많으셔서 혹시 들어오실 수도 있습니다. 복장 요주의입니다." 정도면 되겠다.

참석자 준비사항은 각자 챙겨야 할 것들을 정확히 표현해 주는 것이다. "그런 내용은 미리 말해 주셨어야 챙겨오죠." 이런 분위기가 발생하면 안 된다. "○○○팀 ○과장님은 신사업 추진 시뮬레이션 템플릿을 파일 형태로 꼭 가지고 오십시오." 정도의 상세 내용 전달이 필요하다.

회의 환경 조성

회의 목적에 맞는 회의실 모습

어떤 도서에서는 회의를 빨리 끝내기 위해 회의실 의자를 없애 서서 회의를 하거나, 아주 불편한 의자를 갖다 두어 최소한의 할 이야기만 하게 하고 종료시킨다는 회사들의 사례를 소개하고 있다. 하지만 필자는 이러한 방법이 오프라인 회의를 개최하려고 결정한 취지에 어긋난 것으로 판단한다. 단톡방이나 컨퍼런스 콜 등을 사용하지 않고 오프라인 회의를 진행하는 목적에는 다른 일들로 바쁜 직장 속 일상에서 잠시 벗어나, 이 회의 주제에만 좀 집중해 달라는 뜻이 담겨있다. 그러나 회의 환경을 불편하게 만들면 최대한의 자유로움과 편안함에서 오는 여러 창의적인 생각을 경청하려는 마음을 닫게 만드는 것이 아닐까 하는 생각이 든다. 오히려 달콤한 커피나 유자차 같은 음료도 마련하고 의자도 편안한 장소를 선택하여 회의 참석자들의 만족도를 높이는 것이 회의 개최의 취지를 더욱 살리는 것이라 생각한다.

회의 목적 달성과 지속적인 협력을 위한 상호 교감

회의를 진행하는 사람 입장이 되어보자. 가장 중요한 것은 회의의 목적 달성이다. 그러나 회의의 목적은 달성했는데 회의 참석자들이 '다음번 이 회의에는 절대 안 올 거야.'라는 생각을 하게 되면 본 업무의 사내 협력은 물 건너가는 것이므로 회의 참석자들이 '오늘 회의 괜찮았어.'라는 생각을 가지게 하는 것도 필요하다. 회의 시작은 그러한 점을 염두에 둔 대화, 즉 일방적 진행이 아닌 상호 교감으로 시작해야 한다.

먼저 회의 장소에 속속 도착하는 사람들과 진심을 담은 인사를 나누자. "김 과장님 ○○○건으로 고생 엄청 하셨다던데 마무리는 잘 되셨어요?", "아이고 우리 박 대리님 고객 때문에 스트레스 엄청 받으실 텐데 와중에 회의 참석해 주셔서 감사드립니다." 등 짧지만 진심을 전하는 인사를 하자. 회의 진행자는 참석자들의 현재 상황을 사전에 파악하는 노력이 필요하다. 대부분 회의 참석과 관련되어 감사의 뜻을 전달받으면 아무래도 회의에 기여해야겠다는 마음을 가지게 되는 것이 인지상정(人之常情)이다.

회의 군불 때기와 원칙 천명

모두가 착석하면 이 회의의 목적과 목표를 리마인드한다. 이후 바로 회의를 시작하는 것이 아닌 잠깐의 '회의에 임하는 자세 정리 시간'을 갖는다. 모두가 잘 아는 사이라면 이런 어려운 회의를 왜 본인이 진행하게 되었는지 신세 한탄도 좀 하고 부탁하는 말들도 하며 여러 사람의 심정을 이해하는 말들도 하는 시간이다. 잘 모르는 사이라면 각자 자기소개를 하고 앞서 이야기한 회의 목적과 목표를 달성하기 위해 필요한 '군불 때기'의 시간을 갖는다. 참석자 모두가 한 팀이고 오늘 아침까지 이 회의의 목적에 대해서 많은 '주장'을 나눈 사이들이라면 회의 진행자는 이 시간에 '결론을 꼭 내자.'라는 뜻을 간곡히 전달해야 한다.

마지막으로 회의가 "민주적", "평화적"으로 진행될 수 있도록 몇 가지 원칙을 천명하는 것이다. 회의 진행자가 직급이 가장 높거나 연장자라면 말로 해도 되겠지만, 그렇지 않다면 화이트보드와 같은 도구를 이용하여 사람들이 모두 볼 때 또박또박 쓰면서 보도록 하는 것도 좋은 방법이다. 물론 너무 살벌하거나 딱딱한 표현만 쓰는 것은 좋지 않다.

💡 예시 **회의 참여 시 필수 덕목**
- 상대방의 의견 무시하지 않기
- 비난은 금지 비평에는 감사
- 질문은 예의 있게
- 발언 시간 꼭 지키기
- 빵 터지는 유머에 감사(너무 썰렁한 유머엔 벌금 있습니다.)

이런 내용들은 온라인 화상 회의나 전화 회의에도 마찬가지이다.

▎ 매끄러운 회의 진행

알맹이 있는 회의

이때부터 이른바 '회의록'에 기록되는 시간들이다. '회의록'에 대해 잠깐 논하자면, 회의록을 어떻게 쓰는 것이 좋을까라는 걱정 전에 '가장 좋은 회의'는 '회의록이 없는 회의'라는 것을 인식할 필요가 있다. 이는 온라인 화상 회의나 전화 회의도 마찬가지다.

본격적으로 회의가 시작되었는데 참석자들이 너무나 'EXTRA-ORDINARY'하게 자신의 의견도 잘 개진하고 각각의 의견에 대해 모두가 반응하며 최종 의사결정도 신속하게 10분도 되지 않아 마무리되었다면 이보다 더 좋은 회의가 어디 있겠는가. 회의록도 진행자가 화이트보드 등에 제안되는 의견들과 정해지는 사항들을 잘 기록하고 그 이미지만 공유한다면 굳이 추가적인 회의록 문서 작업을 하지 않아도 될 것이다.

하지만 많은 회의가 명확한 의사결정 없이, 무한루프의 논의와 일방향의 지시에 의존하는 상명하달식의 이벤트로 진행되고 있다. 물론 알맹이 없는 회의록도 회의 참석자 중 대체로 연차가 낮은 직원들에 의해 비효율적으로 많이 생성된다. 이런 난맥상이 나타나지 않도록 회의 진행자는 회의 전에 어떻게 회의를 진행할지를 잘 고민해야 한다.

회의 진행자에게 필요한 연습

회의 진행자는 회의 전날 오늘 회의에 참석하는 사람들의 면면을 생각하여 그들이 의견을 내야 하는 각 순서에서 어느 정도의 발언 시간이 필요할지를 계산해보고 전체 회의 시간이 1시간을 넘지 않도록 진행 속도 조절 연습을 한다. 참석자들이 준비한 내용을 발표하는데 시간을 너무 많이 쓰는 경우의 빠른 발표 독려 방법, 주제를 벗어나는 이야기로 일정 시간 이상 소요될 때 다시 주제 안으로 끌어들이는 진행, 반대 의견이 첨예하게 대립될 때 이를 합의에 이르게 하는 연습, 질문과 답이 너무 많은 시간을 소요할 때 안내하는 멘트 등이 포함된다.

참석자들에 대한 역할 부여

참석자들의 발표 전에 해당 내용이 어떤 것인지 어느 정도 숙지를 하여 적절한 시간을 사전에 부여하는 방법이 좋다. "김 대리님 지난달 데이터 정리하신 내용 3분 정도로 공유 부탁드립니다." 정도면 된다. 부여한 시간보다 많은 시간을 소요하는 경우에는 말로 끊는 방법보다 미소를 지으며 시계를 가리키는 방법이나 손짓과 입모양으로 '보다 빠르게'라는 의미를 전달한다. 이 부분은 그 회의에 참석한 중역이나 나 자신에게도 적용시켜야 한다. 회의 초반부에 높은 직위의 참석자가 노파심으로 이런저런 이야기로 많은 시간을 독점할 수 있는데 이때에도 발언 전에 "O상무님께서 OO에 대해 먼저 말씀해 주시면 좋을 것 같습니다. O상무님께서 워낙 요약해서 핵심만 말씀해 주시는 능력의 달인이시라 5분만 드리도록 하겠습니다." 정도의 가이드를 드리는 것이 좋다.

주제를 벗어나는 이야기를 제어하는 방법

이는 매우 주의를 요하는 것으로, 발언을 시작한 지 얼마 되지 않았을 때 개입할 경우 "이것은 오늘 회의와 매우 밀접한 관련이 있는데 왜 막느냐."는 반발을 야기할 수 있으므로, 어느 정도 듣다가 "네, ○○의 경우이군요. 오늘 회의 주제와 관련이 있는데 ○○로 바로 연결하여 주시면 다른 분들도 더 이해를 빠르게 하실 것 같습니다." 정도로 주제 안으로 끌어들이는 진행을 하도록 한다. 확실히 주제를 벗어났다고 판단될지라도 발표자가 무안하지 않도록 "네, 앞으로 중요해질 수 있는 의견이네요. 그런데 오늘은 시간이 부족하므로 다음 기회에 꼭 다루어 보았으면 좋겠습니다." 정도의 진행으로 시간을 절약하도록 하자.

전체 인원이 아니라 소수의 인원들끼리 질문과 답에 너무 많은 시간을 소요할 때에는 중간에 개입하여 "죄송하지만 본 회의 후의 시간을 이용해 주시면 감사하겠습니다. 오늘 너무 좋은 의견들 많이 주셔서 시간이 좀 모자랄 듯하네요." 등의 멘트로 시간 소모를 줄이도록 한다.

의사결정 방법

참석자 숫자가 많지 않은 경우에 주요 논의에 대한 의사결정은 대부분 만장일치로 이루어지게 하는 것이 오히려 시간을 적게 소모한다. "그럼 다수분들께서 이 의견을 지지해주시는데, 반대 의견 없으시면 이것으로 결정해도 될까요? (2~3초 후) 그럼 이것으로 결정하겠습니다." 정도로 신속하게 다음 논의로 넘어가도록 한다.

다만 반대 의견이 첨예하게 대립될 때에는 함부로 합의를 이루려고 시도하면 더 큰 어려움에 부딪칠 수 있다. 먼저 양쪽 의견을 진행자가 정리하여 발표한다. 만약 본 회의에서 둘 중 하나의 의견을 확정해야 하는 경우라면 두 대립안을 주장하는 사람들이 각 안의 장단점을 이야기하게 하는 등의 방법을 써서 모든 참석자가 대립되는 두 안에 대해 확실하게 이해를 하게 만들고 이후 투표 등의 방법을 써서 하나의 안을 선정하도록 한다. 만약 본 회의에서 굳이 대립되는 두 안 중 하나를 결정해야 할 필요가 없으면 이 단계에서 다음 회의 시까지 어떤 활동으로 최종확정할 것만 이야기하고 빨리 다음 순서로 넘어가자.

효과적인 화이트보드(칠판) 사용

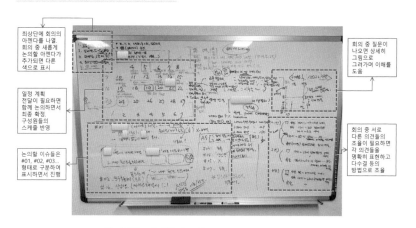

회의록을 대체할 수 있는 화이트보드 사용 사례

앞서 잠깐 언급하였지만, 회의 진행 시 화이트보드 등에 내용 기록만 잘 하면 이를 촬영한 이미지와 필수적인 결정사항만 공유하면 별도로 누군가가 회의록을 작성해서 공유하는 이중적인 비효율도 개선할 수 있다. 그런 용도로 회의 진행 시, 내용을 기록하려면 왼쪽 윗부분에 기록한 회의 내용(순서)과 함께 일정 계획 확정과 공유가 필요하면 구성원들의 스케줄까지 논의하며 반영한 스케줄을 꼼꼼히 기록하도록 하고 관련자들에게 확답을 받는 절차를 거친다. "최 대리님, 신 대리님 두 분 다 이 일정에 문제없으시죠?" 정도면 된다.

또한 논의가 필요했던 이슈들은 #01, #02, #03⋯ 형태로 구분하여 해결되었는지 등을 표시하면서 진행하고 회의 중 질문이 나오면 상세히 그림으로 그려가며 이해를 돕도록 한다. 이 역시 촬영하여 기록으로 남게 되므로 대충 그리지 않도록 한다. 회의 중 서로 다른 의견 조율이 필요하면 각 의견들을 1안, 2안 등으로 명확히 표현하고 회의 참석자들 중 이해당사자들 모두가 이해하게 되었을 때, 다수결 등의 방법으로 결정하거나 조율하여 표시하도록 한다.

침묵하는 참석자의 발언 유도

회의 중 유난히 말이 없는 사람의 심중에 핵심 내용이 있을 수 있고 전원이 참여할 필요가 있는 회의일 수도 있으니 그런 사람도 발표를 하도록 유도하는 진행이 필요하다. "한 번도 발언하지 않은 분들 발표 좀 하시죠"와 같은 멘트는 최악이다. 뭐 하러 억지로 의견을 듣나. 회의 진행 중 발언하지 않은 사람의 전문 영역과 관련된 내용이 논의될 때 "○○ 과장님, ○○ 관련되어서는 과장님께서 가장 경험이 많으신 것으로 알고 있는데 조금 전 ○○ 안에 대해 여쭤봐도 될까요"와 같이 자연스럽게 질문한다. "괜찮네요." 정도의 답변이라도 좋다.

▎회의 마무리

회의의 종료에 필요한 일들

회의에서 다루어야 할 내용들을 모두 다루었다고 생각하면 마무리 감사 인사와 함께 다음 회의 또는 후속 조치와 관련된 내용을 마지막으로 정리하고 회의 결과를 공유하는 방법 확정 후, 폐회를 선언하면 된다. 회의 결과 공유 방법 확정은 "회의 내용 공유는 오늘 확정된 내용들과 함께 본 화이트보드 화면을 촬영하여 전달 드리는 것으로 갈음하려 합니다. 이의 없으시지요?" 정도의 멘트로 진행하면 된다.

회의 내용을 추진할 때의 주의사항

폐회 후 사진과 함께 정리된 내용 등 회의 내용을 공유하면서 간소화된 절차에 대한 이의가 있을 수 있으므로 공유된 내용 추진에 앞서 "(중략) 내용을 보시고 ○○일 ○○시까지 이의 제기가 없으면 공유된 내용대로 진행하겠습니다. (중략)"와 같은 최종적인 의견 반영의 가능성을 열어두는 것이 좋다.

다섯, 논리적인 문제해결 스킬
'몸이 기억하게 만들어야 하는 역량'

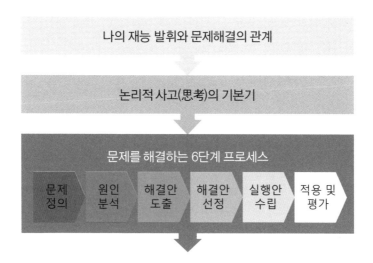

나의 재능 발휘와 문제해결의 관계

논리적 사고(思考)의 기본기

문제를 해결하는 6단계 프로세스

| 문제정의 | 원인분석 | 해결안도출 | 해결안선정 | 실행안수립 | 적용 및 평가 |

우리는 다가오는 AI 시대를 바라보며 문제해결 스킬을 어떻게 바라보아야 할까. 당신의 직장이 AI를 도입하기 전이어도 AI를 도입하고 적용하는 단계에 접어들더라도 문제해결 스킬이 있으면 현재의 고유 업무와 관련된 재능을 보다 크게 활용하고 발전시켜 나갈 수 있는 기회를 잡기가 용이하다는 관점으로 이 장을 살펴보기 바란다.

나의 재능 발휘와 문제해결의 관계

문제를 해결하는 것은 어찌 보면 직장생활 그 자체

직장을 다닌다는 것은 아침부터 저녁까지 문제해결의 도돌이표 속에 있는 것과 같다. 생산라인 문제 분석, 효율적인 불량품 발견 방법 찾기, 악성 재고 감소 방법 찾기 등은 생산업체의 고질적인 문제이고 서비스 업체의 경우 서비스 효율 상승, 고객 만족도 제고 방법 찾기가 주된 문제이다. 또 다른 측면에서 바라보면 생산적인 회의 만들기, 효과적으로 보고서 쓰기도 문제해결에 속하는 것들이다. 이처럼 우리는 문제해결의 더미 속에 있다.

일상 업무에서 우리는 많은 문제에 부딪히게 되나 이러한 문제를 해결하려고 할 때 체계적이고 근본적인 문제해결이 잘되지 않는 경우가 많다. 이때 문제해결 스킬이 부족한 것은 문제해결을 통한 가치 창출 미흡으로 이어질 수 있고 문제해결의 담당자로 자신의 재능을 발휘하고 더욱 성장시킬 수 있는 기회의 활용에 걸림돌이 될 수 있다.

문제해결을 회피하면 나의 재능 발휘 기회도 사라진다.

직장생활을 하다 보면 자신의 고유한 업무와 관련되어서는 걸출한 재능을 가졌으면서도 자신이 속한 조직이나 중요한 프로젝트의 문제를 해결하는 일에는 소극적이거나 다른 사람에게 맡기려 하는 직원들을 종종 만나게 된다. 이런 직원들은 문제를 해결하는 잘 정련된 방법에 대한 지식이나 논리적인 절차로 문제를 해결하는 경험 측면에서, 비슷한 재능을 가진 동료, 선후배들과 차이를 보이게 된다.

경영진의 입장에선 고유 업무 분야의 재능도 중요하지만, 비슷한 재능을 가진 사람들 중에서라면 리더로 육성하거나, 중요한 프로젝트에 투입할 인재를 선발할 때, 리더나 중요한 프로젝트에 투입되는 사람이 나 많은 문제들을 해결해야 되기 때문에 문제해결 스킬이 있는 사람을 우선시한다. 자신이 하던 일에만 집중해서 자신의 재능을 발전시키는 것도 좋지만, 리더가 되고 중요한 프로젝트를 수행하며 자신의 재능을 더욱 크게 활용하고 발전시켜 나갈 수 있는 기회가 문제해결 스킬 때문에 아쉽게도 주어지지 않을 수 있는 것이다.

또한, 때에 따라 문제해결의 경험이 축적되고 회사 등 큰 조직의 문제해결에 기여하는 일이 많아지면 문제해결 자체도 자신의 재능이 될 수 있기에 문제해결 역량을 높이는 것은 중요한 일이다. 이는 자신이 애초에 가지고 있던 재능에 부가하여 보다 큰 범위의 업무를 담당하고 시장에서 자신의 가치를 더욱 높일 수 있는 기회를 제공한다. 그러한 역량을 키워주는 문제해결 스킬의 함양에 관심을 가져야 한다.

따라서 문제해결 스킬을 학습하고 문제해결 역량을 마치 운동선수가 매일 기초 체력훈련을 하듯 일상 업무에 적용시키며 증진시켜가야 하는 것이다.

논리적 사고(思考)의 기본기

로직트리와 MECE

먼저 '그러한 역량을 키워주는 스킬'의 바탕이 되는 논리적 사고(思 考)의 기본기에 대해 학습할 필요가 있다. 직장생활을 오래 하다 보면 가끔 이러한 기본기를 학습하지 않았는데도 살아온 삶 속에서 체득하 신 선배님들을 만날 수는 있었지만, 대체로 이러한 측면의 훈련이 되어 있지 않아 실수를 자주 하시는 분들이 더 많았다.

사안을 논리적으로 분해하는 기술로서 로직트리(Logic -Tree)란 이름 으로 오랫동안 사용되고 있다. 여기서 로직트리란 MECE의 원칙에 따 라 주요항목을 Tree 형태로 분해한 것을 의미한다. MECE는 'Mutually Exclusive and Collectively Exhaustive'의 약자로, 서로 간에 중복되 지 않고 각각의 합이 전체가 되도록 요소들을 분해하여 생각하는 것 을 말한다. 아래 사례는 이직을 고려하는 사람이 자신이 다니는 회사 와 이직을 고민 중인 회사를 비교하기 위해 고민해야 하는 항목들을 MECE의 원칙에 따라 로직트리를 만들어 본 것이다.

첫 레벨, 즉 비전, 업무강도 급여/복리, 사람, 주변 환경 등을 보 면 서로 간에 중복되지 않고 각각의 합은 회사를 나타내는 전체가 된 다. 이렇게 두 번째, 세 번째 레벨 정도까지 분해하고 각 세부 항목에 Scoring(점수주기) 후 미리 정한 가중치를 곱해서 총점을 계산한 후 두 회사를 비교하면 되는 방식이다.

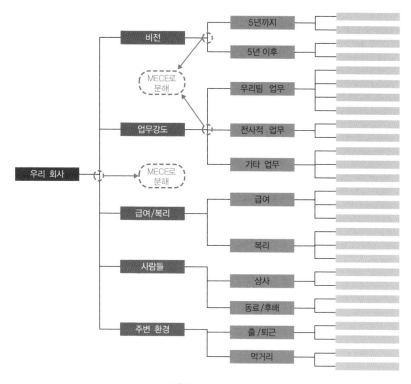

비전
5년까지
5년 이후

MECE로
분해

우리팀 업무
업무강도
전사적 업무
기타 업무

MECE로
분해

우리 회사

급여
급여/복리
복리

사람들
상사
동료/후배

주변 환경
출/퇴근
먹거리

MECE를 적용한 로직-트리 분해 사례

　이런 로직트리를 PC나 모바일로 간단히 만들 수 있게 하는 여러 소프트웨어 앱이 있으므로 사용해보지 않은 독자는 시간을 내어 그런 도구들을 활용하여 한 번 만들어보길 권한다. 로직트리는 문제해결뿐만 아니라 앞서 설명한 전략 수립 등에도 파워풀하게 이용된다. 논리적인 사고를 바탕으로 작업하여 누락되는 것 없이 폭넓은 아이디어 창출이 가능하다는 장점이 분명하여 내·외부 상황의 큰 변화가 없는 이상 한 번 작업해 놓으면 오래 활용할 수 있다. 몇 번 활용해보면 대부분의 업무 수행 시 출발 지점에 섰을 때 매번 이 로직트리를 사용하게 될 것이다.

문제해결 스킬을 적용하는 사례

봉제 제품을 OEM 생산하는 우리나라 회사인 Q사는 중국 ○○성 지역에 2000평 규모의 직영 봉제 공장을 운영하고 있고 QC[9] 팀을 두어 불량품 관리를 하고 있다. 그런데 최근 국내 캐릭터 산업이 활황이어서 대형 주문이 늘어나 클레임 등으로 인한 불량 관련 손실을 줄이기 위해 기존 스프레드시트 형태로 관리하던 QC 업무를 보다 정교한 단위로 나누어 관리할 수 있는 데이터베이스 체계로 업그레이드하기로 하였고 그 전략을 우선 수립하기로 했다.

이 업무의 책임자로 나기럭 과장을 선임하였다. 전략 수립 결과 보고 후에 데이터베이스 구축 업체를 선정하기로 했다. 결과 보고까진 네 달이 남았으며 주로 한국에서 원격으로 업무지시를 하던 대표이사가 직접 결과보고 회의를 주재할 것이란 말도 있다. 나 과장은 봉제 분야의 QC 업무에 재능을 가지고 있지만, 자신이 데이터베이스 구축 또는 적용에 경험이 전무(全無)하여 시름이 깊어 가고 있다.

위 사례도 문제해결이 필요한 상황의 예시이며, 두 가지의 문제를 해결해야 하는 것으로 보인다. (아래 내용은 문제해결 스킬을 학습해 가면서 정확한 정의가 아니라는 것을 알게 될 것이다)

---

9 Quality Control : 제품양산단계의 품질관리를 의미하며 불량품 제거가 주요 목적.

① 자신은 A(봉제 제품 QC)라는 업무에 재능을 가지고 있는데 B(QC 데이터베이스 구축)라는 재능을 키워야 하는 것.

② 시장에서 판매되고 있는 QC 데이터베이스 솔루션을 구매하여 구축하거나, 소프트웨어 업체에 의뢰하여 대표이사의 지시 목적에 맞게 QC 데이터베이스 체계를 만들어내야 하는 것

무엇보다 나 과장은 어디서부터 시작해야 할지를 모르고 있다. 이런 문제를 해결하는 기법을 교육받은 적도 없고 서점이나 인터넷을 뒤져봐도 대부분 사례가 없거나 자신의 경우와 다른 사례들을 제시하고 있었다. 어떤 분야에라도 적용할 수 있도록 현장 적용방법을 자세하게 기술하고 있는 책은 찾기 어려웠다.

문제를 해결하는 6단계 프로세스

6단계 문제해결 절차 소개

이제 직장에서 발생하는 많은 일들을 문제해결 프로세스를 통해 단계적으로 풀어가는 스킬을 훈련해 보자. 각 단계별 사례들을 자신의 업무와 연관시켜보는 노력이 필요하다. 여러 가지 문제해결 스킬들이 도서 및 유튜브 등을 통해 소개되고 있고 용어는 조금 차이가 있을지 몰라도 넓은 범위로 해석하면, "문제 정의 → 원인 분석 → 해결안 도출 → 해결안 선정 → 실행안 확정 → 적용 및 평가" 단계로 구성된다.

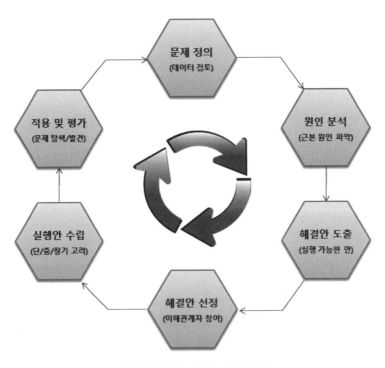

문제해결을 위한 6단계 해야 할 일

문제해결 1단계 – 문제 정의 (데이터 검토)

직장생활에서는 문제가 아닌 것을 문제라고 하는 경우와 문제인데 문제가 아닌 것처럼 생각하는 것 모두 존재한다. 문제가 아닌 경우는 지금까지 해왔던 것처럼 계속하더라도 정해진 기준 대비 1) 단기/중기/장기적으로 조직의 목표를 달성할 것으로 예측되며, 2) 나를 포함하여 조직 내 개개인에게 피해가 생기지 않고 있고 또 계속 생기지 않을 것으로 예측되는 경우이다. 그렇다면 문제인 경우는 무엇일까. 위와 반대되는 상황 즉 1) 단기/중기/장기적으로 조직의 목표를 달성하지 못할 것으로 예측되며, 2) 나를 포함하여 조직 내 개개인에게 피해가 생기고 있거나 생길 것으로 예측되는 상황이다.

위에서 예로 들은 나 과장의 상황을 '문제'라는 관점으로 다시 바라보면 자신은 'A(봉제 제품 QC)라는 업무에 재능을 가지고 있는데 B(QC 데이터베이스 구축)라는 재능을 키워야 하는 것'은 경영진의 지시에 의해 이미 해야 하는 업무가 되었다. 권한을 가졌거나 전문성이 높은 사람이 '그 지시는 옳지 않고 오히려 역효과를 보일 것이다'라는 의견을 강하게 제기하지 않는 이상 '해야 하는 일'이다. 그런데 그 일 즉 QC 데이터베이스 구축과 관련된 재능 쌓는 노력은 하겠지만 안 될 것 같다고 하면 '문제'가 되는 것이다. 고객 만족이란 목표를 달성하지 못할 것이고 나 과장이 그런 재능을 확보하지 못하면 누군가는 그 역할을 해야 할 것이므로 그는 지금의 업무에 부가하여 일을 하게 됨으로써 피해를 입을 수 있다.

대표이사의 지시 목적에 맞게 QC 데이터베이스 체계를 만들어내야 하는 것 역시 그 자체로는 문제라 할 수 없다. 하면 되는 것인데 그 일을 추진하는 과정에서 '문제'가 생길 수 있다. 중장기적으로 고객 만족을 높이는 목표를 달성시키기 위해 전략 수립 결과에 따라 어떤 데이터베이스 구축 업체에 그 일을 의뢰했는데 QC 데이터베이스 구축 담당 업체의 문제로(예를 들어 개발자의 퇴사 등) 진행 속도가 느려지거나 계약이 파기될 수 있다. 명확한 '문제' 발생이다.

'문제'는 데이터와의 관계도 심오하다. 데이터가 보여주는 의미를 어떻게 해석하느냐에 따라 그것이 바로 문제가 될 수도 있고 문제를 일으킬 수 있다는 의견까지만 만들 수도 있다. 후자와 같은 경우 대비책이 없으면 '문제'이다. 그렇기 때문에 '30% 이하로 떨어지면 대책을 강구하기로 한다', '50% 이상이 되면 위기 단계 중 2단계가 된다.' 등과 같은 데이터의 절대적인 기준이나, 데이터 해석의 원칙들을 대부분의 기업에선 만들어 놓고 있다.

다음 내용 중 '문제'가 맞는 것은 무엇인지 각자 표시해 보자.

Q 데이터 분석 결과 다음 달 영업이익이 감소할 것으로 예상된다.(　)
→ **A** ×. 영업이익 감소에 대비한 대책이 있는 경우

Q 사장님 지시인 보고서 마감이 목요일인데 반도 못 만들었다.(　)
→ **A** ×. '지금'이 언제냐와 작성자의 역량에 따라 다르다.

Q 우리팀의 누군가가 상반기 워크샵에서 실적 발표를 해야 한다.(　)
→ **A** ×. '해야 한다.'로 끝나는 문장. 발표 준비에 문제가 생길 수는 있다.

Q 커피숍을 오픈할 예정인데 오픈 이벤트를 기획해야 한다.(   )

→ **A** ×. '해야 한다.'로 끝나는 문장. 기획 중에 문제가 생길 수는 있다.

Q 운반 담당자들이 다치지 않도록 주의하게 하는 매뉴얼이 없다.(   )

→ **A** ○. 문제가 맞다. 해결안이 필요하다.

Q 재해율이 회사의 기준인 ○.○% 이상이 되었다.(   )

→ **A** ○. 문제가 맞다. 해결안이 필요하다.

Q 직원 업무만족도 조사 결과가 목표치보다 매우 낮게 나왔다.(   )

→ **A** ○. 어느 정도 낮으냐에 따라 경중이 달라지지만 문제인 것은 맞다.

Q 나는 직장을 다니면서 저녁에 또 다른 아르바이트를 하고 있다.(   )

→ **A** ×. 나에게 미치는 영향에 따라 다르다. 이 자체로는 문제가 아니다.

'문제'에 해당한다고 확신한다면 문제를 제대로 정의하는 작업을 해야 한다. 이 단계에선 몇 가지 질문들에 확실히 답할 수 있어야 한다.

– 문제가 객관적으로 정의되었나?
– 문제의 범위를 합리적으로 잘 제한하였는가?
– 문제에 대해 관련된 모든 사람이 공통적으로 이해하고 있나?
– 문제 정의 내용에 선입견으로 작용할 수 있는 원인이나 해결안이 있나?

또한 정의된 문제를 해결한다는 것을 의미하는 목표도 아래 두 가지가 가능하도록 설정할 수 있어야 한다.

– 측정 가능한 목표 (Measurable Goal)
– 추적 가능한 목표 (To track progress)

그럼 나 과장의 문제 중 하나를 다음과 같이 정의할 수 있다.

"나 과장은 회사의 중국 공장 QC 데이터베이스 구축 전략 수립을 진행하기에 필요한 전문성을 갖추고 있지 않다."

이렇게 되면 문제가 객관적으로 정의된 것이고 문제의 범위가 '회사의 중국 공장 QC 데이터베이스 구축 전략 수립을 진행하기에 필요한'으로 제한된다. 문제에 대해 관련된 모든 사람이 공통적으로 이해하고 있으며 '교육을 받지 않아' 등과 같이 문제의 내용에 선입견으로 작용할 수 있는 원인이나 해결안이 미리 포함되지 않은 것을 알 수 있다. QC 데이터베이스 구축을 진행하면서 나 과장의 전문성에 대한 측정과 추적이 가능토록 방안을 설계할 수 있을 것이므로 정의된 문제해결의 목표도 설정할 수 있게 된다.

문제해결 2단계 - 원인 분석 (근본 원인 파악)

원인 분석 단계는 가능성 있는 원인을 파악하기 위해 많은 질문이 필요하고 또한 필요한 정보를 수집 및 가공, 분석해야 한다. 가능성 있는 원인들이 파악되었으면 그중에서 가장 영향력이 큰 원인을 결정하여, 그 원인의 근본적인 원인(Root Cause)을 파악한다.

⋯ 가능성 있는 원인들 정의(Identify Potential Causes)

정의된 문제의 가능성 있는 원인을 파헤치고 명확히 정의하는 단계이다. 직장생활에서 논하여지는 대부분의 문제는 관련 분야의 담당자들이 '파헤칠 게 뭐 있어 이 문제의 원인은 ○○이지.'라고 한 번에 정의

하는 경우가 많은데, 이 단계를 거침으로써 생각지 못했던, 또는 문제 해결에 보다 가까운 원인을 찾을 수도 있다. 혼자 고민하는 것보다 문제에 대한 정보를 가지고 있는 관련자들이 모여 브레인스토밍 방식의 토의를 해보는 것이 가능성 있는 원인을 도출하는데 도움이 된다.

토의 중에 언뜻 떠올라 말하긴 했는데 이것이 이 문제의 원인이 맞을까가 고민되면, 뒤집어서 생각해보는 것이 좋은 방법이다. '그 원인이 해소되었다고 전제할 때 문제가 해결될까?'라는 생각을 해보자. 예를 들어 앞선 나 과장의 문제에 대해 "이런 일을 나 과장한테 시키는 회사가 원인이지."라는 의견이 있다고 한다면 '그럼 나 과장이 아니라 다른 사람한테 시켰거나 새로 데이터베이스 전문가를 뽑으면?'이라고 뒤집어 생각해 볼 수 있다. 하지만 이는 이미 회사 경영진에서 고민 끝에 나 과장한테 부여한 과정이 있었으므로 해소할 수 없는 원인이 된다. 소위 '그래서 어쩌자는 것인가.'라는 단계에 봉착하게 된다. 이런 의견은 배제하면서 원인 도출을 진행해야 한다.

나 과장 주위의 여러 사람이 모여서 브레인스토밍을 했다. 위 내용까지 인지시킨 후(뒤집어 생각해봐도 원인이라고 생각되는 것만을 이야기하기로 했다) 진행했다. 한 번 들어보자.

"나 과장이 데이터베이스 구축과 관련된 전문성이 없는 게 당연하지. 나 과장 전공은 섬유디자인이잖아. 전공이 컴퓨터공학이면 게임 끝인데."
"글쎄 내 생각엔 회사에서 너무 급하게 일을 추진하다 보니 이런 문제가 생긴 것 같은데 시간을 넉넉히 주면 문제없을 것 같아"
"회사에서 나 과장을 포함한 QC팀 사람들한테 데이터베이스 교육을 매년 시켰어야 했어. 꾸준히 교육받았으면 이런 문제가 안 생기지."

"나 과장은 우리 회사 오기 전에도 우리 회사에 온 이후에도 QC 업무만 담당하지 않았나? 시스템 관련 업무를 한 번이라도 했으면 부담이 없을 텐데 말이야."

이런 내용들을 다이어그램(Cause and Effect Diagram)으로도 표시해 보고 토의를 계속했다.

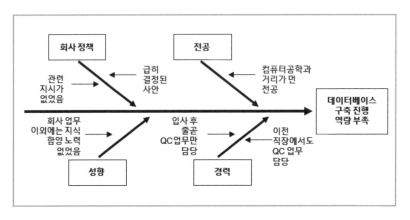

Cause and Effect Diagram 사례

··· 가장 영향력 있는 원인 결정(Determine the Most Likely Cause)

여러 원인 중에서 가장 영향력 있는 원인을 결정하는 방법은 크게 두 가지로 나뉘는데 먼저 '원인의 20%가 결과의 80%를 만든다.'라고 하는 '파레토의 법칙'[10]을 따르는 방법이 있다. 아래 내용은 파레토의

---

10 파레토의 법칙 : 경영 컨설턴트인 조지프 듀란이 이탈리아 경제학자 빌프레도 파레토가 발견한 현상에서 이름을 따서 제시한 결정 방식.
    (출처 : 나무위키 https://namu.wiki/2020-07-30)

법칙 사례들이다.

- 부자인 국민 상위 20%가 나라 전체 부(富)의 80%를 차지한다.
- 가장 잘 팔리는 제품 20%가 매출의 80%를 차지한다.
- 상위 20% 작곡가의 음원이 전체 음원 매출의 80%를 기록한다.

이는 인터넷 이전 세대 기업들의 경영철학을 만든 중요한 사고방식이었으며 80%의 문제해결 성과를 위해 핵심 20% 원인에 집중하는 행동은 이른바 선택과 집중이라는 경영학의 기본 개념이었었다. 하지만 인터넷 이후 세대들은 나머지 80%에 대해서도 적극적으로 고민하고 활용함으로써 20% 바깥에서도 문제해결의 효과가 있는 실마리들을 찾기 시작했다. 이른바 '롱테일 효과'이다. 롱테일이라는 용어 자체는 크게 수익이 되지 않는 상품군을 일컫는다. 파레토의 법칙에 의해 이전에는 수익성이 없다고 생각되었던 상품 소비자들이 정보기술의 발전과 소비자들의 취향 다변화로 갑자기 수익성 있는 상품 소비자들이 되는 현상이다. 이를 문제해결을 위한 원인 분석에도 적용해 보자. 영향력이 크지 않은 원인들이지만 작은 투자로 개선할 수 있는 원인들이라면 한꺼번에 해소시켜 문제해결에 도움이 되도록 하는 것이다.

위 두 가지 상반된 이론을 함께 적용한다면 가장 영향력 있는 원인은 하나가 아니라 두 개가 될 수도 있고 세 개가 될 수도 있다. 우리 사례에서 본다면 오랜 기간 동안 QC 업무만 담당한 것/ 데이터베이스 구축 관련 지식 함양을 하지 않은 것을 영향력 있는 원인으로 선정할 수 있다. 물론 독자 여러분들의 선택과 다를 수는 있다.

아파트에 살다 보면 천정에 물방울이 맺히다가 똑똑 떨어지고 며칠이 지나 뚝뚝 떨어지기 시작하는 난감한 상황을 경험할 수 있다. 대부분의 경우 윗집의 하수 배관에 문제가 있는 것인데 물이 새는 배관 근처의 배수 기기가 세탁기라 하여 윗집에 세탁기 사용을 하지 말라고 하는 것은 잘못된 문제해결 방법이다. 책임이 있는 윗집도 세탁기를 사용하지 않을 수 없으니 문제의 근본적인 원인을 해결하려 할 것이다. 물을 많이 흘려보내도 배관에선 한 방울도 새지 않도록 하는 것이다. 당연히 물이 새는 근본적인 원인을 찾아야 한다. 주로 물을 배수시키는 시간에 대한 조사 인터뷰 그리고 물을 흘려보내며 아랫집 천정을 관찰하는 실험 등을 통해 근본 원인을 찾는 노력을 해야 한다.

아랫집 천정에서 물이 떨어진다 → 왜?
 → 윗집 배수물이 아랫집 천정으로 스며든다 → 왜?
 → 윗집 배수관 중 적어도 한 곳 이상에서 물이 샌다. → 왜?
 → 배수관 연결 부위가 부식되어 미세한 구멍이 생겼다 → 왜?
 → 불량 자재를 사용했다

이쯤 되면 근본 원인을 파악한 셈이다. 근본 원인이 '한 곳의 조임 불량' 같은 간단한 수리로 해결되는 것이길 바랐던 윗집은 매우 실망했으나 집 전체의 배수관 공사를 다시 함으로써 10년 이상 동일한 배수관의 물 샘 현상이 생기지 않게 하는 '문제해결'을 해낼 수 있었다. 물론 이후 설명될 '해결안 도출'부터 '적용 및 평가' 과정은 생략되었으나 이는 나중에 설명하기로 한다.

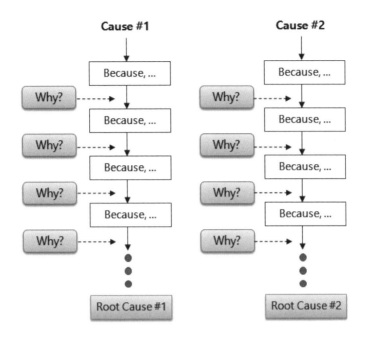

5 Why 기법의 적용 모식도

이렇게 '이 원인을 해소하면 문제가 해결되는' 그런 근본적인 원인을 찾아 단계적으로 각 단계의 원인을 분석하는 방식을 많은 전문가들이 '5 Why'기법이라 칭하며 추천하고 있다. 여기서 '5'라는 숫자는 큰 의미가 있는 것이 아니다. 더 이상의 원인 추적이 의미가 없으며 이 단계에서 발견된 원인이 근본 원인이라고 생각되는 단계가 4단계이면 4 Why가 되는 것이고 8단계이면 8 Why가 되는 것이다.

단 이런 기법 사용에서 주의할 점이 있다. 가능성 있는 원인들을 나열할 때와 같이 원인이라 생각된 것이 '그래서 어쩌란 말인가?'라는 답 없는 질문에 봉착하면 안 된다는 것이다.

5 Why 기법에선 "①현재 ②의미 있게 ③활용할 수 있는 원인 해소 방안이 ④존재하는 원인"만 도출해야 한다. '윗집 배수관 중 적어도 한 곳 이상에서 물이 샌다. → 왜?'라는 질문에 '집을 살 때 배수관 테스트를 하지 않았다.'라든지 '집을 잘못 샀다.'와 같은 전개를 해선 안 된다는 것이다. 이것을 간과하면 직장생활에서 적용하는 대부분의 5 Why에선 "회사 경영진이 잘못했다."고 끝나게 된다.

그럼 어떤 원인이 도출될 때까지 Why?를 반복해야 할까. 이 원인에 대해 더 이상 ①현재 ②의미 있게 ③활용할 수 있는 원인 해소 방안이 ④존재하는 원인이 없을 때까지 전개하면 된다. 불량 자재를 사용한 것이 원인임을 밝혀냈는데 그 원인의 원인이 '시공사의 불량 자재 검증 잘못'이라는 단계까지 내려갈 경우 아파트 완공 이후 이십 년 이상 되어 보상 기간이 훨씬 지난 현재 의미 없는 원인으로 판단하여야 하므로 그 전 단계를 근본 원인으로 보는 것이 합리적이다.

나 과장의 사례에 5 Why 기법을 적용하여 근본 원인을 추적해보자. 이 단계에서도 업무 관련자들의 브레인스토밍이 필요하고 위에서 논한 원칙대로 원인을 전개해 나간다.

💡 영향력 있는 원인 1 : 오랜 기간 QC 업무만 담당. 여타 업무 추진 경험 부족
(Why?) Because 타 부서 다른 성격의 일에 배치하려는 시도가 없었다.
(Why?) Because 현 인사 제도 상, 부서 간 일정 기간 전배는 불가능하다.
(Why?) Because 정보통신기술 접목 융합 가치 인식 확대 등 타 분야 업무 경험
　　　　　　　의 중요성을 인사 제도에 반영하지 않고 있다.

> 💡 영향력 있는 원인 2 : 데이터베이스 구축 관련 지식 함양을 하지 않은 것
>
> (Why?) Because 필요성은 인식하였지만 지식 함양을 요구할 방안이 없었다.
> (Why?) Because 회사 교육 지원 예산이 해외 근무자에게는 반영되지 않는다.
> (Why?) Because 회사 교육팀은 해외 근무자 대상 교육이 비즈니스에 큰 영향
> 을 주지 않는다고 판단한다.
> (Why?) Because '변화하는 해외 비즈니스' 현황을 교육팀이 잘 모른다.
> (Why?) Because 교육팀 업무에 교육비 확대 지원을 위한 해외 비즈니스 환경
> 분석이 없다.

각기 근본 원인으로 선정된 내용이 빠른 시간 내에 해결되기만 하면 기존 문제인 나 과장의 '데이터베이스 구축 전략 수립 진행 역량 부족' 문제가 해결될 것으로 기대할만하다.

문제해결 3단계 – 해결안 도출 (실행 가능한 안)

이 단계는 근본 원인을 개선할 수 있다고 기대되는 가능한 안들을 나열하는 단계이다. 문제해결이 되는 근본 원인의 개선 아이디어를 발굴하여 여러 후보 실행안을 개발해야 한다. 가장 많은 창의력이 요구되는 단계이다. 이 단계에서 고려해야 하는 사항들은 다음과 같다.

∨ 문제해결에 관심을 가지고 있는 사람들을 참여시켰는가?

∨ 개인적인 경험과 전문성에만 얽매이지 않았는가?

∨ 고정관념에 고착되어 있지 않은가?

∨ '과도한 예산 필요' 등 무리한 방안을 제시하고 있지는 않은가?

∨ 창의성이 발휘될 수 있는 환경에서 후보 해결안을 도출하는가?

이런 사항들을 고려하여 다양한 후보 해결안들을 나열하고 비슷하거나 함께 묶는 것이 더 효과적일 것 같은 안들은 통합하는 단계를 거쳐 최종 후보 해결안을 확정한다. 한 번에 후보 해결안 나열을 마치려하지 말고 두세 번 이상 아이디어를 내 보고 또 다른 안들과 비교해 보는 등의 절차를 반복해서 좋은 아이디어가 묻히지 않도록 노력한다.

나 과장의 사례에서 중국 현지의 관계자들이 모여 만든 '근본 원인의 해결안들'은 다음과 같이 각 3개로 압축되었다.

💡 QC 업무만 담당하여 타 업무 추진 경험이 부족한 것에 대한 해결안

1-1) 현재 인사제도 하에서 전산팀 데이터베이스 전문가 황 과장에게 나 과장을 보내, 한 달간 업무시간에는 원격으로 현지 업무를 하고 매일 업무 시간 후 데이터베이스 구축 과정과 각 과정의 필요한 일들을 익히게 한다.
1-2) 데이터베이스와 관련된 부서 또는 협력사의 업무를 참조할 수 있게 하는 제도 설계를 인사팀에 건의하고 나 과장 사례를 긴급 이행할 수 있도록 추진한다.
1-3) 인사 제도에 타 분야 업무 경험 이력을 자신의 이력에 포함시키는 안을 건의하고 우선 나 과장 스스로 인터넷 지인들의 도움으로 데이터베이스 구축의 전문성을 익히게 하고 필요한 경비를 선 집행한다.

💡 데이터베이스 구축 관련 지식 함양을 하지 않은 것의 해결안

2-1) 교육팀의 업무에 해외 비즈니스 환경 분석이 추가되도록 건의하고 이번 중국 사례가 발생된 배경인 비즈니스 환경을 정리하여 보내고 교육 예산 지원을 건의한다.
2-2) 사장님께 이번 건을 고려하여 해외 비즈니스 환경에 맞는 교육 지원팀을 별도로 구성해 달라고 건의하고 나 과장 건을 그 사례 1호로 긴급 추진할 수 있게 한다.
2-3) 교육비 확대 지원을 위한 해외 비즈니스 환경 분석을 하지 않아서 이번 나 과장 사례와 같은 일이 발생한다는 것을 회사 내에 공론화시킨다.

문제해결 4단계 – 해결안 선정 (이해 관계자 참여)

해결안 선정 단계는 의사결정의 단계이며 어떤 의사결정이라도 항상 고려하는 여러 요소(Factor)가 있는데 이를 잘 적용시켜야 한다. 도출된 후보들 중에서 최종 해결안을 선정하려면 평가 항목 및 가중치를 먼저 설정해야 한다. 3~6개 정도의 평가 항목을 선정하도록 하는데 명확히 정의되고 모든 사람이 공통적으로 인식하는 항목이어야 한다.

평가 항목	구체적 내용	가중치 (예시)
실행의 용이성	실행시키기가 어느 정도 용이한지를 나타냄	10%
성공 확률	해당 방안을 성공시킬 수 있는가를 나타냄	20%
효과성	근본적인 원인을 해결할 수 있는 효과가 어느 정도 큰가를 나타냄	40%
저항의 정도	해당 방안을 추진할 경우의 저항, 반대 의견들의 크기를 나타냄	10%
효과 지속성	해당 조직, 또는 조직 전체에서 효과가 지속될 수 있는가를 나타냄	20%

평가 항목들과 가중치 예시

일반적으로 활용되는 평가 항목들은 적용 용이성, 성공 확률, 효과성, 저항의 정도 등이다. 이러한 평가 항목 각각에 어느 정도 가중치를 줄지도 관계자들이 정해야 한다. 각 항목별로 더하면 100이 되도록 가중치 의견을 내도록 하고 평균을 취하는 방법을 쓰는 것이 좋다.

나 과장 사례에서 QC팀장은 본 사안과 관련이 있는 동료 팀장들과 센터장이 이번 대표이사 지시사항과 본사 상황에 대해 잘 알고 있으므로 이들의 의견을 모아 해결안을 선정하기로 했다. 메일로 상세한 내용을 설명한 다음 평가 항목을 설정하여 우선 각 사람들의 의견을 모아 가중치를 결정하였다. 이후 각 안에 대해 10점 만점으로 의견(점수)을 적도록 하였다.(저항의 정도는 저항이 작을 거라고 예상될수록 큰 점수) 아래 그림은 각 사람의 점수에 가중치를 반영한 스코어링 표이다.

1-1) 안								
구분	가중치	A팀장	B팀장	C팀장	D팀장	센터장	평균	가중치 반영(X가중치/10)
실행의 용이성	10	9	10	9	9	8	9	9
성공 확률	20	8	8	9	8	9	8.4	16.8
효과성	40	7	6	7	8	7	7	28
저항의 정도	10	8	8	6	7	7	7.2	7.2
효과 지속성	20	6	5	6	7	7	6.2	12.4
합계	100	38	37	37	39	38	37.8	73.4

1-2) 안								
구분	가중치	A팀장	B팀장	C팀장	D팀장	센터장	평균	가중치 반영(X가중치/10)
실행의 용이성	10	8	9	9	8	8	8.4	8.4
성공 확률	20	8	9	9	9	9	8.8	17.6
효과성	40	9	9	8	9	9	8.8	35.2
저항의 정도	10	8	6	5	5	7	6.2	6.2
효과 지속성	20	8	10	9	9	9	9	18
합계	100	41	43	40	40	42	41.2	85.4

1-3) 안								
구분	가중치	A팀장	B팀장	C팀장	D팀장	센터장	평균	가중치 반영(X가중치/10)
실행의 용이성	10	9	9	9	9	8	8.8	8.8
성공 확률	20	9	9	9	8	8	8.6	17.2
효과성	40	8	7	7	7	8	7.4	29.6
저항의 정도	10	9	9	9	8	7	8.4	8.4
효과 지속성	20	7	7	6	7	6	6.6	13.2
합계	100	42	41	40	39	37	39.8	77.2

해결안 선정을 위한 스코어링 사례

스코어링 결과 1-2)안과 2-1)안이 해결안으로 선정되었다.

거추장스럽다고 생각될 수도 있는 이러한 해결안 선정 절차는 간단한 문제일 경우, 그리고 이해관계가 넓게 얽혀 있거나 하지 않은 경우엔 큰 도움이 되지 않는다고 생각될 수 있다. 그러나 복잡하고 이해관계가 얽혀 있고 특히 고객사 문제의 해결안을 만들어야 하는 등 진행 과정의 논리가 중요할 경우엔 상당히 큰 도움이 된다.

문제해결 5단계 - 실행안 수립 (단/중/장기 고려)

지금까지는 문제를 이론과 현상을 가지고 풀어보는 단계였지만 실행 안 수립은 구체적으로 어떤 행동이 필요하고 어디서/누가/언제 해야 되 는지 등 실제적인 추진방안을 만드는 단계이다. 이 단계에서 고려해야 할 것은 다음과 같다.

① 책임자와 강력한 조력자를 정하고 확인을 받았는가.

② 시작 및 완료 일정 계획은 수립했는가.

③ 해결안 실시로 인해 영향을 받게 될 사람들 조직들을 고려했는가.

④ 어떻게 실행할 것인지 구체적인 방안을 마련했는가.

⑤ 과제 완수에 어떤 자원이 추가로 필요할 것인지를 고려했는가.

⑥ 실행안에 따라 기존 데이터가 어떻게 변화할 것이고 향후 축적될 데 이터는 어떤 것이 될지 등을 고려했는가.

우리의 사례에 위 내용을 접목시켜 보자.

① 먼저 QC팀장은 자신이 이번 일의 총괄 책임을 맡기로 했고 본사의 인사팀과 협의하여 이번 사안을 설명하고 나 과장이 데이터베이스와 관련된 부서 또는 협력사의 업무를 참조할 수 있게 하는 제도 설계를 의뢰했다. 또한 사장님께도 건의를 드려 인사팀의 설계안을 즉시 반 영할 수 있도록 도움을 청했다. 사장님께 도움을 청하기 위해 메일과 직접 통화 등의 방법으로 이 해결안에 대해 자세히 설명해 드렸고 최 대한의 지원을 해주실 것임을 확답 받았다.

② 일정 계획은 단기적으로 2주간 행정적인 준비를 마무리하기로 했고 그 2주를 포함하여, 한 달간 나 과장이 QC 데이터베이스 구축에 대한 지식을 갖추는 것에 집중했다. 중기적으로는 이후 세 달간 나 과장이 실제 구축 업체를 관리하는 업무를 경험해 보면서 전략을 수립하고 구축 업체 선정과 관리 실제 활용하는 상세 계획을 세울 수 있는 단계까지 일정을 수립했다. 장기적으로는 이런 일들이 앞으로 반복될지라도 회사의 제도와 지원 정책이 보다 효과적으로 뒷받침되는 모습을 확립하기 위해 관련 팀들과 협조를 계속해 나가기로 했다.

③ 기존 나 과장이 담당했던 업무는 고참 대리가 인계받아 4개월 동안 수행하도록 했으며 부족한 인력은 현지에서 소싱하여 채울 수 있는 예산을 신청했다. 인사팀과 교육팀, 대외협력팀 등 기존 업무 이외에 부가적인 업무가 생긴다는 불만이 있을 수 있으므로 한국 본사에 들어가는 때에 밥도 사고 감사의 뜻을 표하기로 했다. 물론 행정적인 처리를 위해 필요한 여러 자료는 성의 있게 만들어 보내주기로 했다.

④ 인사팀은 전산팀장과 협의하여 나 과장이 본사 전산팀과 소통할 수 있도록 전산팀 담당자를 지정하여 주었으며, 이러한 소통도 업무의 하나로 인정하여 주기로 했다. 또한 대외협력팀과 협의하여 분야는 다르지만 같은 고객사에 납품하는 관계사 중 QC 데이터베이스 구축을 추진 중인 중국 현지 소형 전자제품 관계사를 찾아 나 과장을 1개월 파견할 수 있도록 협의해 주었다. 교육팀으로부터는 데이터베이스 구축 관련 인터넷 강의 수강비용을 전액 지원하기로 하였다는 연락을 받았다. 교육팀 관계자에게는 이번 중국 사례가 발생된 배경인 비즈니스 환경을 정리하여 보냈고 앞으로 교육팀의 업무에 해외 비즈니스 환경 분석이 추가되었음을 전달받았다.

⑤ 필요한 자원 측면에서 QC팀장은 단기 중기적인 실행에 필요한 예산의 경우 선집행 후 처리되도록 관련 팀장들과 합의하였고 나 과장의 활동 및 데이터베이스 구축 업체들과의 사전 미팅 등 필요한 부대비용 등의 예산은 팀비용을 조정해 마련하였다.

⑥ 이번 사례의 실행안이 적용되면 한국에 있는 본사나 중국 내 다른 공장들에도 여러 정보들이 데이터로 축적되고 그런 데이터를 통해 의사결정을 내리려는 시도가 활발해질 것이다. 향후 축적될 데이터들은 본사의 의사결정에 중추적인 역할을 할 것이다. 제품 품질관리는 물론이고 마케팅 고객관리 재고관리 등도 데이터 분석 결과 기반으로 움직여질 것이다. 필요할 경우 이런 데이터 측면의 변화에 대해서도 미리 준비하는 활동을 펼쳐 나가야 한다. 중기 계획이 되겠지만 나 과장 중심으로 마련될 QC 데이터베이스 구축 요구사항들을 만족시킬 데이터베이스 구축 업체가 선정되면 그 구축 과정을 관리하면서도 여러 정보들이 축적될 것이고 실제 구축 이후의 적용 전에 QC 팀원 등 직원들을 대상으로 하는 데이터 관련 교육도 나 과장의 교육 경험 축적 과정에서 미리 준비되도록 하는 것이 좋다.

문제해결 6단계 – 적용 및 평가 (문제 탐색/발견)

이렇게 실행안을 마련하였으면 상황별 대응계획, 즉 우리가 흔히 이야기하는 'Contingency Plan'을 세워야 한다. 시간순 또는 작업의 종류별로 발생할 수 있는 상황들을 가정하여 대비책을 만드는 일이다.

직장생활 속에서 이러한 단계를 거치며 문제를 해결하다 보면 의외로 이 단계에서 우려하며 만들었던 대비책들이 실제로 쓰이는 일이 빈번함을 알게 될 것이다. 이때 고려할 항목들을 정리해 보았다.

① 어떤 기회나 위협이 발생할 수 있는가.
② 이들 기회와 위협에 어떻게 대처할 것인가.
③ 잠재적 문제의 발생을 막기 위해 어떤 조치를 취할 수 있는가.

QC팀장은 이 실행안을 적용시킬 경우 나타날 수 있는 기회와 위협을 시간순으로 생각하고 '시기-기회/위협요인-대처 방안-필요한 조치' 등으로 정리해 보았다.

① 우선 나 과장의 데이터베이스 구축 관련 경험 축적을 위한 파견 기간 동안 기존 업무에 지장이 생기는 것을 가장 큰 위협으로 생각했다. 나 과장의 업무를 인계받을 고참 대리가 원활히 업무 수행을 할 수 있도록 1주간 두 사람이 함께 업무 수행하며 인수인계에 문제가 없도록 했으며, 현장의 부족한 인력 소싱 요청을 미리 중국 내 협력업체를 통해 전달해 두었다. 나 과장과도 파견 중 주 1회 이상 전화 회의를 실시하여 인계받은 대리가 각종 질의를 할 수 있도록 하였다.

② QC팀장이 생각하는 기회 요인은 QC 업무 직원들이 디지털 문화와 친숙해지는 것이었다. 눈과 손으로만 하던 업무 간단한 입력에 그치던 일들이 이제 데이터 기반으로 어떤 부분에 더 집중해야 하는지, 어떤 환경에서 어느 부분에 더 많은 품질 문제가 생기는지 등을 확인해 가며 일하는 문화가 생기는 것이다. 하지만 그는 이것이 위험이 될 수 있음도 인지하고 있다. 아무래도 연령층이 높은 팀원들이 있는 만큼 적응에 오랜 시간이 걸릴 수도 있다. 예전 방식이 더 좋다는 불만도 생길 수 있다. QC 팀장은 나 과장으로 하여금 데이터베이스 구축 관련 경험 축적을 위한 파견 기간이 끝나면 팀원 전체를 대상으로 세미나 발표를 하게 하고 그 이후로도 매월 1회씩 데이터베이스 구축 후의 업무에 친숙하게 하는 세미나 발표를 하게 했다.

③ 잠재적 문제로는 기존 직원들이 파견 및 교육과 관련된 불평등에 대해 불만을 가질 수도 있다. 대표이사의 지시에 의해 모든 것이 출발된 본 사안 같은 경우 비교적 부대비용 등의 마련이 어렵지 않았지만, 이전까지 파견 비용이나 교육 비용 지원을 넉넉히 받지 못하였던 직원들의 불만이 있을 수 있다. QC 팀장은 전 팀원이 참석하는 미팅을 수차례 갖고 이번 일의 중요성과 특별히 적용하는 제도들 및 앞으로도 계속될 제도들을 자세히 설명하기로 했다. 또한 교육의 경우 기준을 만들어 그 기준에 부합할 경우 본사 교육팀의 지원을 충분히 받을 수 있도록 협조 요청하기로 했다.

QC팀장은 이 외에도 몇 가지 더 기회 및 위협요인들에 대해 정리하고 그 대처 방안을 마련하면서 필요할 경우 유관 팀장들과 커뮤니케이션 하며 협조를 구하였다.

문제해결의 마지막 단계는 결과 평가이다. 경영진 또는 회사의 대표이사가 직접 관심을 가지는 일을 추진하는 조직의 리더는 "잘 되고 있나?"라는 질문에 항상 "네"라는 답변을 해야 한다는 강박관념 속에서 생활할 수 있지만 실상은 그렇지 못한 경우가 많다. 이런 질문에는 네, 아니오, 보다 중간 결과 평가 내용으로 답하는 것이 상책(上策)일 수 있다. "초기 예측 대비 해당 기간 결과가 20% 정도 상회하고 있습니다.", "담당자가 꽤 잘 하고 있습니다. 진척률이 계획 대비 110% 정도입니다.", "고객의 컴플레인이 해당 기간에 한 건도 없었습니다." 등이 좋은 표현이다. 물론 실제로 그런 데이터를 주기적으로 수집해야 한다.

그런데 그런 데이터가 없는 경우에는 어떻게 하는 것이 좋을까. 많은 전문가들은 이 단계에서 인터뷰와 테스트 각종 시험이 이루어져야 한다고 주장한다. 하지만 현실은 그렇게 하기 힘든 경우가 대부분이다.

우리의 사례에서 QC 팀장이 할 수 있는 일은 나 과장이 파견 나가기 전에 파견에서 습득할 수 있는 것들이 무엇인지, 그것을 어느 정도 수준으로 나중에 활용할 수 있을지 등을 템플릿[11]으로 만드는 것이다. 이후 매주 채워진 내용들을 메일로 공유하게 하고 파견 회사 담당자와 매주 통화하여 어떻게 진행되고 있는지, 나 과장이 어느 정도 흡수하고 있는지 등을 인터뷰하는 것이다. 그러한 결과들은 경영진 등 의사결정권자에게 주기적으로 보고하는 것이 좋다. 예상과 달리 각 일정마다의 목표에 미달하고 그것을 만회하기 위한 뾰족한 방법이 없다면 빠르게 지금까지의 절차 중 특정 부분으로 되돌아가서 다시 시작하도록 해야 한다. 그럴 때 이 적용 및 평가 단계의 주기적 평가 결과들이 중요한 자료가 되고 또 이런 노력을 기울인 것도 기록으로 남게 된다.

지금까지 문제해결의 6단계를 차례로 살펴보았다. 복잡해 보이지만 막상 해보면 그리 어렵지 않다. 혹자는 위 사례의 해결안은 "업무 끝나고 알아서 공부하라"고 시키는 것 아니냐고 볼멘소리로 말할지 모른다. 그러나 나 과장 입장이 되어보면 각 과정을 거쳐 만들어진 안들은 회사의 정규 정책을 따르면서 합리적인 지원을 받고 업무를 행하게 되는 것이고 앞으로도 지속적으로 개선된 제도가 적용될 수 있게 하는 것이다. 또한 결과가 기대에 미치지 못하더라도 빠르게 차선책을 마련할 수 있도록 만드는 방법이기도 하다.

---

11 특정 목적을 가진 문서들 간에 통일성을 주기 위해 기본적인 편집 양식을 마련해 놓은 것으로 작업 도중의 데이터나 콘텐츠를 채우기만 하면 되는 상태를 말한다.

이 부분을 읽은 날부터 직장의 상사가 "골치 아픈 문제가 생겼는데." 또는 "자네가 좀 해결해줘야겠어"와 같은 표현을 하며 말을 걸어오면 당장 '문제해결 1단계 – 문제 정의'부터 시작해보자.

당신의 재능 발휘 패턴이 새롭게 만들어진다.

여섯, 경영진이 칭찬하는 보고서 작성 스킬
'보고서 작성, 이젠 두렵지 않은 업무'

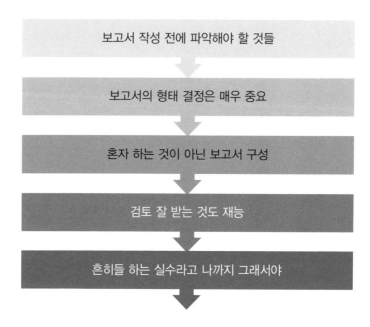

보고서 작성 전에 파악해야 할 것들

보고서의 형태 결정은 매우 중요

혼자 하는 것이 아닌 보고서 구성

검토 잘 받는 것도 재능

흔히들 하는 실수라고 나까지 그래서야

보고서 작성이 일반적인 업무지시에 대한 결과물 제출과 다른 것은 경영상의 목적이 분명하고 보고서 작성 지시자뿐만 아니라 최고위층까지도 전달될 수 있다는 것이다. 그리고 회사의 공식적인 기록으로 남게 되어 사내 다수의 사람들이 참조할 수 있어 또 다른 보고서 작성자와 비교되기도 한다는 것 등이다.

업무와 관련된 재능이 뛰어나도 보고서 작성에 어려움을 겪어 경영진을 향해 그 재능을 펼쳐 보이지 못하는 사람들이 의외로 많다. AI 도입에 주축이 되는 역할을 하고 싶어도 보고서 작성 단계에서 진땀을 흘리게 될 것이 걱정된다. AI 시대가 되어 보고서의 많은 콘텐츠가 지능화된 방식으로 채워진다 하여도 보고서 작성 지시자의 기호에 맞는 폼으로 만드는 일이나 데이터의 해석 및 지시자의 정성적인 질문에 답하는 또 다른 보고서 작성은 여전히 우수한 재능을 가진 사람의 역할이 될 것이고 보고서 작성 스킬은 더욱 중요해질 것이다. 그러한 스킬을 필요로 하는 사람은 본 장을 유심히 살펴보길 권한다.

본 장에서 다루는 보고서라고 할 수 있는 문서들에는 상사나 경영진의 정기적, 비정기적인 지시에 의해 업무 결과 및 여러 현황에 대한 조사 결과를 알기 쉽게 설명한 자료, 각종 건의사항, 내·외부 회의 결과 등을 논리적으로 정리한 자료 등이 포함된다. 이러한 보고서들의 작성 역량은 효율적인 의사소통과 업무 생산성 향상에 필수적인 요소이며 경영진의 의사결정은 각종 보고자료를 통해 이루어진다. 그럼에도 불구하고 만들어지는 보고서들의 형식과 수준은 제각각이며 보고서 작성 과정에 필요한 팁도 구하기가 쉽지 않다. 또한 AI 시대가 다가오면서 많은 보고서들이 데이터 기반으로 만들어지고 그런 데이터 분석 내용들을 경영진들이 요구하는 정도 즉 경영진의 눈높이가 높아지고 있다.

따라서 본 장에서 다루는 내용을 토대로 보고서 작성 스킬을 한 단계 더 발전시켜 보고서의 품질을 높이고 경영진의 의사결정이 신속·정확 그리고 효율적으로 추진되어 업무 품질 향상과 개인 역량 강화에 이바지할 수 있도록 해보자. 자신의 재능 발휘에 걸림돌이 되던 보고서 작성이 더 이상 두려운 일이 되지 않도록 할 수 있다.

보고서 작성 전에 파악해야 할 것들

　어떤 보고서를 작성하더라도 시작 단계는 '파악'이다. 많은 직장인들이 보고서의 '내용'을 먼저 고민하는데 PC를 켜기 이전에 다음 내용들의 파악이 끝나지 않았다면 잠시 어서 작성하고 싶은 마음을 다스리고 보고서 작성과 관련된 중요한 주변 상황들의 파악을 서두르자.

　보고서 작성 전에 파악해야 할 것들을 6하 원칙으로 분류하여 14가지로 압축하였다. '파레토의 법칙'이 여기에도 적용된다. 이 단계에서 파악해야 할 것들을 조사하는데 걸리는 시간이 전체 보고서 작업의 20% 정도일 것이지만 이 단계에서 파악하는 내용이 차지하는 중요성은 80%에 이를 것이다.

1	Who ❶	보고서 작성 지시자는 누구이며 그가 보고서에 담길 내용에 대해 가장 잘 알고 있는 사람인가?
2	Who ❷	최종적으로 누가 볼 것이며 누가 중간 단계에서 검토할 것인가?
3	Who ❸	누가 최종 보고할 것이며 그가 마무리 작업을 할 수 있는 사람인가?
4	When ❶	시기적으로 얼마나 급한 것이고 얼마나 많은 시간 투자를 필요로 하는가?
5	When ❷	이 보고가 처음이자 마지막 보고인가? 보고 후 주기적으로 정례화될 보고인가?
6	Where ❶	이 문서가 사용될 용처는 어디인가? 그곳은 우리에게 얼마나 큰 영향력을 가지고 있는가?
7	Where ❷	보고 후 어느 정도의 범위로 공유되는가? 보안 관련 규정을 적용해야 하는 경우인가?
8	What ❶	가장 핵심적으로 다루어져야 하는 것은 무엇인가?

9	What ❷	문서에서 다루지 말아야 할 것은 무엇인가?
10	How ❶	어떤 데이터를 기반으로 만들어야 하는가? 그 데이터가 지금 산출되고 있는가?
11	How ❷	가장 도움이 되는 이전 유사 자료를 확인하였는가?
12	How ❸	어떤 기조로 써야 할지를 알고 시작하는가?
13	Why ❶	이 보고서를 만드는 궁극적인 이유는 무엇인가?
14	Why ❷	보고서 작성이 굳이 나에게 맡겨진 이유가 무얼까?

Who ❶ : 보고서 작성 지시자는 누구이며 그가 보고서에 담길 내용에 대해 가장 잘 알고 있는 사람인가?

대부분의 회사에서 중요한 보고서의 지시는 사장 → 임원 → 팀장 → 담당자 순서로 내려온다. 그런데 이때 보고서를 써야 하는 담당자가 팀장이 자신에게 '팀장이 주도하여 보고서를 쓰라고 한 것'으로 상황을 오판하면 어떤 일이 벌어질까. 팀장의 지시사항과 사전 지식에 부합하는 보고서는 만들 수 있을지 몰라도 그 윗선이 보는 것을 예상하여 작성하지는 못하는 일이 벌어진다. 특히 임원과 사장이 보고서에 담길 내용에 대해 잘 알지 못하는 경우는 심각한 상황이 발생할 수도 있다. '당연히 이런 건 아시겠지.'란 생각은 대부분 틀린다.

또 어떤 임원이 자신이 맡고 있는 조직의 한 팀장에게 보고서 작성 지시를 했는데 그 임원이 '사장님께서 지시하신 것은 아니지만 보고서 내용이 좋으면 사장님께 보고해야지.'란 생각을 하고 있을 때는 상황이 좀 복잡해진다. 규모가 어느 정도 큰 회사에선 이런 경우가 의외로 많다. 이럴 때는 대부분 '아마 지시를 내린 그 임원은 이 자료를 사장님께 보고할 것이다.'라는 생각으로 보고서를 만들면 된다.

Who ❷ : 최종적으로 누가 볼 것이며 누가 중간 단계에서 검토할 것인가?

상식적으로 생각하면, 사장이 임원한테 보고서 작성 지시를 내리면 임원은 팀장에게, 팀장은 담당자에게 보고서를 작성하라고 지시할 것 같다. 이후 담당자가 작성해서 팀장한테 가져가면 팀장이 임원 보고용으로 다시 만들고 그 내용을 임원한테 가져가면 임원이 사장 보고용으로 다시 만드는 일이 일반적이어야 한다.

하지만 현실은 그렇지 않다. 담당자의 손을 떠난 보고서에 팀장이나 임원이 이런저런 손을 많이 대는 일은 흔하지 않다. 다시 말해 담당자가 사장 보고용 자료를 만드는 것이다. 그렇기 때문에 담당자는 자신이 만들 보고서가 누구에게까지 올라갈 것인지를 명확히 파악해야 한다. 파악된 그 '윗선'이 평소 좋아하는 보고서 스타일을 맞추기 위해 담당자는 자신이 구할 수 있는 한 가장 최근의 '그 윗선이 칭찬한 보고서'를 만든 사람을 찾아 커피 한 잔과 그 보고서를 열람할 기회를 맞바꾸어야 한다. 그리고 그 구성과 내용 표현 등을 살필 필요가 있다.

Who ❸ : 누가 최종 보고할 것이며 그가 마무리 작업을 할 수 있는 사람인가?

작성할 보고서의 형태가 발표자료라면 누가 이 보고서를 화면에 띄우고 발표할지도 반드시 파악해야 하는 내용이다. '어떤 임원이 대표이사에게 보고하는 자료'를 만들어야 했던 담당자가 '발표자료니까 도표와 이미지 중심으로 만들어야지.'라는 생각으로 작업했다가 그 임원은 슬라이드마다 위쪽에 핵심 메시지를 한 줄로 기술하는 형식의 발표자료로 대표이사에게 주로 보고한다는 사실을 뒤늦게 알고 보고자료 전체를 부랴부랴 재작업 했다는 등의 스토리가 많음을 기억하자.

또한 최종 보고할 사람이 그 발표자료의 일부를 수정 보완할 수 있는 사람인지 아닌지도 챙겨야 하는 부분이다. 워드프로세서를 어느 정도 다룰 줄 아는 임원이라 일부 수정은 본인이 직접 한다는 것으로 파악되면 그 임원의 세세한 생각까지 물어 보고서에 담지 않아도 되지만, 그렇지 않은 경우는 그 임원과의 마지막 검토까지 그 임원의 생각, 주관을 담을 수 있도록 작업 일정을 잡아야 한다.

When ❶ : 시기적으로 얼마나 급한 것이고 얼마나 많은 시간 투자가 필요로 하는가?

당연히 Due date(보고서 기한)는 매우 중요한 사안이다. 언제까지인지는 담당자가 물어보지 않더라도 보고서 작성 지시를 하는 중간관리자가 알아서 이야기를 하는 내용이니까 걱정할 것 없다. 확인 후 앞서 커뮤니케이션 부분에서 설명했던 '일정 및 작업계획 수립' 관련 내용을 참고하여 그로부터 역방향으로 보고서 작성 계획을 세우면 된다.

하지만 '언제까지'의 의미를, 말하는 사람과 듣는 사람이 달리 해석할 수 있으므로 이는 조심해야 한다. "○○일까지 부탁해."가 그 날까지 검토를 진행해서 수정, 보완하여 임원 혹은 사장님 보고자료로 완성시키는 것을 의미하는지, 아니면 검토의 출발점이 되는 초안 작성을 완료하는 날인지는 분명히 하여야 한다. "아니 내일이 사장님 보고인데 이제 이런 버전을 가지고 오면 어떻게 해!"라는 고함소리는 직장생활하면서 한 번쯤은 듣게 된다. 그렇기 때문에 Due date는 최종 보고일과 초안 완성일로 두 개의 날이 되어야 한다. 그 두 날사이의 간격은 아주 복잡하고 중대한 사안일 경우 여러 번 검토 회의를 해야 하므로 길게 잡아야 하고 복잡하지 않고 중요도가 크지 않은 보고라면 두 번 정도의 검토 회의를 하는 것으로 하여 이틀 정도로 잡으면 되겠다.

When ❷ : 이 보고가 처음이자 마지막 보고인가? 보고 후 주기적으로 정례화되는 보고인가?

이 보고 후에 같은 보고가 주기적으로 반복될지 아니면 이번 한 번으로 끝날지도 파악해야 하는 요소이다. 주기적으로 반복될 보고라면 내가 아닌 또 다른 사람이 지속해서 이후 보고를 하는 것에도 관심을 가져야 한다. 보고 내용 중에도 '이런 식으로 주기적 보고가 될 것입니다.'라는 연상이 될 수 있도록 구성해야 한다. 이번 보고를 위해 데이터 가공에 별도의 공수를 많이 투입하여 힘들게 만들었는데 그 데이터 가공이 자동화되어 있지 않아 다음에 또 같은 유형의 보고를 계속하게 되면 매번 공수를 많이 투입해야 하는 경우 중간관리자와 심도 있게 논의하여 대책을 마련하도록 해야 한다.

Where ❶ : 이 문서가 사용될 용처는 어디인가? 그 곳은 우리에게 얼마나 큰 영향력을 가지고 있는가?

작성된 보고서가 임원 보고로 끝나는지 사장 보고까지 올라가는지 아니면 사장 보고를 거쳐 고객사 경영진 대상 보고로까지 이어지는지 등을 사전에 파악해야 한다. 그 용처가 보고서 작성 담당자의 조직에 미치는 영향이 어느 정도인지를 사전에 파악하여 그것에 맞게 공수 투입을 해야 한다. 예를 들어 중요한 고객 경영진에게 보고될 내용인데 사내 자료 수준의 디자인으로만 사장 보고를 하는 것은 조직에 미치는 영향력이 지대한 것에 비해 준비가 매우 미흡한 것이다.

Where ❷ : 보고 후 어느 정도의 범위로 공유되는가? 보안 관련 규정을 적용해야 하는 경우인가?

가끔씩 보고서가 외부 언론이나 웹상에 게재되는 경우가 있다. 광범위한 일반인들이 보게 되는 경우는 아닐지라도 임원이나 사장님 등 책임이 있는 사람에 의해 협력회사 또는 고객사에 전달될 수도 있다. 그런 위치에 있는 사람들이 보고서의 한 줄 한 줄을 꼼꼼히 보며 혹시라도 외부에 유출되면 안 되는 우리 회사만의 기밀 사항이 있는지를 확인할 거라 생각하면 안 된다. 그런 사항으로 나중에 문제가 발생되면 작성자에게 책임이 전가되는 경우가 대부분이다. 분위기 좋게 사장님 보고까지 마쳤는데 며칠 후 "자네가 초안 만들 때부터 그런 내용은 조심히 다루었어야지."라는 질책을 받게 되는 것은 안타까운 일이다. "자네 책임이 아니야. 중간에서 검토를 한 내 책임이네. 내가 잘 걸렀어야 하는데."라고 친절히 말해 주는 임원을 만날 확률은 높지 않다. 보안 사항은 잘 걸러서 작성하자. 꼭 포함되어야 하는 내용이라면 해당 부분에 '대외비'라는 주석을 다는 것도 좋은 방법이다.

What ❶ : 문서에서 가장 핵심적으로 다루어져야 하는 것은 무엇인가?

보고서 작성 지시를 받았다면 위에서 언급된 각종 사전 정보에 대한 질문을 통해 우선적으로 파악해야 할 것들을 확인하고 "네 알겠습니다. 그럼 작업 시작하겠습니다."라는 대답과 함께 돌아서기 전에 이런 질문을 해야 한다. "작업할 보고서 내용 및 구성 검토를 해보고 다시 질문드릴 것을 정리하여 오겠습니다. 내일 오전에 혹시 시간 되시는지요? 이것을 잘 못 하는 사람들이 많은데 이것은 상당히 큰 '직장생활의 차이'를 만들 수 있는 것으로 반드시 필요한 것이다. 여기서 '내용 및 구성'을 검토해보고 다시 오겠다는 의미는 '당신이 지시한 내용을 정리해서 올 테니까 당신 생각과 다른 것이 있으면 말해 달라.' 것이다.

이 '내용 및 구성'에 포함되는 것으로 중요한 것은 '보고서를 받은 사람이 제일 먼저 찾을 내용'과 '마컵'(mock-up)이다. 먼저 보고서를 받은 사람이 제일 먼저 찾을 내용, 즉 보고서에 담길 가장 중요한 핵심 내용이 무엇인지 알고 있는가를 자신에게 되묻고 그 내용을 정리하여 지시한 사람과 검토를 해 보도록 한다. 이 검토는 빠르면 빠를수록 좋다. 작성 지시를 받은 시간이 오전이라면 당일 오후, 오후에 지시받았다면 다음 날 오전으로 검토 시간을 잡도록 하자. 주의할 것 한 가지, 의외로 보고서 작성을 지시한 사람도 이 핵심 내용이 무엇인지 모르는 경우가 많다. 자신이 정리해 간 내용에 대해 작업 지시자가 자신 없는 표정으로 '그렇지 뭐' 정도의 답변을 하거나 '나도 잘 모르겠는데.'라는 자세를 취하면 아주 예의 바르게 확실한 내용을 파악해 달라고 요청할 필요가 있다. 절대 웃음을 짓거나 한숨을 쉬지 않도록 한다. 파악하여 다시 지시할 때까지 조용히 기다리면 된다. 이런 과정을 거쳐 확정한 핵심 내용 중심으로 마컵을 작성하여 1차 검토 회의를 하면 된다.

What ❷ : 문서에서 다루지 말아야 할 것은 무엇인가?

어떤 직장에서나 보고서 작업자들이 보고서 내에 핵심 내용을 담는 것에만 집중하고 담지 말아야 할 것은 없는지 살펴보는 것에 소홀한 경우가 많다. 담지 말아야 할 것이 별로 없다고 생각될지라도 잠시 시간을 내어 고민해보는 것이 좋다. 보고 과정에서 쓸데없이 문제를 유발시키는 내용이 담기게 되면 보고에 도움을 주지도 않는데 그 내용이 이슈로 부각되거나 추가적으로 작업을 해야 하는 상황이 생길 수 있고 그로 인해 본질적인 내용이 깊이 있게 다루어지지 않을 수도 있다. 보고를 받는 사람이 관심을 가지고 있지 않은 사안이면서 보고 내용의 전개에 영향을 주지 않는 내용이라면 굳이 담는 일이 없도록 하자.

How ❸ : 어떤 데이터를 기반으로 만들어야 하는가? 그 데이터가 지금 산출되고 있는가?

데이터 기반의 지능화된 시스템(체계)을 경험한 임원 또는 사장은 보고서 내용 중 자신들이 꼭 알고 싶은 내용들이 정확한 방법에 의해 축적된 데이터에 근거한 결과이기를 바란다. 따라서 그러한 데이터들을 보고서의 핵심 내용에 근거로 활용해야 하는데 어떤 데이터가 그러한 데이터인지 면밀히 검토하는 단계를 우선 진행해야 한다. 예를 들어 경영진은 신규 서비스의 매출 데이터를 원하는데 그 데이터에 기존 서비스 매출이 포함되어 있다든지, 환불액이 포함되어 계산되었는지, 집계되는 방식에 오류가 있는 채로 활용하고 있는 것은 아닌지 등을 살펴야 한다. 보고받는 사람이 "자네 그 데이터들이 어떻게 산출되는지 아는가?"라는 질문을 할 때 머리 긁적거리는 사람은 되지 말자.

또한 이번 보고만을 위해 보고서 작성자의 논리로 가공을 하여 보고서에 넣을 것인지 데이터 부서에서 평상시에 산출하는 데이터를 그대로 활용할 것인지 등도 체크해야 한다. 해당 보고서가 주기적으로 작성되어야 하는 것이 된다면 후자를 택하는 것이 좋다. 매번 데이터들을 가공하여 보고서를 만들 생각은 피하도록 하자. 예를 들어, 보고 내용 중 핵심이 '고객의 서비스 사용 패턴이 날짜별로 어떻게 변하는가.'인데 데이터 부서에서는 '하루'를 오전 9시부터 다음날 오전 9시까지로 집계하여 산출하고 있는데 자신은 '하루'를 00시부터 24시까지로 하여 분석하려 한다면 한 번은 모르겠지만 매번 가공해야 하거나 매번 데이터 부서에 요청해야 하는 번거로움이 생긴다. 해당 보고를 통해 회사에서 해당 업무에 통용되는 '하루'의 의미를 변경해야 한다는 주장을 하지 않을 것이라면 기존 데이터 체계를 활용하는 것이 좋다.

How ❷ : 가장 도움이 되는 이전 자료 유사 자료를 확인하였는가?

세상에서 이런 보고서를 만드는 사람은 내가 처음일 거라는 생각은 버리도록 하자. 분명히 유사한 보고서나 참고할 수 있는 이전 자료가 있을 것이다. 사내뿐만 아니라 인터넷 등을 활용하면 자신에게 부여된 보고서 작성과 유사한 작업을 한 사례들이 분명히 있다. 똑같지는 않더라도 참고할 수 있는 사례들이 분명히 있다고 생각하고 약간의 시간을 투자하여 먼저 찾아보도록 하자. 오해는 금물. 남들이 만든 것을 따라 하자는 것이 아니다. 구성이나 형식 등에서 맨땅에 헤딩하여 많은 시간을 소요하지 말자는 것이다. 예를 들어 ○○ 플랫폼을 자신의 회사가 국내 최초로 만들고 있는데 '○○ 플랫폼 비즈니스 기획안'을 만들어야 하는 상황이라면, '국내 자료 중엔 없을 거야.'라고 생각하기 쉽다. 하지만 일반적인 플랫폼 비즈니스 기획안 중에 동일한 대상은 아니나, 구성이나 형식 측면에서 참고할 내용이 꽤 있음을 알게 될 것이다.

How ❸ : 어떤 기조로 써야 할지를 알고 시작하는가?

우리는 가끔 TV 드라마나 웹툰을 통해 어느 회사의 경영진 대상 보고회 자리에서 보고하는 사람이 사장인 듯한 높은 사람에게 엄청 깨지는 모습을 보곤 한다. 이런 경우 대부분 그 직전 장면은, 듣는 사장은 불만 가득한 얼굴인데 보고 내용을 발표하는 사람은 그에 아랑곳하지 않고 자신이 준비한 내용만 줄줄 읽어 내려가는 모습이다. 무엇이 잘못되었을까. 보고 받을 사람의 생각을 파악하지 않아서이다.

보고 받을 사람들이 보고 내용에 대해 아무 생각 없이 보고 받을 자리에 나타나는 경우는 극히 드물다. 적어도 '바쁜데 이 보고는 짧게 끝내라고 해야지.' 등의 생각이라도 하고 들어간다. 필자는 아래와 같이 보고 받는 자들의 보고 내용에 대한 인지 정도 및 태도에 따른 대응 방법을 정리해 보았다. 우선적으로 윗분들의 상황을 파악하고 각각의 상황에 맞춰 대응해보도록 하자.

어느 정도 알고 있는데 부정적인 견해 : 시작부터 장점과 큰 기대효과를 먼저 나열하는 것이 아니라 부정적인 입장이 있을 수 있음을 먼저 인정하고 그 이유와 그 이유의 변화 개선된 내용을 다루어 논리적인 반전을 이룰 수 있도록 해야 한다.
어느 정도 알고 있는데 희망적인 시각 : 보고 받는 사람이 알지 못할 것으로 예상되는 또 다른 희망적인 요소를 첫 부분에 위치시켜 완전히 보고 내용의 든든한 지원자로 만드는 것이 좋다.

어느 정도 알고 있는데 엄청 지원하고 싶은 상태 : 현재까지 나타나고 있는 좋은 효과와 앞으로의 더 큰 기대효과 위주로 구성하여 본인의 생각이 틀리지 않았음을 증명해 드리는 것이 좋다.

① 잘 알지는 못하지만, 부정적인 경우 : 친절하고 상세하게 설명 내용을 준비하되 부정적인 견해를 가지게 하는 요소들이 어떻게 해소되고 개선되는지를 긍정적인 설명과 비슷한 분량으로 다루도록 한다.

② 잘 알지는 못하지만 궁금한 상황 : 모든 것을 다 설명하려 하지 말고 필수적으로 알아야 하는 내용 중심으로 긍정적인 요소를 앞에 구성하고 부정적인 요소도 솔직하게 표현하되 해소되고 개선될 과정을 자세히 표현하도록 한다.

③ 잘 알지는 못하지만 기대가 큰 경우 : 부정적인 요소가 해소되고 개선될 과정을 표현하고 그 과정이 성공적으로 진행될 경우의 더 큰 기대효과를 나타내도록 한다.

이러한 기조들 중 어떤 형태를 사용할지를 결정하지 않고 보고서 작업에 임한다는 것은 선입견이 가득한 상대 앞에서 이전과 똑같은 방식으로 물건을 파는 사람과 같은 실수를 범하는 것이다.

Why ❶ : 이 보고서가 만들어져야 하는 궁극적인 이유는 무엇인가?

일반적으로 보고서를 만들어야 하는 이유들에는 지시, 의뢰, 평가 문의 등이 있는데 각각에 따라 보고서의 내용과 형식 깊이가 달라지므로 보고서 작성 작업을 시작하기 전에 이에 대한 생각을 주의 깊게 하는 것이 좋다.

① 지시에 의한 보고서 : 위에서도 설명한 것처럼 여러 가지 방법으로 보고서 작성 지시자의 눈높이를 파악하는 것이 중요하다.

② 의뢰에 의한 보고서 : 대부분 용역이나 위탁 계약의 결과로 작업하는 것이므로 다음의 계약을 지속적으로 원한다면 계약 시의 요구사항을 중심으로 의뢰 당사자를 만족시킬 수 있도록 작성한다.

③ 평가에 의한 보고서 : 평가의 공정성 때문에 평가자와 충분한 공감대를 형성하기 힘든 경우가 많음. 공개적인 질의, 응답 과정에서 충분히 평가의 핵심 요소에 대해 정보를 얻을 수 있게 사전 준비를 철저히 하여 질의한다.

④ 문의에 의한 보고서 : 문의자의 상황이 급한 경우가 많고 그 횟수도 많을 것이며 내용의 깊이보다는 문의자가 알기 원하는 정보 그 자체에 초점을 맞출 필요가 있다. 빠른 시간 안에 대응하는 것과 정확히 일치하는 정보 제공을 가장 중요한 목표로 삼아야 한다.

Why ❷ : 보고서 작성이 굳이 나에게 맡겨진 이유가 무얼까?

다른 사람들한테 맡겨도 되는데 왜 나일까. 여러 이유가 있겠지만 다른 사람들은 다 바빠 보이는데 나만 여유가 있어 보여 보고서 작성 지시가 나에게 온 것이 아니라면 왜 굳이 나에게 보고서 작업 지시를 내리는지에 집중해 보자. '해당 보고 내용의 책임자니까', '해당 보고 내용과 관련하여 가장 전문가니까', '해당 보고의 형식을 가장 자주 다루어 보았으니까', '더 상위의 경영진이 콕 집어서 당신에게 시키라고 했으니까' 등 여러 이유가 있을 것이다.

백번 생각해봐도 지금의 상황에서 내가 해야 할 일이 아니라 판단되면 시간이 지나 포기하면서 '못하겠다.'라는 의사를 전달하는 것보단 이른 시간에 다른 사람에게 맡기도록 하는 것이 좋다. 그러나 다른 지시도 아니고 보고서 작업 지시라면 나에게 맡긴 이유를 잘 파악하여 그 이유대로 자세를 잡고 도전해 보는 것이 직장생활에 있어 더 좋은 경우가 많다. 그 분야의 재능이 부족하다고 판단되면 이 기회에 그 재능을 키우자고 마음먹자. 보고서 작성 스킬은 이 책으로 연습하면 된다. 과정은 어렵겠지만 지나고 보면 그리 어렵지 않았던 기억이 될 것이다. 다른 직장에 가면 이런 지시가 없을까. 반드시 있을 것이다.

이상과 같이 보고서 작업 시작 전에 반드시 파악해야 할 사항들을 살펴보았다. 이 내용들을 잘 파악하고 보고서 형태와 구성을 어찌할지 고민하는 단계로 진입하여 '다 만들었는데 처음부터 다시' 작성해야 하는 시간 노력을 줄일 수 있도록 해보자.

보고서의 형태 결정은 매우 중요

아래 그림과 같이 보고서의 형식을 분류해보자. 발표자료형(널찍 보고서형) / 촘촘 보고서형 / 회의록형이 있고 이 각각에 내용 구성의 목적이 설명 / 데이터 나열 / 결과보고 / 기획안(설득)으로 나눠져 포함된다. 이 두 가지 축을 조합해서 하나의 형태를 결정하는데 이는 매우 중요한 결정이다. 사장님 앞에서 임원이 발표할 보고서를 작성하는데 데이터가 나열된 촘촘 보고서형으로 작성했다면, 그리고 그 임원이 그것을 그대로 사장님 앞에서 발표했다면 사장님께서 분명히 그 임원에게 한마디 하실 것이다. "이런 (세부적인) 내용을 왜 당신이 나한테 이 시간에 이야기하는 거지?" 보고를 마친 임원의 벌게진 얼굴이 상상된다.

구분	발표자료형(널찍 보고서형)	촘촘보고서형	회의록형
설명자료	각종 설명회 자료 행사 진행 안내 발표자료	각종 논문 동향보고서, 가이드북 등	일반 회의록 좌담회 녹취록
데이터 중심 자료	학회, 학술세미나 발표자료 연구과제 중간보고 발표자료	연구과제 중간보고서 건강검진 결과서	X
결과보고 자료	정기보고회 자료 연구과제 최종보고 발표자료	연구과제 최종보고서 보험 설계서	평가회의 결과보고서
기획안(설득) 자료	투자유치 발표자료 각종 제안서 발표자료	각종 제안서 본문	X

보고서 형식과 내용 구성 목적에 따른 분류

발표자료형 (널찍 보고서형)

보고서의 형식 중 발표자료형(널찍 보고서형)은 말 그대로 발표에 맞게 작성된 보고서를 의미한다. 보고서와 발표자료를 따로 만들지 않아도 되는 이점이 있지만 정말 중요한 내용 위주로 작성해야 하고 흐름이 중요하다는 어려운 점도 있다. 발표 시간에 따라 분량이 유동적일 수 있어 한 번 작업을 완료하였더라도 발표자의 요청에 따라 재작업 할 가능성이 있다. 대체로 한 장에 하나의 소주제를 다루며 빡빡하다는 인상을 주지 않는 것이 좋으므로 널찍하게 만든다 하여 널찍 보고서라 말한다. 내용 구성의 순서는 목적에 따라 달라지긴 하지만 보고 받는 사람이 궁금해 하는 내용을 앞쪽에 위치시키는 두괄식이 선호된다.

··· 설명 자료

발표자료형(널찍 보고서형) 설명자료 사례

설명 자료의 경우 상대방을 설득하려는 것이 아니라 친절하고 자세한 안내와 '이해되도록 하는 것'이 주된 목적이므로 보고 읽기 쉽도록 시선이 자연스럽게 움직이면서 꼭 필요한 정보를 파악할 수 있게 구성하는 것이 기본이다. 각종 설명회 자료나 행사 진행 안내 발표자료 등이 해당된다.

··· 데이터 중심 자료

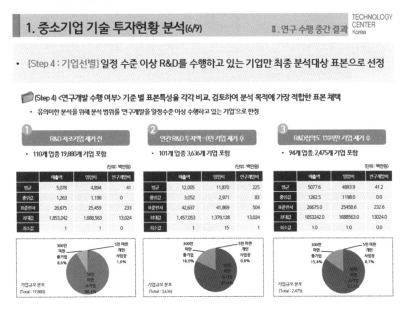

발표자료형(널찍 보고서형) 데이터 중심 자료 사례

데이터 중심 자료인데 널찍하게 만들어야 하는 경우는 각 데이터에 관심이 많은 이들에게 발표하는 자료 작성이다. 해당 데이터들에 대해 사전 지식이 있는 사람들이나 기업 기관을 위해 만드는 경우가 대부분이므로 보고 읽는 것을 쉽게 하는 노력보다 데이터값들이 명확히 잘 표현되는 데에 중점을 두도록 한다. 어떤 종류의 도표 어떤 종류의 그래프를 활용하는 것이 효과적인지 많은 고민을 해야 한다. 학회 학술세미나 발표자료나 연구과제 중간보고 발표자료 등이 해당된다.

··· 결과보고 자료

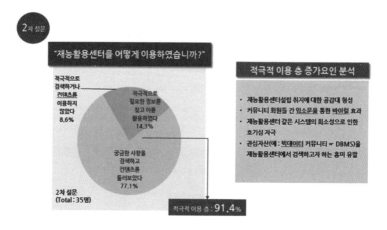

발표자료형(널찍 보고서형) 결과보고 자료 사례

결과보고 자료의 경우 보고 받는 사람 또는 기관이 초점을 두고 있는 궁금한 사항, 관심 사항을 포함하게 된다. 그런 내용들이 얼마나 드라마틱하게 눈에 잘 띄게 적절한 선·후행 관계 속에 등장하는가가 중요하다. 발표 시간이 아주 짧은 경우도 있고 1시간 이상 되는 경우도 있겠지만 한 장에 하나의 소주제 보고 내용만 포함되도록 하여 보고를 받는 입장에서 혼란스럽거나 복잡하게 여기지 않도록 해야 한다.

보통 주된 결론을 앞부분에 부가적인 결론을 뒷부분에 배치하고 질의, 응답에 방해가 되는 쓸데없는 논란거리가 포함되지 않도록 주의한다. 정기보고회 자료나 연구과제 최종보고 발표자료가 이에 해당된다.

··· 기획안(설득) 자료

III. 사업화 전략 (Scale-up)

3. 사업화 계획 (5/7)

▪ 재능 자산 공급, 운영 인력, 충전 인프라, 오프라인 거점, 빅데이터 분석 그룹 등의
   파트너십을 구성하여 중장기적으로 최적의 비즈니스 체계를 갖출 계획

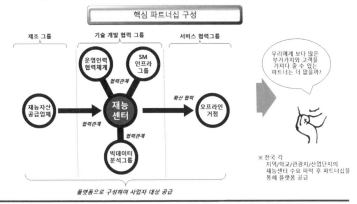

발표자료형(널찍 보고서형) 기획안(설득) 자료 사례

기획안(설득) 자료의 경우는 설명하는 자료가 아니라 설득하는 자료이므로 철저히 설득 대상이 선호하는 스타일에 맞게 스토리라인을 구성해야 하며, '널찍'의 정도 역시 설득 대상의 기호에 맞추어야 한다. 연배가 꽤 높으신 대표이사님 앞에서 발표하는 기획안의 경우 큼직한 폰트를 쓰고 여백도 충분히 남기고 평소 강조하시는 내용 중심으로 구성할 필요가 있다. 투자유치 발표자료도 투자사별로 시기에 따라 선호하는 포인트가 다르므로 최근 중요하게 보는 것이 무엇인지를 파악하여

그 내용이 잘 전달되도록 구성해야 한다. 대부분의 기획안(설득) 자료를 널찍하게 만들어야 하는 경우는 듣는 이들이 그 내용에 대해 잘 아는 경우들이다. 불필요하고 분량만 늘리는 내용들은 과감하게 별첨으로 배치하든지 삭제하도록 하자. 기획안 보고자료, 제안발표자료, 투자유치 설명회 자료 등이 해당된다.

촘촘 보고서형

보고서의 형식 중 촘촘 보고서형은 발표용이 아닌 결과물 제출에 맞게 작성된 보고서를 의미한다. 발표를 해야 하는 경우 이 내용을 토대로 발표자료를 따로 만들어야 한다. 중요한 내용 위주로 작성하는 것이 아니라 사전에 계약된 또는 합의된 내용들이 모두 담겨 있는지가 중요하고 전체적인 흐름에는 해당 보고서가 만들어진 이유와 행정적인 절차도 모두 포함되어야 한다.

분량에 제약이 있는 경우가 거의 없어 20~30페이지 정도의 얇은 보고서부터 수백 페이지에 이르는 두꺼운 보고서까지 다양하다. 여러 차례 수정 작업을 거쳐 최종적인 보고서를 완성하면 재작업 하는 경우가 많지 않다. 대체로 한 장에 여러 소주제가 등장하기도 하며 널찍하지 않고 촘촘하게 작성하므로 촘촘 보고서라 불리기도 한다. 빡빡한 내용들이 계속 이어지기 때문에 보고서를 보는 사람이 내용 파악을 잘 할 수 있게 하는 노테이션[12]이 중요하다.

---

12 노테이션 : 특수한 문자 부호등에 의한 표시법 기수법.

··· 설명 자료

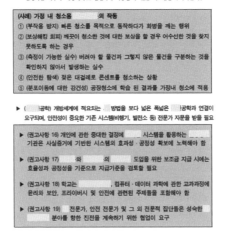

촘촘 보고서형 설명 자료 사례

　촘촘 보고서 형태인 설명 자료의 경우 발표자료가 아니므로 빽빽하지 않은 구성, 발표자 성향에 따른 수정 과정 고려 등의 제약 사항은 없다. 하지만 읽는 사람이 자신이 원하는 설명을 빨리 찾을 수 있고 사실에 근거한 여러 내용들을 용이하게 구분하면서 읽을 수 있도록 내용의 깊이에 따라 일관된 노테이션을 사용하는 것이 좋고 설명 내용의 전달을 힘들게 하는 아주 작은 폰트를 사용하거나 도표나 그래프, 삽화 없이 장문의 글로만 구성하여 지루함을 주지 않도록 유의해야 한다. 어쩔 수 없이 글을 많이 써야 한다면 중요한 부분을 박스 안에 넣는 형태나 구분이 명확한 패러그래프마다 한 줄 스페이스를 띄우는 등의 시도를 해보면 좋다. 각종 논문이나 동향보고서 가이드북 등이 해당된다.

··· 데이터 중심 자료

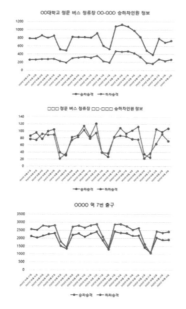

촘촘 보고서형 데이터 중심 자료 사례

데이터 중심 자료를 촘촘하게 만드는 경우는 각 데이터에 관심이 많은 이들이 스스로 중요 데이터를 확인할 수 있도록 각 데이터의 제목과 그 데이터의 값들이 명확히 잘 표현되도록 해야 한다. 어떤 도표나 그래프를 활용하는 것이 효과적인지 등 시각적 전달 방식에 많은 고민을 해야 한다. 연구과제 중간보고서 건강검진 결과서 등이 해당된다.

··· 결과보고 자료

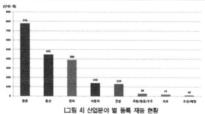

나. 분석결과

□ **[재능등록현황]** 산업분야 별 재능 등록현황

   o 적용 산업 도메인에 따라 분류된 재능활용센터 재능은 총 1,937개 이며 이 중 사무자동화, 산업자동화 등에 776개로 가장 높은 비중을 차지(40.1%)

     * 실제 센터 분류 기준에는 '사무자동화' 및 '산업자동화' 별개의 항목으로 구분되어 있으나 본 연구에서는 커뮤니티 현황 분석과의 연결성을 위해 이들을 통합하여 '범용' 분야로 재분류

   o 단일 산업분야로는 '통신' 산업에 해당하는 '통신기기'가 23.0%로 가장 높은 비중을 차지했으며 '전자' 산업에 해당하는 '가전제품'이 20.0%로 그 뒤를 이음

[표 4] 산업분야 별 등록 재능 현황

산업분야		등록 재능 수 (건)	비중 (%)
범용	산업자동화	344	17.8%
	사무자동화	432	22.3%
통신		445	23.0%
전자		388	20.0%
자동차		140	7.2%
건설		129	6.7%
국방/항공/우주		28	1.4%
의료		21	1.1%
조선/해양		10	0.5%
총합계		1,937	100.0%

[그림 4] 산업분야 별 등록 재능 현황

촘촘 보고서형 결과보고 자료 사례

    촘촘 보고서 형태의 결과보고 자료는 발표 시간에 대한 제약 질의/응답을 고려한 구성 등을 신경 쓰지 않아도 된다. 무엇보다 결과보고 자료이기 때문에 결과가 도출되기까지의 과정과 각종 전제, 방법론

(methodology), 근거데이터 등이 흐름에 맞게 구성되어야 한다. 데이터 중심 자료와 마찬가지로 읽는 사람 입장에서의 시각적 전달이 중요하다. 각종 연구과제의 최종보고서 보험설계서 등이 이에 해당한다.

··· 기획안(설득) 자료

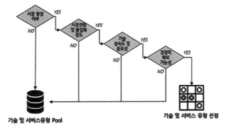

촘촘 보고서형 기획안(설득) 자료 사례

기획안(설득) 자료인데 촘촘하게 만드는 경우는 발표자료의 부연 설명과 같다고 생각하자. 설득하는 자료이므로 철저히 설득 대상이 선호하는 스타일에 맞게 스토리라인을 구성하고 발표자료에 담지 못한 내용을 포함한다. 예를 들어 발표자료에는 '이렇게 만들겠다.'라는 향후 이미지 내용을 담았다면 촘촘 자료에는 어떤 과정을 거쳐 그런 것을 만들 것이라는 내용까지 포함하는 것이다. 특히 제안서의 경우는 평가위원들이 충분한 시간을 가지고 읽어볼 수 없으므로 글보다는 도표나 삽화를 적극적으로 이용하는 것이 좋다. 평가하는 기준에 맞춘 표현과 흐름이 중요하다. 제안발표자료 본문, 정책기획보고서 등이 해당된다.

회의록형

··· 설명자료

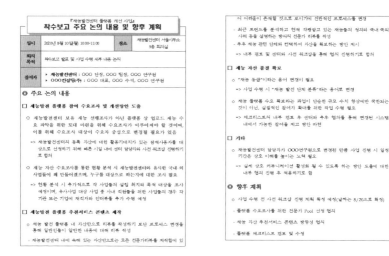

회의록형 설명자료 사례

회의록 형태인 설명 자료의 경우 어떤 논의가 진행되었는지를 보고한다는 개념이기보다 '우리가 이런 논의를 하였으니 나중에 딴말하기 없기.'라는 것을 공유하는 것이 주된 목적이므로 정확한 일시와 장소 그리고 회의 목적과 참석자들을 명확히 표시해야 한다. 또한 주요 논의 내용에 '무엇을 어떻게 결정했는지, 향후에 어떻게 하기로 했는지' 등을 상세히 기록한다. 특히 해야 할 일 관련 내용에는 누가 할 것인지와 함께 역할과 책임을 분명히 나타낸다. 향후 계획 내용도 마지막에 포함시켜 단기 중기적으로 함께 해야 하는 일이나 다음 회의 일정이 공유되도록 한다. 이 내용은 완성 후 관련자들에게 공유되므로 오류가 있는 내용을 사실처럼 표현한다든지 하는 일이 없도록 주의해야 한다.

··· 결과보고

| | | 일시 | 2020.08.11 |
플랫폼 2단계 시스템 구축 업체 선정 결과 보고
| 보고 | 경영기획부 |
| 작성 | 시스템2팀 |

지난 8월 6일, 본사 3층 대회의실에서 진행된 2단계 시스템 구축 업체 선정 평가회의 결과를 정리하여 보고 드립니다.

1 참석 평가위원

김깔끔 교수 (OO대학교), 박정직 소장(OO연구소), 나재능 부장(OOO(주)), 이상 외부 위원
명석해 차장(시스템1팀), 최고뇌 과장(시스템2팀), 진지해 과장(경영기획팀), 이상 사내 위원

2 계량 평가 결과

시스템	연번	제안사	총점	계량평가	가감점수	결과	비고
서버2	1	A.OOOO	87	88	-1	2순위	서버1구축업체
	2	B.OOOO	78	75	+3	3순위	
	3	C.OOOO	67	70	-3	탈락	조건불충족
	4	D.OOOO	93	91	+2	우선협상대상	

시스템	연번	제안사	총점	계량평가	가감점수	결과	비고
데이터시각화1	1	일OOO	91	90	+1	우선협상대상	
	2	이OOO	73	75	-2	탈락	조건불충족
	3	삼OOO	84	85	-1	2순위	

3 향후 일정

○ 우선 협상대상자 통보 (경영기획부)   : 2020.08.13
○ 타당성 검증 및 기술 협상 (시스템2팀)   : 2020.08.14
○ 기술협상 내용 수용 확정 (우선협상대상자)   : 2020.08.16(예정)
○ 구축 킥오프 (사내 TF 주관)   : 2020.08.20(예정)

회의록형 결과보고 사례

회의록 형태의 결과보고 자료는 회의라는 형식을 통해 중요한 판단을 내리거나 의사결정을 이루는 중요한 단계가 진행되었을 때 주로 작성하는 형식으로 그 회의에 조직 외부 전문가도 참여하는 경우가 많다. 때문에 참석자를 정확히 표시하는 것이 중요하며 평가 결과 등을 포함시킬 경우 수치가 틀리지 않도록 가능한 한 시스템(평가 시스템 등)과 연동하여 작성하는 것이 좋다. 또한 회의록의 결과를 통해 향후에 어떻게 진행할지를 마지막 부분에 기술하여 결과보고를 받는 위치의 사람이 앞으로 일어날 일들을 예측할 수 있게 해야 한다.

이렇듯 보고서 형식에 따라 그리고 내용 구성의 목적에 따라 구분되는 모습들을 인지하여 자신에게 부여된 보고서 작성 업무가 어떤 스타일로 작업 되어야 하는지 충분히 고민하고 시작하도록 하자.

결정된 모습은 지시자와 간단한 상의를 거칠 필요가 있는데 이는 다음 절의 마컵(Mock-up) 부분에서 또 다루도록 한다.

▌혼자 하는 것이 아닌 보고서 구성

보고서 구성의 기본

보고서를 어떤 형태로 만들 것인지가 결정되었으면 보고서의 구성을 어떻게 할지를 고민하는 단계로 넘어간다. 앞 절의 '보고서 작성 전에 파악해야 할 것들'을 충분히 알아보았다면 보고서의 구성 단계는 그리 어렵지 않게 수행할 수 있다. 다만 작업을 다 하기 전에 기본 골격을 먼저 잡고 한 번 보고서 작업 지시자와 최종 산출물이 어떻게 만들어질지에 대해 의견을 교환해야 한다.

우선 기본적인 보고서의 구성에 대해 먼저 이야기해보자.

상황에 따라 보고서 구성을 고민할 것도 없이 '한 페이지로 하라.'는 지시를 받는 경우가 있다. 단순한 성과 보고와 같은 것은 표지도 목차도 없이 작성하면 된다. 그러나 이 한 장의 보고서에도 흐름은 있다. 맨 위에는 큰 제목과 날짜, 보고 조직명 등이 있어야 할 것이고 그 아래에 위치할 데이터 혹은 도표나 그래프의 제목과 내용이 있어야 할 것이다. 맨 밑에 위의 내용들이 의미하는 시사점이나 문제 여부 정도의 멘트를 넣으면 끝이다.

분량이 좀 되는 보고서들도 큰 틀에서는 한 장짜리 보고서의 구성과 크게 다르지 않다. 보고 받는 사람의 가려운 곳을 긁어주는 느낌으로 쏙쏙 잘 이해하도록 만들면 된다. 꼭 기억할 것은 잘 만든 보고서란 최고의 논리 전문가한테 검증받은 보고서가 아니라 보고서 작업 지시자가 '음 오케이 수고했어.'라고 반응하는 보고서이다.

몇몇 책에서 보고서에 첫 장부터 바로 결론을 위치시키라는 주장을 본 적이 있다. 하지만 이는 발표자료형(널찍 보고서형)이냐 촘촘 보고서형이냐에 따라 다르고 어떤 형태의 자료인가에 따라 또 다르다. 그리고 보고를 받는 사람이 해당 분야를 잘 모르는 새로 부임하신 임원이라든지 하는 경우엔 말이 달라진다. 결론적으로, '보고 받을 사람 중심으로 생각하여 구성한다.'가 정답이며, 아래에 전개되는 보고서 형태에 따른 구성의 변화 내용은 참고용이며, 상황과 여건에 따라 최적의 구성을 고민하여 적용시켜야 한다고 생각하자.

보고서 형태에 따른 구성의 변화

··· 발표자료형 (널찍 보고서형) – 설명 자료

청중을 생각하고 그 내용을 구성해야 한다. 물론 여기서 '청중'이라 함은 발표 자리에 있는 사람 중 가장 영향력이 있는 사람, 의사결정권이 있는 사람이면서 보고서 작성 지시자를 의미한다. 그런 사람(들)은 이 보고서의 배경과 관련 지식을 많이 알고 있는데 '기-승-전-결'에서의 '기'를 5~6장씩 구성하여 5분 이상 발표를 한다는 것은 결론을 전달하기도 전에 짜증을 유발하는 것이 된다. '짧은 기-결-전-결'로 가자. '승'도 필요 없다. 직장생활에서 보고를 받는 사람들은 소설책을 읽어주기 바라는 사람들이 아니다. 그들은 바쁘고 바로 다음 보고를 기다리고 있을지 모르며 '결'마저도 이미 알고 있을지 모른다. 따라서 보고서 작성의 배경에 해당하는 '기' 부분을 보고서 작업 지시자의 수준, 포지션, 최근의 관심사에 맞게 최대한 짧게 배치하고 핵심 결과 또는 결론을 바로 위치시키는 구성방법을 택하자. 핵심 결과가 아닌 결과들은 약간의 '전'에 해당하는 부가 설명 후 위치시키면 된다. 대부분의 경우에 '기' 부분을 짧게 만들어서 포함시키면 보고서 작업 지시자로 하여금 '음 잘 이해하고 만들었군.'이라는 초기 만족과 기대를 갖게 하는 효과가 있으므로 필자는 짧게라도 구성하라는 의견을 제안한다.

⋯ 발표자료형 (널찍 보고서형) – 데이터 중심 자료

발표자료형 설명 자료와 비슷하다. '기-결-전-결'로 구성한다. '기'의 분량과 깊이는 데이터 중심 자료 작성 지시자가 어느 정도를 원하는지에 따라 다르게 만든다.

⋯ 발표자료형 (널찍 보고서형) – 결과보고 자료

가장 어려운 문제 중 하나이다. 일반적으로 정기적인 보고회 자료이거나 연구과제와 같은 프로젝트들의 최종보고 발표자료가 이에 해당하므로 청중의 관심사나 수준도 생각해야 하지만, 격식과 행정적인 측면도 간과할 수 없다. 이런 경우일수록 '보고서 작성 전에 파악해야 할 것들'이 중요해진다. 최대한 사전에 최대한 많은 정보를 확보하여 청중과 의사결정권자의 입장을 반영하도록 한다. 너무 어렵다면 배경 작성 직후 바로 핵심적인 결과를 보여주고 다시 승-전 단계를 거친 후, 자세한 결과와 결론을 다시 보여주는 '기-결-승-전-결'의 구성을 시도해보자. 대부분의 경우에 널리 쓰일 수 있다.

⋯ 발표자료형 (널찍 보고서형) – 기획안(설득) 자료

기-승-전-결로 설명하기 쉽지 않은 특성이 있다. 전술한 바와 같이 철저히 설득 대상이 선호하는 스타일에 맞게 스토리라인을 구성해야 하는데, 청중이 내용을 잘 아는 경우에는 '기-승-전'을 과감히 생략하고 '결-결-결-결'로만 구성할 수도 있다. 또 설득을 위해 '기-전-결-

기-전-결-기-전-결'과 같은 구성을 택할 수도 있다. 요컨대 설득에 가장 용이한 스토리라인에 따라 구성하면 된다는 것이고 각 자료의 목적에 맞는 필수 구성요소들이 빠지지 않도록 주의하자. 예를 들어, 투자유치 발표자료에는 수익모델, 경영현황, 구성원 특성 등이 빠지면 안 되고 제안서엔 차별화 요소 제안사 특장점, 투입 인원 정보 등이 빠지면 안 될 주요 요소이다.

⋯ 촘촘 보고서형 – 설명 자료

발표자가 발표하는 형식으로 만드는 것이 아니기에 군이 핵심적인 결론의 위치를 앞으로 가져가지 않아도 된다. 보고서의 배경부터 시작하여 작업의 절차도 충실히 표현하고 핵심 결과 결론에 이르는 스토리라인도 탄탄하게 가져가는 것이 좋다. 그야말로 '기-승-전-결'이다. 다만 결과가 궁금한 보고서 작성 지시자가 어디에 어떤 데이터가 있는지 한눈에 알아볼 수 있도록 목차와 각 부분의 노테이션에 신경을 써야 한다. 사람에 따라 곧바로 '결'만 찾아볼 수 있게 하면 되는 것이다.

⋯ 촘촘 보고서형 – 데이터 중심 자료

설명 자료처럼 보고서 배경 작업의 절차, 핵심, 결과 결론에 이르는 스토리라인 등을 탄탄하게 가져갈 필요는 없다. '기-승-결-전-결-전-결.'식으로 구성하면 된다. 결과들이 궁금한 보고서 작성 지시자가 어디에 어떤 데이터가 있는지 한눈에 알아볼 수 있도록 목차와 각 부분의 노테이션에 신경을 많이 써야 하는 것은 동일하다.

⋯ 촘촘 보고서형 – 결과보고 자료

발표의 용도가 아니므로 군이 핵심적인 결론의 위치를 옮기지 않아

도 된다. 설명 자료와 같이 보고서의 배경부터 시작하여 작업의 절차
도 충실히 표현하고 핵심 결론에 이르는 스토리라인도 탄탄하게 가져
간다. 전형적인'기-승-전-결'로 구성하고 각 부분의 노테이션에 집중
하여 특정한 내용을 찾는 사람들의 불만이 없도록 하자.

··· 촘촘 보고서형 – 기획안(설득) 자료

기-승-전 내용이 필요한 경우가 많다. '결'에 해당하는 내용을 전체
적인 맥락을 이해하고 만들었는가에 대한 답을 요구받을 수 있기 때문
이다. 또한 각 자료의 목적에 맞는 필수 구성 요소들이 빠지지 않도록
주의해야 한다. 같은 내용의 발표자료보다 상세한 내용들이 담긴다.

··· 회의록형

설명 자료 이거나 결과 보고자료 이거나 일시, 장소, 회의 목적, 참
석자, 주요 논의내용, 향후 계획 등이 구성의 순서라 할 수 있다.

이처럼 자신이 보고서 작성 지시를 받았을 때 사전에 파악한 내용을
중심으로 보고서 형태를 결정하고 위에서 설명한 여러 종류의 보고서
내용 구성 방법 중 하나를 선택해서 보고서 작업을 해야 하나, 자신이
혼자서 이런 결정을 한다고 생각하면 안 된다. 이 단계에서 결정한 사
항들을 보고서 작업 지시자가 모르는 상태에서 세부 내용 작성에 돌입
하면 고생은 고생대로 했는데 며칠, 심하게는 몇 주일 후 "내가 이야기
한 건 이런 구성이 아니었는데…"와 같은 힘 빠지는 검토 결과를 들을
수 있다. 보고서 내용 구성 방안을 결정했다면 마컵(Mock-up) 형태로
초기에 정리하도록 한다.

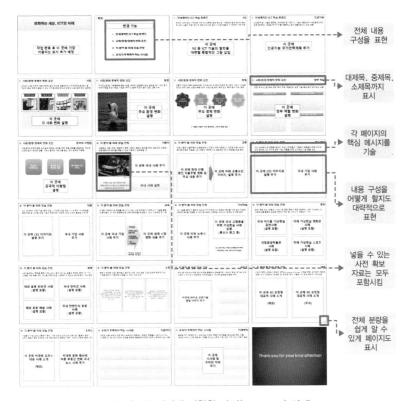

1차 검토를 받기에 적합한 마컵(Mock-up) 사례

마컵에 포함되는 내용은 제목, 목차, 각 목차에 해당하는 내용들과 각 페이지의 핵심 메시지들이다. 이때 내용은 모든 내용을 포함시키는 것이 아니라 '이러 이러한 내용을 집어넣을 것이다.' 정도면 된다. 물론 마컵 작업을 하다가 획득하는 정보들과 빠른 시간 안에 만들 수 있는 도표 이미지들은 모두 포함시키도록 한다.

앞서 언급한 것과 같이 보고서 관련 미팅 후, 빠른 시간 내에 마컵을 완성하여 보고서 작업 지시자와 협의해야 한다. 지시자가 마컵 내용을 보고 '그렇지, 이렇게 만들면 되겠네.' 정도의 멘트를 했다고 한다면 적어도 보고 당일 보고서의 내용 구성에 대해서는 깨지지 않을 수 있다. 물론 합리적인 지시자의 경우에 한해서지만.

만약 보고서 작업 지시자가 대표이사와 같이 만나기도 힘들고 이런저런 확인을 해 주기 힘든 위치의 사람이라면 그 지시자와 최근에 작업을 한 사람 또는 지시자와 자신 사이의 임원이나 직속 리더에게 도움을 청하도록 하자. 큰 도움이 되지 않는 것이 보통이지만 자신이 모르고 있는 과거의 여러 역사적 사건들을 알려줌으로써 마컵대로 작업해도 될지에 대한 힌트는 얻을 수 있을 것이다.

이렇게 작업을 여러 번 하다 보면 당신의 재능을 보고서를 통해 발휘하고 발전시켜 나가는 일이 힘들게만 느껴지지는 않을 것이다. 나아가 보고서 작성 자체가 재능이 될 수도 있다. 혹시라도 부서 내의 모든 보고서 작업이 당신에게 부여되는 상황을 미리 두려워하진 말자. 그 정도로 당신이 보고서 작업에 재능을 갖게 되면 또 다른 길이 열린다.

검토 잘 받는 것도 재능

검토의 횟수와 주체

아주 간단하거나, 본인이 종종 수행하던 보고서 업무가 아닌 이상 보고서 작업 완료 이전에 두 번의 검토를 받아야 한다. 설명한 것과 같이 보고서에 담길 핵심 내용이 무엇인지에 대한 확인용 검토와 마컵 검토이다. 이 두 검토는 모두 최초 지시자에게 받는 것이 가장 좋지만 힘들 경우 그것을 제대로 확인해 줄 수 있는 사람에게 요청해야 한다.

앞에서도 잠깐 언급된 바 있는데 규모가 큰 회사일 경우 대표이사의 보고서 작성 지시가 임원, 팀장을 거쳐 자신에게 전달되는 경우가 있다. 이런 경우엔 누구에게 검토를 받아야 할까? 대부분의 독자들은 이 상황에서 '정답'과 '사회생활 잘 하기' 사이에서 갈등하게 될 것이다. 대표이사님의 보고서 작성 지시를 최근에 직접 수행한 ○○○ 상무님께 검토를 받고 싶은데 바로 위 팀장이 그렇게 해도 된다는 멘트를 주지 않는 상황이나 자신을 거쳐야 한다는 눈치를 준다면 조금 힘들어도 그렇게 하는 것이 좋다. 다만 능동적으로 다음과 같은 의견을 제시하면 된다. "팀장님 먼저 팀장님께서 검토해주신 내용 반영해서 ○○○ 상무님께 시간 좀 내어 주십시오.라고 부탁드린 후 팀장님과 올라가서 리뷰 한 번 하는 것으로 진행하면 되겠지요?"

검토자 맞춤형 검토 준비

검토의 순서가 결정되면 검토하는 사람이 주로 체크하는 것은 무엇인지, 검토자의 스타일과 관심사는 무엇인지 철저히 분석해야 한다. '내가 팀장님이라면 이 문서에 대해 아마…' 이런 고민을 하지 않고 검토의 자리에 앉는 건 자신의 재능을 발휘해 보기도 전에 '기본적인 것도 체크하지 않는 직원'이라는 낙인이 찍힐 수 있는 위험을 감수하는 것이다. 또한, 회사 전체적인 최근의 트렌드, 요즈음 집중적으로 중요시되는 사안들을 체크한다. 팀장, 임원, 부사장, 대표이사 등이 보고서를 검토할 때 엄청 '깬' 사안들을 확인하는 것도 필수이다. 군이 조사할 필요 없이 직장 내에서 전설처럼 흘러 내려오는 이야기에 귀 기울이면 된다.

검토 전 리뷰

이렇게 어떤 시각으로 검토를 할지가 어느 정도 정해지면 자신이 자신의 작업 결과를 처음부터 끝까지 살펴보아야 한다. 보고서가 발표자료형이라면 발표자가 누구인지도 고려해서 그의 입장으로 살피자.

먼저 전체적인 구성 관점의 큰 틀에서 잘못된 부분은 없는지 확인하고 다음으로 세세한 부분들을 확인하자. 다음 절의 '실수'들을 자신이 범하지는 않았는지도 꼼꼼히 체크한다. 의외로 이 '자신의 작업에 대한 자신의 검토'를 잘하지 못하는 이들이 많다. 작업 완료와 동시에 누군가에게 검토를 받으려 하는 조급함이 원인이기도 한데 반드시 시간을 내어 스스로 검토를 해야 한다. 노트북이나 PC 모니터로 검토하기보다 실제로 보고 받을 사람 앞에 놓이는 하드카피 형태로 출력하여 꼭 지시자의 관점으로 살피길 바란다. '빨간 줄'은 자신이 먼저 하는 것이다.

유사한 경험이 많은 선배에게 한 번 퀵 리뷰를 받는 것도 좋다. 열마디 중 두세 마디는 영양가 있는 조언을 들을 수 있다고 생각하자.

흔히들 하는 실수라고 나까지 그래서야

많은 사람들이 잘 믿지 않는 이야기지만 보고서를 많이 검토하고 보고서 발표를 많이 접하는 위치에 오래 있었던 사람들은 제목이 있는 첫 장을 보는 순간부터 빠른 시간 안에 여러 실수를 발견하게 된다. 하다못해 촘촘 보고서형 자료의 어느 한 페이지를 펼치자마자 몇 초 안에 오탈자를 몇 개씩이나 발견하는 경우도 있다. 내용이 중요하지 그런 사소한 실수가 뭐가 중요하냐고 말하는 사람도 있겠지만 보고서 작업에 있어서 실수란 보는 사람으로 하여금 보고서 작업자(들)의 성실함과 성의 여부, 이 작업에 대한 이해도 정도와 같은 보고서 내용의 품질 판단에 영향을 끼친다. 그렇기에 끝까지 신경을 써야 한다. 자신의 재능을 발휘하는 순간, 사소한 실수들 때문에 그 재능이 펼쳐지지 못한다면 얼마나 아쉬운 일이겠는가. 아래의 '실수가 잦은 내용들'을 찬찬히 읽어 동일한 실수를 하지 않도록 주의하자.

제목에서의 실수

보고서 작업 지시를 내린 사람은 그 사안에 대해 누구보다도 관심이 많을 것이다. 그런데 그 결과물의 제목이 자신이 지시한 내용과 핀트가 맞지 않다면? 어떤 심리상태가 될까. 적어도 기대감이나 흐뭇한 마음으로 그다음 페이지를 기다리게 되진 않을 것이다.

(사장) "이 문제의 심각성을 일주일째 논의했으니 이제 대책을 세워 봅시다. 이 상무 당신이 한 번 대책을 세워 봐. 다음 주 화요일 경영 회의에서 발표하는 걸로 일정을 잡아."

- 그 날 오후 -

(이 상무) "박 팀장, 사장님이 이 문제의 대책을 원하시네. 다음 주 화요일에 내가 발표해야 하니 월요일 오전까지 나한테 초안을 보내시게."

- 그다음 날 아침 -

(박 팀장) "최 과장, 이 상무님께서 사장님께 보고할 자료를 만들어줘야겠어. 이 문제에 대해 보고드릴 수 있도록 준비해보세."

최 과장은 이 책을 읽은 적이 없어서 '보고서 작성 전에 파악해야 할 것들'이나 '두 가지 사전 검토'도 생각지 못했다. 그리고 박 팀장이 외근으로 바빠서 이 상무님한테 바로 가지고 갔고 이 상무는 첫 장 제목을 본 순간 사장님의 불호령을 떠올렸다. '안 봐도 비디오'였다.

(이 상무의 상상) (사장) "제목이 'OOO 문제의 심각성?????' 아니 분명히 대책을 만들라고 내가 몇 번을 이야기했나? 이 문제의 심각성은 내가 논문을 쓸 정도로 잘 안다니까!"

다행히 이 상무의 검토를 통해 수정되긴 했지만, 최 과장은 내용 중 마지막 부분에 담았던 대책들이 논의되기도 전에 사장님의 불호령에 맞닥뜨릴 수도 있었던 보고서를 만든 것이었다. 그렇다. 제목 설정에서 실수는 전체 보고서 내용을 다 전달하기 전에 좋지 않은 선입견을 만들 가능성이 크다. 보고서 작성 지시를 내릴 정도의 사람이라면 그 사안에 대해 고민이 많다는 이야기이므로 정말 그 사람이 바라는 것이 무엇인지 확실히 파악하여 제목을 만들도록 해야 한다. 대체로 보고서 작업을 지시할 때의 키워드가 들어가는 것이 좋다. 다 아시겠지만 위 사례의 키워드는 '문제'가 아니라 '대책'이었다.

시각적인 실수

보고자료를 보는 순간 한숨이 나오게 하는 실수를 해서는 안 된다. 특히 발표자료의 경우 내용이 너무 빼곡히 들어차 있다든지, 글씨 폰트가 너무 작다든지, 원래 사용했던 폰트가 아닌 기본 폰트로 인쇄/디스플레이 된다든지, 글이 도형에서 벗어나고 한 줄이었던 내용들이 두 줄이 된다든지 하는 사태를 주의하자. 자료 배포를 해야 하는 경우는 1부를 먼저 인쇄하여 그 상태를 꼭 확인하고 발표자료는 발표 장소의 PC에서 미리 띄워 보고 이상 유무를 사전에 반드시 확인해야 한다.

보고서 작업 지시자의 스타일도 중요하다. 발표자료라고 해서 무조건 널찍하게 만든다는 생각보다 지시자가 널찍한 스타일을 평소에 좋아하는지를 파악해야 한다. 또한 보고서 내의 각종 표, 그림 등의 외곽선 맞춤이나 여러 개체의 중간 맞춤도 확실히 챙겨야 하는 요소이다. '미세하게 안 맞는 것뿐인데 이런 것이 뭐가 중요한가.', '내용이 중요하지 않은가.'라고 생각하지 말고 정교하게 맞추도록 하자.

이러한 시각적 실수는 보고서 작업 지시자로 하여금 작업자가 프로페셔널하지 않다는 인식을 갖게 하여 내용에 크게 기대를 하지 않게 만든다. 중간관리자들도 대체로 이런 실수에 대해서는 너그럽지 않다.

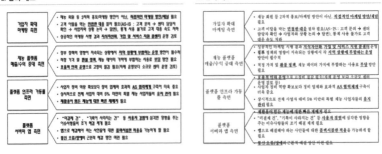

정상적인 자료의 모습과 폰트 문제로 무질서해진 자료

MECE 적용의 실수

보고서에도 MECE(Mutually Exclusive and Collectively Exhaustive) 적용은 필수이다. 즉 중복되지 않고 각각의 합이 전체를 포함할 수 있도록 요소들을 분해하여 나타내려 하는 사고방식을 철저히 적용해야 하는데, 먼저 대제목, 중제목, 소제목 등을 구성할 때부터 이를 적용해야 한다. 다음의 목차에서 이상한 점을 빨리 찾을 수 있는가.

3. 중국요리별 염도 측정 결과

3-1) 면류

3-2) 밥류

3-3) 요리류

3-4) 짜장류

3-5) 기타

독자분들을 무시해서 죄송하지만, 짜장류가 정답이다. 이런 시시한 문제를 왜 내느냐 하면 보고서 작업 지시자는 당신이 만든 구성을 보면 이 정도로 쉽게 MECE가 맞는지 안 맞는지를 판단할 수 있다는 것을 알려 드리기 위함이다. 이러한 MECE는 비단 목차 구성에만 적용되는 것은 아니다. 각 목차 내부의 패러그래프들끼리도 해당 목차를 구성하는 데에 MECE가 되는지를 파악할 필요가 있다. 하지만 너무 MECE에 함몰될 필요는 없다. MECE에는 맞지 않지만 그렇게 구성한 논리가 충분하다면 눈 질끈 감고 넘어가도 괜찮다. 고기류를 소고기, 돼지고기, 닭고기로 나누어도 된다. 여기에 양고기와 오리고기가 들어가건 안 들어가건 전달하려 하는 주장에 문제가 없으면 된다.

데이터 활용의 실수

데이터 관련 실수는 보고서 안에 들어가는 데이터들이 보고서 작업 지시자를 기쁘게 할 자료들일 때 더욱 조심해야 할 실수들이다. 보고서를 기다리는 사람이 정말 원하던 결론이었는데 중간 과정에서 활용한 데이터들이 적합성, 정확성, 신뢰성이 떨어지는 데이터들일 때 얼마나 큰 실망을 하겠는가.

⋯ 적합성

직장생활을 하다 보면, 별로 그렇지 않은 것 같은데 잘 생각해보면 수많은 종류의 데이터들 속에서 업무를 수행하는 나 자신을 보게 된다.

우리 팀의 직원들은 몇 시에 출근하는지, 요즘에는 점점 늦어지고 있는지 빨라지고 있는지 등은 나에겐 큰 의미가 없을지 몰라도 사장님께 '직원들이 출근 시간을 잘 지킬 수 있도록 할 방안'을 마련하라는 지시를 받은 경영지원팀 관계자들에게는 매우 중요한 데이터가 될 것이다. 여기서 '출근'의 의미를 어떻게 해석하는가가 중요한 요소이다. 단지 사무실 안으로만 들어오면 출근으로 보겠다는 시각이라면 사무실 출입카드를 센서에 찍는 시간이 출근 시간에 적합한 데이터가 될 것이고 사무실 안에 들어와서 일을 시작하는 것을 출근으로 정의한다면 사무실 안에 컴퓨터나 개인 장비를 구동시키기 시작하는 시간을 업무의 시작 시간으로 보아 그 시간을 측정하는 방법을 써야 한다. 이처럼 어떤 데이터를 활용하여 보고서 내의 여러 설명이나 주장을 할 것인가는 굉장히 중요한 선택이다.

어떤 데이터라도 그 데이터로 표나 그래프로 만들거나, 절대적인 수치를 기입하려 할 때 자신에게 되묻는 버릇을 만들면 좋다. "이 데이터가 이 주장을 하는데 확실히 적합한 데이터일까?"

… 정확성

데이터의 정확성도 보고 시 자주 입방아에 오르는 화두이다. 앞의 사례에서 출입문의 시계가 정확한 시간보다 5분 늦게 세팅되어 있었다면 어떤 일이 일어날까. 3분 지각한 직원들도 정상 출근한 것으로 기록되는 것이다. 문제는 이런 사실을 보고서 담당 직원이 몰랐을 때 더 일이 커진다. 보고서를 쓰는 사람은 출입 시스템에서 넘겨받은 데이터를 가지고 아무 의심 없이 자료를 작성하였는데 정작 보고를 받는 사람이 회사 출입시스템의 시간 세팅 내용을 알고 있다면 보고 시 다음과 같은 질문을 받는 상황이 발생할 것이다.

"자네, 그 데이터, 출입시스템 시간 세팅 값을 반영한 데이터인가?"

이런 질문에 당황하지 않을 수 없을 것이며 이 하나의 실수 때문에 보고서상의 모든 데이터마다 정확성과 관련된 질문을 받을 수 있게 된다. 데이터 정확성 관련하여서는 달리 묘수가 있지 않다. 확인 또 확인하는 방법뿐이다.

누군가에게 의뢰하여 데이터를 받을 경우에는 그 데이터가 어떻게 취합되고 어떻게 가공되는지 중간 과정에서 정확성에 문제가 되는 경우는 없는지 등을 꼼꼼히 따져봐야 한다. 원천적인 데이터를 한 번 더 가공하여 보고서에 활용할 때에도 이 '정확성'은 주의해야 할 요소이다. 스프레드시트를 사용하여 여러 함수를 적용할 때에도 각 과정의 결괏값을 두세 번 확인할 필요가 있고 동료나 선후배 중 해당 내용을 잘 아는 사람들로부터 사전 검토를 받는 것이 좋다.

… 신뢰성

보고서를 만들기 위해 활용하는 데이터를 모두 신뢰할 수는 없다. 심지어 국가기관에서 관리하는 데이터도 틀리는 경우가 있다.

신뢰성을 높이는 방법은 정확히 출처를 밝히고 그 출처가 최선임을 이야기하는 것이고 차선이라면 왜 최선이 아닌 차선을 선택했는지를 명확히 밝히는 것이다. 특히 마케팅과 관련된 데이터는 그 출처와 유/무료 여부에 따라 신뢰성에 크게 차이가 있는 경우가 많다. 사실대로, 상급자의 지시에 의한 데이터 활용 이력을 그대로 보고하는 것이 옳다.

"유료 데이터인데 예산 부족으로 사지 못했습니다." 그런 말을 해도 된다. 거짓말이 아니고 그 데이터가 있으면 이 보고서 주장이 보다 근거 있게 되고 회사 입장에서도 앞으론 금액을 지불하더라도 이를 활용하여 부가가치를 올릴 수 있는 부서들이 많다면 겁먹지 말고 그런 주장을 해도 되는 것이다. 당신은 보고서를 만들면서 그런 데이터의 필요성을 온 몸으로 느끼게 된 '담당 실무자'이기 때문이다.

이처럼 보고서에 활용되는 데이터들의 출처를 꼭 명시하고 누가 질문하더라도 설명할 수 있도록 데이터의 신뢰성을 사전에 꼼꼼히 살피는 것을 잊지 말도록 하자.

이해 측면의 실수

보고서의 이해란 보고서 작성자의 이해가 아니라 보고 받는 사람의 이해이다. '이렇게 쓰면 보고서 작성을 요구한 사람이 이해할 수 있을까?'라는 생각이 들면 십중팔구 이해를 못 할 가능성이 크다. 그런 우려가 있으면 보고서의 형태 구성과 내용을 반드시 재고해 보아야 한다.

특히 보고서 전체적인 모습이 산만하지 않도록 최대한 간결하게 작성해야 하며 촘촘 보고서형이라고 해서 너무 많은 내용을 담으려는 욕심은 자제해야 한다. 분량이 일정 수준을 넘어서는 경우 보고서의 맨 앞에 전체 프레임웍을 소개하고 그 프레임웍의 순서에 따라 보고서의 목차를 전개해 나가면 보고 받는 사람 입장에서 전체적인 틀을 머리에 넣고 보고서를 보게 되어 이해도 측면에서 도움이 된다.

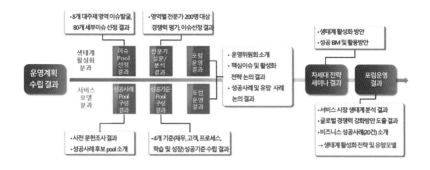

보고서 앞부분에서 전체 구성을 소개하는 프레임웍 사례

　보고 받는 사람의 눈높이에 맞춰 전문용어나 불필요한 외래어 등을 지양하고 꼭 필요한 때는 괄호로 설명을 추가하는 것도 신경 써야 하는 부분이다. 용어를 쉽게 하였음에도 이해가 어려울 것 같은 부분은 적절한 예시나 사례를 제시하는 것도 좋으며, 복잡한 표를 자주 등장시키는 것보다는 그래프나 그림 등으로 이해를 돕는 노력이 필요하다. 무엇보다 좋은 방법은 보고 받는 자와 유사한 배경, 입장, 현재 관심사, 전문지식 수준을 가진 사람에게 파일럿 형태로 결과물을 전달하여 코멘트를 받는 것이다. 보통 자신의 팀장이나 직속 임원이 그런 일을 담당하는데, 배경, 입장, 관심사, 전문지식 수준이 실제 보고 받는 사람과 달라서 큰 도움이 되지 못하는 경우가 있다. 이를 조심해야 한다.

드러내기 실수

　간혹 보고서 내에 작은 결론이 들어가야 할 위치마다 그 결론을 궁금하게 하거나 은근히 정곡을 찌르지 않고 다음 페이지를 기다리게 하거나 하는 '기술'을 쓰는 보고서 작성자들을 본 적이 있다. 보고를 받고

자 하는 사람의 의도 원하는 내용이 분명히 있을 것이기에 이런 방식이 호응을 불러일으키는 경우는 거의 없다. 바로바로 결론을 드러내도록 하자.

'그래서 결론이 뭔데?'라는 반응이 있으면 분위기가 가라앉는다. 아주 큰 성공을 축하하는 보고의 자리이거나 좋은 결과를 모두가 아는데 좀 더 드라마틱하게 발표하는 자리가 아니라면 암시/은유/복선은 금물이다. 그런 자리가 아님에도 암시와 은유, 복선의 방식으로 보고서를 기술하고 마지막 부분에서 결과를 제시했을 때 보고 받는 사람이 "허허 자네 참 재미있는 친구구만." 이런 반응을 보인다면 연락 주시기 바란다. 필자가 밥을 사겠다.

표현의 실수

보고서는 철저히 객관적이고 냉정하게 기술되어야 하지만 이 설명 내용이 어느 곳에 쓰이면 좋겠다는 등의 '알맹이 내용'은 있어야 한다. 모호한 표현이나 그래서 이렇다는 이야기라 정도의 의견조차 없는 내용이어선 안 된다. 반대로 모자란 논리로 쓸데없이 결론을 내리려 해서도 안 된다. '그래서 결론이 뭔데?' 같은 반응이나 '그게 말이 된다고 생각하나?'라는 반응을 유발할 뿐이다. 결론으로 이끄는 결정적인 논리 A가 부족하다면 솔직담백하게 'A만 갖추어지면 ○○○에 도달할 수 있는 상태입니다.'를 결론으로 내세우는 것이 좋다.

불필요한 미사여구나 수식어도 절대 금물이다. '절대로', '극히', '오직', '전혀', '반드시'와 같은 부사의 남용을 자제하고 과장된 표현은 지양하는 것이 좋다. 전문용어와 약어의 표현에 있어서도 보고 받는 사람의 입장에서 친숙하지 않으면 용어 설명과 약어의 풀이를 본문에 혹은 주석으로 포함시키는 센스도 잊지 않도록 하자.

썸띵 뉴? 실수

자주 있는 일은 아니지만 보고를 받길 원하는 사람의 경험과 지식수준이 매우 높거나, 또는 그 사람이 자기 자신을 그렇게 생각하는 사람이라면, 보고서의 초안을 완성하고 자체적인 리뷰를 해 보았을 때 '아이 정도의 내용으로는 새로운 것이 없다는 질책을 받을 것 같은데…'라고 생각될 때가 있다. 슬픈 예감은 틀린 적이 없다고 항상 이런 우려는 현실이 된다. 이런 상황의 보고는 새로운 것이 생길 때까지 보류할 수 있다면 보류하는 것이 좋다.

새로운 것은 없지만 어쩔 수 없이 보고를 해야 한다면 걱정을 희망으로 바꿔 보도록 하자. 먼저, ①새로운 것이 없음을 보고의 앞부분에 분명히 제시한다. ②하지만 새로운 것이 없음이 의미하는 새로운 상황을 정의하자. 예를 들면 안정적이라든지 부정적인 시그널이 없음이라든지. ③그런 '안정적', '부정적인 시그널 없음'의 기간과 이전 이력을 산출 복기해 보자. 여기에 보고 받는 사람의 관심사를 보태면 '본 서비스를 시작하고 이러한 기간의 최장 기록을 깼습니다.', '이런 상황이 ○개월 정도 지속되고 있는데 이런 경우, 이후에 ○○○○ 상황이 발생하는 경우가 있어 대비 태세를 갖추고 있습니다.' 등의 썸띵 뉴를 발견할 수도 있다.

AI의 시대가 되더라도 보고 받는 사람의 판단 기준 데이터가 AI에 입력되지 못한다면 이러한 썸띵 뉴는 AI가 결코 따라 할 수 없는 재능이 될 수 있다.

노테이션 실수

작심하고 보고서 내용을 보겠다는 사람들의 눈에 의외로 내용보다는 노테이션이 잘 보이는 경우가 많다. 기호나 숫자 중 같은 레벨(수준)을 따라 읽다 보면 전체 흐름이 파악되기 때문이다. 예를 들어 로마자 Ⅰ. Ⅱ. Ⅲ. 등을 따라가면 전체 구성이 보이고 Ⅰ.장 하부의 1. 2. 3. 4. 등을 따라 가면 Ⅰ.장 전체의 내용이 보이는 것이다.

당연히 보고서 작성자도 그렇게 작성을 해야 한다. 그런데 1. 2. 다음에 4.가 위치한다든지 1. 2. 3. 4.의 표시는 맞는데 1. 2.의 내용은 너무 방대하고 3.이 2.에 속하는 내용인데 밖으로 나와 독립적인 장으로 만들어져 있다든지 4.가 너무 작은 내용인데 하나의 번호를 차지한다든지 하는 것이 발견되면 보고서 전체의 구성이 마음에 안 들게 되고 이로 인해 해당 보고서에 대한 신뢰가 떨어지는 경우가 발생한다.

위의 내용들을 고려해서 보고서 내용이 길지 않는 경우에는 일반적으로 번호 항목보다는 ㅁ ㅇ - · 등 특수기호를 사용하고 다양한 항목 구분이 필요한 긴 보고서일 경우에는 번호 항목 구분을 사용하도록 하며(Ⅰ. Ⅱ. Ⅲ. Ⅳ⋯ → 1. 2. 3. 4⋯. → 1) 2) 3) 4)⋯ → ① ② ③ ④⋯ → ① ② ③ ④⋯) 보고서 초안 완성 후 자체적인 검토 시 이 노테이션만 따라가는 검토를 꼭 해야 함을 잊지 말자.

발표자료 형식의 경우 페이지를 표시하는 것도 신경을 써야 하는 부분이다. 발표를 듣는 사람은 페이지 숫자를 보면서 전체 분량을 궁금해하기 마련이다. 발표 보고를 받는 사람들은 대부분 바쁜 사람들이기에 '지금 저 부분을 발표하면 끝까지 진행할 경우 어느 정도의 시간이 걸릴까.'라는 궁금증을 가질 수 있다. 3, 4, 5 같은 해당 페이지 숫자만 표시하지 말고 전체 페이지 수를 함께 작게 표시하여(3/25, 4/25, 5/25) 그들을 위한 센스를 발휘하도록 하자.

문법과 맞춤법 실수

마지막으로, 앞에서 이야기한 '보고서 검토를 많이 해 본 사람들의 눈에 저절로 띄는' 문법과 맞춤법 관련 내용이다. 이는 보고서 전체의 신뢰를 떨어뜨리고 작성자나 작성 조직 전체를 향해, '성의가 없다.'는 견해를 갖게 만들 수 있어 매우 주의를 요하는 부분이다. 그런 내용들을 전달하려면 두꺼운 책 한 권으로도 모자라겠지만 우선 직장인과 취준생이 자주 실수하는 내용들을 정리하였으니 이 내용들은 필수적으로 학습하고 다른 여러 방법을 통해 이 이외의 내용도 기회가 될 때마다 참고하도록 하자.

문법 측면에서 참 많이 실수하는 것 중 하나가 주어와 서술어의 일치이다. '학교 다닐 때는 참 잘 했는데'란 말은 소용없다. 학교 다닐 때는 누구나 다 잘했다. 문제는 지금이다. 반복 훈련하도록 하자.

⋯ 주어에 맞는 서술어 표현 쓰기

주어와 서술어를 찾는 훈련부터 해야 한다. 찾은 다음에는 주어에 맞는 서술어 표현이 올바른지 확인할 수 있다. 이 경우는 서술어 표현이 잘못됐다. 바로잡아 보자.

실적이 나쁘게 나온 팀은 영업 기본기 교육을 시켜야 한다.
☞ 실적이 나쁘게 나온 팀은 영업 기본기 교육을 받아야 한다.
전문가들은 코로나 사태로 하반기 경기가 비관적이라는 전망이다.
☞ 전문가들은 코로나 사태로 하반기 경기가 비관적이라고 전망한다.

… 정확한 주어 표현하기
이번엔 주어를 정확한 표현으로 바꾸는 훈련이다.

경영실적의 비율 산정은 영업이익 비중을 높이는 것과 회원 증가율 비중을 높이는 것이 있음.
☞ 정답 경영실적의 비율 산정 방식에는 영업이익 비중을 높이는 것과 회원 증가율 비중을 높이는 것이 있음.

… 목적어와 서술어 일치시키기
목적어 각각에 맞는 서술어를 매칭시켜야 한다.

합격하기 위해선 교재와 인강을 열심히 시청해야 한다.
☞ 합격하기 위해선 교재를 꼼꼼히 읽고 인강을 열심히 시청해야 한다.
우리 회사는 전국 지점망과 상품경쟁력을 제고해야 한다.
☞ 우리 회사는 전국 지점망을 확대하고 상품경쟁력을 제고해야 한다.

⋯ 이해를 방해하는 지나친 생략

지나치게 생략하여 의미 이해를 힘들게 하는 경우이다.

A사와 B사의 가격이 비슷하고 품질 차이가 없다면 구매 품의를 올리겠습니다.

☞ A사와 B사의 가격이 비슷하고 품질 차이가 없다면 A사 보드 부품의 구매 품의를 올리겠습니다.

⋯ 정확한 조사 사용하기

조사를 정확하게 사용하지 않은 실수도 자주 발견된다.

업무를 잘했지만, 발표에는 소질이 없었다.
☞ 업무는 잘했지만, 발표에는 소질이 없었다.
여름휴가를 갈 수 없다는 것은 생각할 수가 없는 일이다.
☞ 여름휴가를 갈 수 없다는 것은 생각할 수조차 없는 일이다.

⋯ 어휘 중복 피하기

다양한 어휘로 중복을 피해야 하는 경우이다.

불황이 장기화되면서 불황을 극복하기 위한 생존 노력이 필사적이다.
☞ 불황이 장기화되면서 이를 극복하기 위한 생존 노력이 필사적이다.
회사의 직원들 입장에서 볼 때 좋은 변화지만 고객 관점에서 볼 때 우려되는 부분은 있다.
☞ 회사의 직원들 입장에서 보면 좋은 변화지만 고객 관점에서 볼 때 우려되는 부분은 있다.

많은 사람들이 실수하는 표현들은 평소에 훈련하고 확인해야 한다. 헷갈릴 때는 인터넷상의 온라인가나다[13] 서비스를 활용하거나, 포털사이트나 유튜브 등으로 꼭 검색하여 올바른 표현을 사용하자.

몇 가지 틀리기 쉬운 사례들을 소개한다. (일부 내용은 국립국어원의 온라인가나다 서비스에서 찾을 수 있는 사례들을 참조하였다)

··· '하므로'와 '함으로'
'하므로', '이므로' : 하기 때문에 이기 때문에라는 뜻(이유, 까닭)
'함으로', '됨으로' : 하는 것으로(써), 된 것으로(써) 란 뜻(수단, 방법)

그는 갑질을 싫어하므로 협력업체 직원들한테 인기가 많다.
그는 위하는 마음이 가득한 상사이므로 후배들에게 존경을 받는다.

그는 열심히 일함으로(써) 감사한 마음을 표현한다.
그는 임원이 됨으로(써) 목표를 달성했다고 생각한다.

··· '안 되다' vs '안되다'
안 되다 : 부정의 뜻인 '아니 되다'
안되다 : '섭섭하거나 가엾어 마음이 언짢다'는 뜻

---

13 국립국어원의 온라인 서비스 어문 규범 어법 표준국어대사전 내용 등에 대하여 문의하는 곳.
https://www.korean.go.kr/front/onlineQna/onlineQnaList.do?mn_id=216

컴퓨터 작동이 안 된다.
A사에게 지급하면 안 됩니다.

젊은 나이에 직장을 잃고 또 다른 직장을 찾는 것을 보니 안됐다.
혼자 보내기가 안돼서 역까지 배웅했다.

… '붙이다' vs '부치다'
붙이다 : 떨어지지 않게 하는 경우와 말을 거는 경우 등에 씀
부치다 : 힘이 못미치다. 편지를 보내다. 의논 대상으로 내놓다 는 뜻

경영 혁신 방안을 밀어 붙여야 하는 상황입니다.
평소에 말을 붙일 동료가 없었다고 합니다.

그 안을 직원투표에 부치는 것은 어떨까요?
기획팀만 대응하기에는 힘이 부치는 것 같습니다.

… '작다' vs '적다'
작다 : '크다'의 반대말로서 물건의 크기에 관련된 말
적다 : '많다'의 반대말로서 수량이나 분량에 관계된 말

우리 회사의 회의실 넓이는 다른 회사에 비해 작다.
올 여름 대체 상품의 시장 크기보다 더 작다.

휴일 수당 지급 방식에 적은 수의 직원들이 찬성했다.
협력회사 중 우리 회사 직원들이 호감을 가지는 회사가 매우 적다.

··· 띄어쓰기

띄어쓰기는 인터넷이나 모바일 검색으로 금방 올바른 표현을 알 수 있는 것인데 이 작은 노력을 하지 않아서 자신과 자신의 조직이 이미지 손상을 당하는 일이 있어서는 안 될 것이다. 많은 사람들이 자주 틀리는 사례들을 모아 보았다.

※ '〜지도'가 시간을 나타내는 의존명사이면 띄어 쓰는 것이 맞고 장소 경우 일 등의 의미를 가진 '〜데는'도 띄어 쓴다.

그를 만난지도 꽤 오래되었다. (×)
그를 만난 지도 꽤 오래되었다. (○)

그녀가 사는데는 여기서 한참 멀다. (×)
그녀가 사는 데는 여기서 한참 멀다. (○)

※ '만큼'이 어미 '-은, -는 -을' 뒤에 쓰여 앞의 내용에 상당하는 수량이나 정도임을 나타내는 말이거나, 뒤에 나오는 내용의 원인이나 근거가 됨을 나타내는 의존명사일 경우 앞말에 띄어 쓴다. 체언이나 조사의 바로 뒤에 붙어 앞말과 비슷한 정도나 한도임을 나타내는 조사로 쓸 경우는 앞말에 붙여 쓴다.

노력한만큼 대가를 얻는다. (×)
노력한 만큼 대가를 얻는다. (○)

나 만큼 할 수 있겠어? (×)
나만큼 할 수 있겠어? (○)

※ '~시'는 시간을 나타내는 의존명사이므로 띄어 쓰고 '밖으로'가 일정 한도를 벗어난다는 의미이면 띄어 쓴다.

위원회가 반대할시 대응방안 필요 (×)
위원회가 반대할 시 대응방안 필요 (○)

이 선밖으로 물러나세요. (×)
이 선 밖으로 물러나세요. (○)

※ 각 단어는 띄어 쓰는 것이 원칙인데 '할'(동사 '하다'), '수'(의존 명사), '있다'(형용사)가 각 단어이므로 '할 수 있다'로 띄어 쓴다. 두 번째 사례는 의존명사 '수'에 '그것 말고는', '그것 이외에는'의 뜻을 나타내는 조사 '밖에'가 이어진 구조이므로 '수밖에'로 붙여 표기한다.

저희 팀이 할 수있는 일이 아닙니다. (×)
저희 팀이 할 수 있는 일이 아닙니다. (○)

추진할 수 밖에 없습니다. (×)
추진할 수밖에 없습니다. (○)

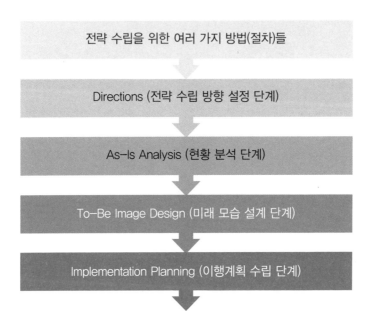

우리는 AI 도입의 주체 역할을 할 '누구'가 되어야 한다. 자신이 속한 조직에서 '선택받은 자가 되기 위해', '재능을 제대로 발휘'하는 사람이 되어야 한다.

아이러니하게도 AI 도입의 주체 역할을 할 수 있을 정도의 재능을 가지고 있는 사람은 경영진에서 찾는 '전략 수립을 맡길 적임자'와 거의 같은 조건을 가진 사람이다. 하지만, 업무적으로 우수한 재능을 가진 대다수 직장인은 전략 수립에 참여하는 것을 아주 어려운 일, 자신과는 큰 상관이 없는 일로 인식하고 있다. 본 장의 전략 수립 스킬을 통해 자신의 재능을 전략 수립 작업에도 발휘해 보는 좋은 기회로 한 걸음 다가설 수 있기를 바란다.

▌전략 수립을 위한 여러 가지 방법(절차)들

전략의 정의

전략의 사전적 의미는 '개인이나 조직의 특정 목표를 달성하기 위해 여러 내·외부 요인을 분석하여 가장 바람직한 미래 모습을 설정한 후, 그것에 도달하기 위해 취해야 하는 효율적인 방법을 구체적인 계획 형태로 만든 것.'

자신의 직장에선 전략 수립 같은 건 하지 않는다고 분명히 이야기하는 사람들이 있다. '전략 수립은 경영진이 하는 일로 알고 직원들은 자기 일 하기에도 정신이 없다.'라고 이야기하는 사람도 있다. 하지만 전략 수립은 컨설턴트와 같은 달인들만 하는 것은 아니다. '매출 개선방안을 만들어봐야겠는데.', '이대로 가다간 우리 본부가 위험해지겠어. 탈출구가 없을까.', '경쟁 회사인 글로벌 업체가 국내 시장에 진입한다고 하네. 우린 어떻게 해야 할까.' 등 질문에 대한 깊이와 범위는 다르겠지만, 답을 찾는 과정을 수행하는 사람들은 모두가 전략을 수립하는 사람들이다.

조직 내에서 자신의 재능을 십분 활용하며 전략 수립까지 잘 하는 사람은 AI 시대가 찾아와도 AI 도입과 적용의 첨병이 될 가능성이 큰 '누구'가 될 수 있다.

전략 수립 방법(절차)

　전략은 어떤 단계로 수립하면 되는 걸까. 컨설팅 회사 등 전략 수립을 전문으로 하는 회사들이 제시하는 전략 수립 방법(절차)들을 보면 다음과 같이 여러 모습을 가지고 있다.

전략 수립을 위한 방법(절차)들

　다양한 종류의 전략 수립 방법이 있는 것 같지만, 보이는 모습은 달라도 자세히 들여다보면 전체적으로 전략 수립의 범위와 원칙들을 설정하고 전략이 필요한 곳 내·외부의 현황을 분석하여 그 결과를 통해 전략 방향을 잡아, 미래 이미지를 설계하고 그 이미지에 도달하기 위한 이행계획을 마련하는 비교적 공통된 흐름임을 알 수 있다.

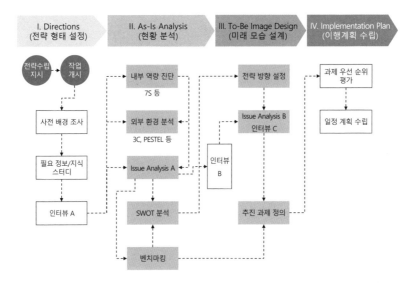

전략 수립의 전형적인 단계들

| Directions (전략 수립 방향 설정 단계)

전략 수립의 성공적인 시작

이 단계는 자신의 회사 경영진, 조직의 리더로부터 '○○○을 위한 전략을 수립해보라!' 또는 '종합적인 개선방안을 만들어봐라.'라는 등의 지시를 받게 되었을 때 가장 먼저 수행해야 하는 단계이다. "네, 알겠습니다."라는 대답을 했지만 단 한 번도 '전략', '발전 방안' 등의 수립을 해보지 않았다면 머릿속이 하얘질 수밖에 없다. 게다가 아직 직급도 높지 않고 직장 경력도 오래되지 않은 경우라면 더욱 당황스럽다. 어떻게 해야 할까. 지시를 받은 상황에서 침착하게 아래와 같은 질문으로 전략 수립의 성공적인 시작을 이끌어볼 수 있다.

조직 리더 : "○○○을 위한 전략을 수립해보라!"
나 : "네, 알겠습니다. 그런데 ○○○을 위한 전략 수립을 지시하신 분과 그 전략 수립의 목적을 여쭤봐도 되겠습니까?"

조직 리더의 답변을 듣고 난 뒤 "말씀하신 전략을 수립하기 위해선, 첫 번째 단계로, 전략 수립을 지시하신 분의 구체적인 의견을 듣는 인터뷰를 진행해야 합니다. 빠른 시간 내에 몇 가지 준비를 하여 다시 찾아뵙도록 하겠습니다."라고 하면 된다. 전략의 모습을 가장 크게 좌우하는 요인은 무엇일까. 문제도 팩트도 환경도 아니다. 그 전략을 원하는 사람의 의중이다. 그래서 전략 수립을 지시하는 사람과의 초기 인터뷰가 매우 중요하다. 전략 수립을 위한 첫 단계로 전략 수립 지시자와의 인터뷰를 위한 준비 과정을 소개한다.

Key Person이 맞는지 체크하기

먼저, 전략 수립을 지시한 사람이 그 전략 수립에 대해 이야기해 줄 수 있는 Key Person이 맞는지를 확인해야 한다. Key Person이라면 인터뷰에 포함되는 각종 질문의 답변을 통해 명확한 작업 방향을 설정할 수 있게 된다. 지시자 입장의 정확한 답변을 해줄 수 없는 사람이라면 전략 수립의 방향이 다른 산으로 가게 된다.

전략 수립을 지시받는 상황을 생각해보자. 지시하는 그도 누군가의 지시에 의해 당신을 부른 것일 수 있다. 직장생활을 하다 보면 의외로 이런 경우가 많다. 물론 전략 수립을 지시하는 사람 면전에서 "당신이 Key Person 맞나요?" 이렇게 질문하는 것은 난감한 상황을 만든다. 이럴 때 인터뷰의 내용 중에 또 다른 Key Person을 소개해 달라는 문항을 만들면 된다. 지시자 주변 사람들을 통해 이 사안이 보다 윗선 또는 다른 누군가의 건의로 시작된 일임을 알았다면 그 사람을 다음 인터뷰 대상자로 하면 어떻겠냐는 언급을 하면 된다.

어떤 배경인지 미리 조사하기

전략 수립 지시의 상황에 대해 지시자 주변에서 아무도 모르고 있는 경우는 거의 없다. 가장 사실에 가까운 정보를 가진 사람을 통해 지시의 배경을 파악하자. 전략 수립 지시를 받을 때 확인한 내용(목적과 범위)과 지시받은 후 파악한 배경을 가지고 Key Person 인터뷰 전에 학습할 필요가 있는 것들이 무엇인지 알 수 있게 된다.

전략 수립 방법 찾아보기 (리서치)

전략 수립의 목적과 범위, 배경을 알게 되면 어떤 전략 수립 방법이 이 건에 최적인지를 정해야 한다. 전략 수립의 목적이 단순한 매출 증대 방안 마련인데 전체 조직의 혁신 방안까지 마련하는 전략 수립 방법을 선택한다든지, 전략 수립의 범위가 전체 회사의 미래 비전수립과 혁신 과제 마련인데 한두 문제만 개선하는 방법을 사용한다면 전략 수립 지시자의 눈높이와 처음부터 상당한 차이가 나게 되는 것이다.

물론 어느 누구도 '어떤 전략 수립 방법을 쓸 것인가?'란 질문을 하지 않을 수 있지만, 반드시 물어볼 것이라 생각하고 왜 그런 방법을 사용하는지 논리적으로 설명할 수 있도록 준비해야 한다. 구글링으로 찾은 여러 전략 수립의 방법들이 교과서라 생각하진 않아도 된다. 전략 수립 방법은 지시한 사람의 의도에 따라 달라질 수 있으며, 여러 방법의 혼합이나, 한 방법의 일부만으로도 만들어질 수 있다. 다만 왜 그런 방법을 설계했는지에 대한 답은 명쾌하게 만들어 놓아야 한다.

필요 정보 지식 스터디

전략 수립의 목적과 범위, 배경, 그리고 적정한 전략 수립 방법을 결정했다면 전략 수립에 필요한 내용 중에 내가 모르는 경영/기술 측면의 지식이 있는지 확인해야 한다. 그런 내용들이 자신의 재능에 보태질 스터디가 필요한 지식과 정보들이다. 범위가 어느 정도 넓은 전략 수립의 경우 혼자 진행하기는 무리이기에 전략 수립을 지시한 사람도 팀 또는 특정한 사람을 지정하여 함께 작업을 지시하는 경우가 많다. 그럴 경우, 그 대상 사람들 모두가 전략 수립의 목적과 범위, 배경, 전략 수립 방법 및 필요한 지식, 정보에 대해 함께 스터디를 해야 한다. 특히 이 단계에선, Key Person과의 인터뷰를 준비해야 하기 때문에 깊은 내용, 오랜 시간이 걸리는 내용보다는 빠른 시간 내에 습득할 수 있는 정보 중심으로 지식을 쌓도록 해야 한다.

필요한 공수 미리 산정하기

전략 수립에 필요한 방법을 스터디하다 보면, 전략 수립 지시자가 원하는 기간보다 더 많은 기간이 필요함을 파악하게 되는 경우가 있다. 지시받은 기한을 지키려면 더 많은 인원이 필요하거나 비용이 수반되는 등의 상황이 예상되는 것이다. 이런 내용을 최대한 정확히 따져보고 인터뷰에서 논의될 수 있도록 하는 것이 필요하다.

인터뷰를 먼저 끝내고 그때 나온 이야기들로 공수를 다시 산정하여 방문한다는 생각은 버리도록 하자. 다시 만나기 쉽지 않을뿐더러 인터뷰를 마치고 돌아갔다가 다시 찾아와 '기간이 짧아요.', '사람이 더 필요해요.' 등을 이야기하는 것은 부정적인 반응으로 비칠 수 있다. 필요한 공수를 미리 산정하고 인터뷰 진행 중에 오고 가는 내용을 즉석에서 반영하여 "그렇다면, ○명의 인원 추가를 통해 말씀하신 기간 내에 완성될 수 있도록 하겠습니다." 정도의 대응을 할 수 있도록 미리 대략적인 공수 산정을 하여 인터뷰에 임하는 편이 좋다.

인터뷰 A

이제 전략을 지시하는 사람의 의중을 파악하고 전략 수립에 필요한 핵심 사전 정보들을 구할 수 있는 인터뷰 A를 본격적으로 준비해보자.(이 책에서는 인터뷰를 그 성격에 따라 A, B, C로 분류하였다. 뒷부분에 자세한 설명이 있다) 전략 수립의 지시자는 대체로 바쁜 사람들이다. 가능한 한 넉넉한 시간을 확보하여 편하게 의견 나눌 수 있는 분위기를 만들어야 한다. 또한, 적어도 하루 전에 질문지를 전달하여 인터뷰 시간에 서로 고민하는 일 없도록 하는 것은 필수이다.

그렇다면 인터뷰 A는 언제쯤 하는 것이 좋을까? 전략 수립 지시를 내린 순간으로부터 일주일 이상의 시간이 지나지 않는 것이 좋다. 지시를 받고 일주일이라면 긴 시간이 아니다. 긴밀하게 움직여야 하며 일주일이라는 시간은 경영진이라면 스케줄상 비어 있는 시간이 없을 수도 있으므로 지시를 받고 나오는 그 순간에 일정을 미리 잡는 것이 좋다. 준비가 미흡할 수 있으므로 지시 후 얼마 되지 않은 시점은 피하자.

다음과 같은 항목들을 인터뷰 A의 내용으로 제안할 수 있다.

- ∨ 이 전략을 마련해야겠다고 생각한 근본적인 이유는 무엇인가?
- ∨ 이 전략이 사용될 용처는 어디인가?
- ∨ 시기적으로 얼마나 급한 것이고 어느 정도의 시간을 주실 것인가?
- ∨ 전략을 수립하며 가장 핵심적으로 다루어져야 하는 것은 무엇인가?
- ∨ 전략에 포함되어야 하는 내용 중 꼭 개선되어야 하는 문제들은 무엇이고 그중에서도 특히 시급한 것은 무엇인가?

∨ 전략 수립의 기반이라 할 수 있는 현황 분석을 위해 어떤 데이터까지 활용되길 원하는가?

∨ 전략이 수립되기 전이지만, 비즈니스적인 미래 이미지를 그려보신 것이 있는가?

∨ 가장 유사한 형태의 전략 자료를 참조하게 해 주실 수 있는가?

∨ 산출물은 어떤 모습이길 바라시는가? (문서 또는 다른 모습?)

∨ 전략 수립을 굳이 이 멤버들에게 맡기시는 이유가 무엇인가?

∨ 전략의 방향성 설정에 의견을 주실 또 다른 Key Person이 있는가?

이 정도의 질문에 충분한 답을 얻었으면 그 내용을 토대로 빠른 시간 안에 주어진 기간 동안 전략 수립을 완료할 수 있을지 판단한다. 그리고 인터뷰 A의 마무리로, 착수보고 중간 과정 보고가 필요한지 등을 확인하고 다음 인터뷰는 어떤 단계의 어떤 내용인지를 전하도록 한다.

As-Is Analysis (현황 분석 단계)

현황 분석의 시작

이제 전략 수립을 어떤 형태로 진행할지는 어느 정도 정리가 되었다. 그 내용을 계속 반영하면서 실질적인 첫 분석이라 할 수 있는 현황 분석을 시작해보자. 내부 역량 진단과 외부환경 분석은 병렬적으로도 수행 가능하다. 결론을 미리 생각하여 염두에 두는 분석은 권하고 싶지 않다. 현황 분석은 최대한 냉정하고 객관적으로 수행하는 것이 좋다.

내부 역량 진단 (주로 7S)

이 책에서 권하는 방법은 7S 진단법인데, 7S는 Structure(조직구조), System(운영제도), Staff(인재), Skill(조직능력), Style(기업풍토), Strategy(전략), Shared Value(기업/조직 이념, 공유가치) 등 S로 시작하는 7개의 요소를 분석하는 것으로, 주로 조직에 대한 전략 수립을 포함하는 과업의 경우에 포함되는 분석이다.

Strategy (전략)

Structure (조직구조)

System (운영제도)

Staff (인재)

Skill (조직능력)

Style (기업풍토)

Shared Value (기업이념, 공유가치)

7S 진단법의 개념도

이러한 7가지 요소를 각종 문헌과 의견 수렴 등을 통해 분석하여 다른 기업, 조직과 비교하기도 하고 벤치마킹이 필요한 부분들을 확인할 때에도 사용한다. 그 7가지 요소를 하나하나 질문 형태로 정의해보자.

Strategy (전략)	· 회사 전체, 혹은 해당 조직의 비전체계가 존재하는가? · 비전과 사업전략이 구체적으로 만들어져 있는가? · 핵심사업 추진전략의 우수성은 어느 정도인가? · 실제로 경쟁우위를 창출하고 있는가? · 전략을 도출하는 과정이 효율적인가?

Structure (조직 구조)	· 조직 규모가 업무량, 생산량과 비교해서 적정한가? · 조직 구조가 전략에 따라 유연하게 움직이는가? · 조직과 업무 일치하는가? · 권한의 집중/분산 체계가 적정한가?
Systems (시스템)	· 주요업무 프로세스의 표준화, 간소화, 자동화 수준이 어떠한가?(반드시 측정 필요) · 조직 간 협업 체계가 잘 갖추어져 있는가? · 각 조직에서 생성되는 데이터의 동기화가 이루어지고 있는가? · 데이터 및 정보공유 수준은 어떠한가? · 정보 보안 체계는 효과적으로 구축되어 있는가? · 수직/수평 커뮤니케이션의 활성화 수준은 어떠한가? · 의사결정은 신속히 이루어지고 있는가? · 의사결정은 데이터에 근거하여 합리적으로 이루어지고 있는가? · 의사결정은 투명하게 이루어지고 있는가? · 의사결정은 공정하게 이루어지고 있는가? · 선진 방역 체계가 갖추어져 있는가?
Shared Value (공유가치)	· 조직 구성원이 공유하는 가치관 또는 조직 문화가 존재하며, 우수한가? · 비전과 사업전략에 대한 전체 회사 차원의 공감대가 있는가? · 회사 전체, 또는 해당 조직이 진취적인가? · 회사 전체, 또는 해당 조직의 개방성과 변화지향성은 어떠한가?
Skills (기술)	· 서비스 제공 기술(고객의 불만 사항, 상위 조직의 요구 등)이 우수한가? · 연구개발 기술력의 수준은 어떠한가? · 지식재산권 관리 수준은 어떠한가? · 직원들의 스킬 셋(skill set)이 관리되고 있는가?
Style (스타일)	· 경영층의 리더십은 어떠한가? · 경영방침과 조직문화의 조화로운 정도는 어떠한가? · 성과 관리가 합리적으로 이루어지고 있는가? · 성과 관리가 공정하게 이루어지고 있는가? · 성과 관리가 투명하게 이루어지고 있는가?
Staffs (인적자원)	· 노동생산성의 수준은 어떠한가? · 현장의 업무 강도 및 만족도는 어떠한가? · 직원들의 staff 조직 서비스 만족도는 어느 정도인가? · 경영층의 생산성은 어떠한가? · 우수인력 채용 수준은 어떠한가? · 구성원 교육 및 역량 개발 수준은 어떠한가? · 성인지 감수성 교육, 보안 정책 교육, 전염병 방역 교육 등 필수 교육이 이루어지고 있는가?

이러한 항목들 중 꼭 필요한 내용에 대해 점수 형태로 만들고 이후에 소개되는 내용들과 함께 비교, 분석하는 것이 7S 진단법이다.

어느 세부 내용이 어느 항목에 속하는지는 크게 중요하지 않다. 업(業)의 성격에 따라 각 세부 내용은 추가/제외될 수 있다. 전략 수립 지시자 및 경영진과의 합의를 통해 '정답'에 가까운 의견을 개진할 수 있는 평가단을 구성하여 스코어링을 하는 방법도 추천한다. 다만 전 직원을 대상으로 평가를 진행하는 것은 진단 및 분석을 통해 전략을 수립한다는 목적보다 회사를 평가하는 목적이 되는 것처럼 보일 수가 있으므로 유의할 필요가 있다.

외부환경 분석

외부환경 분석 방법은 여러 종류가 있는데, 그중 일반적으로 쓰이는 것이 몇 가지 핵심적인 기준을 가지고 분석하는 방법들이다. 그 '몇 가지'의 영문 이니셜을 따서 사용하는 방법 중 대표적인 것이라 할 수 있는 3C 분석법과 PESTEL 분석법을 소개한다.

… 3C 분석

전략 수립의 대상인 기업, 또는 조직(Company)을 위주로 하여 주로 고객(Customer)과 경쟁사(Competitor)를 분석한다. (비즈니스 환경(Circumstances)을 포함하여 4C 분석을 하는 경우도 있다) 주의할 점은 전략 수립 지시자와 논의한 '전략 수립의 범위' 내에서 분석하는 것이다. 이에 유의하지 않으면, 이 단계에서 너무 큰 범위의 내용을 다루게 되는 경우가 종종 있다.

이제, 각 'C'별로 전략 수립의 목적과 범위에 맞는 세부사항들을 분석하면 된다. 세부사항들은 최대한 시각적으로 이해하기 쉽게 구성하는 것이 좋다. 데이터들을 활용하는 분석 결과가 대부분인데 본인이 직접 조사한 자료든, 데이터 부서로부터 받은 자료든, 스프레드시트의 그래프 기능을 활용하여 누구라도 어떤 의미를 표현하고 있는지 알기 쉽게 작성하도록 한다. 다만 자신이 없으면 기본적인 것만 본인이 하고 어려운 부분들은 잘 하는 사람에게 부탁하는 것이 좋다. 당신의 재능이 이러한 전략 수립을 통해 발휘되는 것에 그래프를 못 만든다는 것이 걸림돌이 되지 않기만 하면 된다. 물론 도움 주시는 분들에 대한 '깊은 감사의 뜻'은 꼭 전달해야 한다.

Customer
• 고객 규모 성장세
• 고객구성 현황
• 고객의 특성과 속성
• 고객 요구사항 변화 흐름

Company
• Market Share, 인지도
• 해당 상품, 서비스의 기업 비전 및 Brand Image 부합도
• 제품 및 서비스 별 품질/기술력, 매출액 및 이익률
• 재무/인력/정보시스템/데이터 자원 수준
• 사업운영 흐름 및 조직체제
• 사 내 커뮤니케이션 및 협업 시너지 창출 수준

Competitor
• 시장 내 경쟁 강도
• 주요 경쟁사(경쟁기관) 별 핵심경쟁력, 강/약점
• 잠재 경쟁사(경쟁기관) 현황
• Best Practice의 성공요인

3C 분석 대상

고객(Customer) 측면에서 분석해야 하는 세부사항은 다음과 같다.

∨ 현재 고객 규모는 어느 정도이고 해당 시장의 성장세는 어떠한가?

∨ 자사의 핵심 비즈니스라 하기에 충분한 규모를 이루고 있는가?

∨ 아니면, 그러한 규모가 될 가능성이 충분히 큰가?

∨ 고객 구성 정보에 대해 충분한 정보(데이터)가 축적되고 있는가?

∨ 고객의 구성이 초기 자사의 예측대로 변화하고 있는가?

∨ 고객 충성도는 어떠한가?

∨ 고객의 특성과 속성 정보가 분석되고 있는가?

∨ Target 고객층에서의 매출액, 이익률(고유 서비스)은 적절한가?

∨ 충성 고객의 요구사항을 추적하고 있는가?

전략 수립의 대상인 기업, 또는 조직(Company) 측면에서 분석해야 하는 세부사항들이다.

∨ 자사의 시장점유율은 중장기 목표를 달성해 나가고 있는가?

∨ 브랜드 및 상품인지도 측면의 문제는 없는가?

∨ 탄소배출량 등 환경 친화, 전염병 방역(언택드 기조), 사원 복지 등이 비즈니스에 영향을 주지 않도록 관련 정책을 추진하고 있는가?

∨ 기업 비전, 브랜드 이미지에 부합하는 상품, 서비스가 출시되는가?

∨ 제품, 서비스의 품질 및 기술력이 일정한 기간별로 측정되고 있으며, 이에 대한 피드백으로 사내 정책이 변화되고 있는가?

∨ 매출액 및 이익률이 예측과 목표 대비 적정 구간에서 움직이는가?

∨ 고객 충성도를 강화하기 위한 활동은 적절한가?

∨ 고객의 특성 및 속성에 기반한 고객 대응이 이루어지고 있는가?

∨ 기업의 재무적 상태는 비즈니스 추진에 문제가 없는가?

∨ 재무 업무의 자원은 충분한가?

∨ 해당 비즈니스 인력의 우수성은 시장 내 경쟁사 대비 충분한가?

∨ 정보시스템은 안정적으로 운영되고 있는가?

∨ 정보시스템을 통한 시장 내 우월성 확보 또는 위기 직면의 가능성은 어떠한가?

∨ 비즈니스를 뒷받침하는 충분한 데이터양이 축적되고 있으며, 활발한 분석이 이루어지고 있는가?

∨ 데이터 보안 체계는 문제없이 가동되고 있는가?

마지막으로, 경쟁사(Competitor) 측면에서 분석해야 하는 세부사항을 알아보자.

∨ 시장 내 경쟁 강도는 어떠한가?

∨ 시장 철수, 새로운 시장 전환 등이 고려되어야 하는 시기인가?

∨ 경쟁사(경쟁기관)의 핵심경쟁력은 무엇인가?

∨ 최근 경쟁사(경쟁기관)의 약점으로 부각되는 요소는 무엇인가?

∨ 경쟁사(경쟁기관)를 추월해야 하는 부분은 무엇인가? 그것을 위한 투자와 효과적인 활동이 이루어지고 있는가?

∨ 경쟁사의 최근 주력 활동은 무엇인가? 그리고 그 이유는 무엇인가?

∨ 신규시장(정책), 신규업체(기관)와의 잠재적 경쟁 부분은 무엇인가?

∨ 신규 진입자들을 견제하고 시장 내 자사 상품, 서비스의 포지션이 위기에 직면하지 않게 하는 적합한 활동은 무엇인가?

앞에 내용들을 모두 조사하여 점수화할 필요는 없다. 전략 수립 지시에 맞게 선별해도 되고 추가적인 내용을 만들어도 된다.

이상과 같이 3C 분석의 내용에 대해 알아보았고 독자 여러분들이 속한 회사의 업(業)의 특성, 또는 전략 수립 지시의 분야 및 범위에 따라 4P(Product, Price, Place, Promotion)/ STP(Segmentation, Targeting, Positioning, 마케팅 측면의 분석, 구체적인 전략 수립에 주로 사용) 등의 방법을 사용할 수도 있다. STP 기법의 경우는 세부적인 전략 과제까지 바로 도출될 수 있는 방법이고 3C, 4P 분석 등은 한 번 결과를 만들어 전략을 완성할 때까지 그 내용을 수시로 보완, 수정하면서 전체적인 전략의 구조와 깊이에 맞도록 그 연결고리가 지속되는 방법이다.

자신의 재능이 이러한 분석에도 연관되는 것 같다고 생각되면, 더욱 심도 있는 내용 파악을 위해 여러 관련 서적을 활용하기 바란다. 새로운 인생을 시작할 수도 있을 것이다.

··· PESTEL

전략을 세우려는 회사 또는 특정 조직의 경쟁력에 영향을 주는 거시 환경의 세부 요인들을 정치(Political), 경제(Economic), 사회(Social), 기술(Technological), 생태학(Ecological), 법률/제도(Legal)적으로 분류하여 도출하고 그 내용을 분석하여 미래 변화까지 고려한 결과를 만들어내는 분석 방법이다. 정치, 경제, 사회, 기술적 거시 환경만 분석하여 'PEST'라는 이름으로도 많이 사용되었지만, 최근에는 생태학, 법률/제도적인 내용까지 포함하여 'PESTEL 분석'이라는 이름으로 더 많이 사용되는 추세이다. PESTEL 분석의 분야별로 검토해야 하는 세부 요인들을 정리해 보았다.

이러한 요인들로부터 거시 환경 분석 결과를 만들어내는 과정을 함께 진행해보자. 모든 요인을 다 분석하는 것이 아니라는 것에 주의하자. 전략 수립을 위한 어느 한 분석에 몇 주, 몇 달을 소모할 수는 없는 일이다.

정치적(Political) 요인	경제적(Economic) 요인	사회적(Social) 요인
· 정치제도 및 구조의 변화 · 정치권력 이동 · 정책적 규제 또는 지원 · 정치적 이데올로기의 변화 · 입법 동향	· 세계 경기 동향 · 국내 경기 동향 및 경제 정책 · 물가 · 원자재가격 · 환율 · 이자율 · 국가 간 경제협력조약(예 : FTA)	· 인구 통계(인구 구조 및 분포) · 교육 수준 · 윤리적 규범 · 관습 · 가치관 · 시민의식 · 라이프 스타일 · 교육 · 종교 · 문화 · 예술적 변수
기술적(Technological) 요인	생태학적 환경(Ecological) 요인	법률/제도적(Legal) 요인
· 정보통신기술(ICT) 동향 · 의학 · 생명공학 기술 동향 · 해당 산업의 신기술 개발 동향 · 전방 산업의 신기술 개발 동향 · 후방 산업의 신기술 개발 동향	· 천연자원의 소진율, 소멸/변질에 　따른 피해 정도 · 지구온난화, 이상기온 · 재활용률, 소음/먼지 공해 정도 · 전염병 창궐의 가능성, 방역 정책	· 탈규제화, 민영화, 산업구조조정, 　시장자율경쟁 체제로의 전환 · 좌/우파의 정책성향과 이에 따른 　법률 개정 · 여론의 기조

PESTEL 분석의 각 요인 분야별 검토 내용

① 주요 요인 선별

분석 대상 분야별로 비즈니스 경쟁력에 영향을 미치느냐를 기준으로 각 요인 중에 분석해야 하는 요인들을 선별하자. 지시받은 전략 수립에 해당하는 기업, 또는 조직에 중요한 영향을 미치고 있거나 미칠 수 있는 사건(event) 혹은 동향(trend)이 있다면 선택한다. 해당 기업이나 조직의 업종 및 상품, 서비스와 직접 관련이 없는 것이라도 사회적 파장이 크다면 분석 대상에 포함할 필요가 있다. 요인의 특성과 수에 따라 분석의 깊이와 폭이 결정된다. 특별한 사정이 없는 한, 요인의 수는 영역

별 1~2개, 전체 8~10개 정도가 적당하다.

② 선별된 요인의 영향 분석

선별된 각 요인이 현재 기업, 또는 조직에 미치고 있는 영향을 긍정적, 부정적으로 나누어 파악한다.

– 긍정적 영향 : 어떤 기회를 창출하고 있는가?
– 부정적 영향 : 어떤 위협을 미치고 있는가?

가능하다면 영향의 크기를 계량적으로 측정하는 것이 바람직하다. 전체 요인들의 현재 영향을 나열한 후 1점부터 10점까지 등 척도를 사용하여 스코어링 하는 등의 방법을 사용하면 된다. 상황이 허락하면 분석의 객관성과 신뢰성을 제고하기 위하여 조사 대상자 그룹과 조사 방법을 다양하게 선택한다.

– 조사 대상 : 경영층·현장실무자·고객·외부 전문가 등
– 조사 방법 : 설문조사·인터뷰·워크샵 등

③ 미래 영향 예측

대부분 사건이나 동향은 '등장 → 확산 → 성숙 → 쇠퇴'의 4단계 라이프사이클에 따라 진행된다고 가정하고 이를 근거로 각 요인이 단기·중기·장기 관점에서 어떻게 변화할 것인지를 예측한다. 기업에 미치는 영향이 큰 요인이면서 불확실성과 가변성이 높은 경우는 시나리오 분석, 즉 최상(Best case) / 중간 (Normal case) / 최악(Worst case)의 시나리오를 만들어 미래 영향 예측의 활용도를 넓힐 필요가 있다. 필요

하다면, 주요 요인 간 상호작용 관점에서 파악하는 것도 고려한다.

- 여러 요인들이 서로 결합하여 새로운 효과를 창출하는가?(예로, 기술적 (T) 요인의 가상현실 기술과 사회적(S) 요인의 한류 문화 글로벌화가 결합, 글로벌 가상현실 콘서트 상품 기회 발견 등)
- 여러 요인들이 서로 충돌하여 원래 효과가 상쇄되지 않는가?(예로, 생태학적(E) 요인의 전염병 창궐과 기술적(T) 요인의 전염병 백신 초고속 개발 기술이 결합, 전염병 창궐이 미치는 요인 상쇄 등)

④ 시사점 도출

선별된 요인들의 영향을 분석했다면, 각 요인별로 현재 영향과 미래 영향의 차이를 파악하는 단계로 접어든다. 그 차이를 토대로 전략 수립에 반영할 이슈와 시사점을 도출하는 것이다. 전략 수립에 반영할 이슈들의 시사점을 만들기 위해 '현재 거시 환경의 기회와 위협은 무엇인가?', '향후 다가올 기회와 위협은 무엇인가?', '어떻게 대응할 수 있는가?' 등의 질문에 대한 답을 도출하여 시사점으로 연결하면 된다.

국내 엔터테인먼트산업 내 한 기업의 전략 수립의 과정을 PESTEL 분석으로 수행했다고 가정하고 그 절차와 내용을 들여다보자. 외부환경 분석을 이해하는데 도움이 될 것이다. 먼저 6가지 분석 대상 분야별로 주요 요인을 선별하는 단계의 결과를 정리하였다.

대부분 구글링 등 인터넷 정보로 채울 수 있지만, 최근 급속한 변화를 일으키는 동향 등 자신이 느끼는 상황을 추적할 필요도 있다. 해당 분야의 전문가를 통해 의견을 듣고 관련된 최신의 분석 자료를 소개받는 것도 좋은 방법이다. 분석 대상 분야별로 각 요인들을 확정하였으면, 그 요인들의 현재 상태와 미래 동향을 조사한다. 미래 동향은 바로 다음 단계에서 미래에 어떤 영향을 줄 것인지를 가늠하게 되는 자료가 되므로, 최대한 상세히 조사하도록 해야 한다.

정치적 (Political) 요인	경제적 (Economic) 요인	사회적 (Social) 요인
– 한류 문화 글로벌 진출 지원 정책 기조 유지	– 넷플릭스, 아마존 등 플랫폼과 콘텐츠 스트리밍 기업의 급성장 – 쌍방향 구매형(쇼퍼블) 소비 행태 확산	– VOD를 넘어 OTT(Over the Top) 문화 정착 – 대중음악 트렌드의 뉴트로(New+Retro) 현상
기술적 (Technological) 요인	생태학적 (Ecological) 요인	법률/제도적 (Legal) 요인
– 5G 서비스 대중화로 대용량 개인화 콘텐츠의 가격 경쟁 시대 – 가상현실, 음성 인식 기술의 엔터테인먼트산업 융합 속도 증가	– 언택트 시대의 도래에 따른 새로운 콘텐츠 소비문화 – 심리적 개인화 산업의 생태계 구성 가속화	– 맞춤형 서비스에 필요한 개인 데이터 보호 규제 확대

아래 내용은 가상으로 현재 상태와 미래 동향을 채워본 것이다. 실제 전략의 수립 과정에서는 상당히 자세하게, 또 데이터를 근거로 하는 내용이 첨부되어야 할 것이다. 사례를 통해 어떤 모습이며 어떻게 작업하는 것인지를 독자 여러분께 알려 드리려 하는 것이 목적이므로 상세 데이터는 생략하였고 일부 내용은 읽는 시점의 현황, 또는 사실과 다를 수도 있음을 미리 밝혀 둔다.

번호	요인	현재 상태	미래 동향
1	한류 문화 글로벌 진출 지원 정책 기조 유지	문화콘텐츠산업 지원 정책 일환으로 추진 중	차기 정부에서도 지원 정책 승계 예상
2	넷플릭스, 아마존 등 플랫폼과 콘텐츠 스트리밍 기업의 급성장	기존 글로벌 초대형 기업에 카○○, 네○○ 등 국내 대표적 기업들 도전	애플, 디즈니의 공격적 행보로 더욱 뜨거운 경쟁 시장 예상
3	쌍방향 구매형(쇼퍼블) 소비 행태 확산	본격적으로 생활 속에 자리 잡진 않은 상태	보편적 소비 행태가 될 가능성 큼
4	VOD를 넘어 OTT(Over the Top) 문화 정착	이미 OTT 시장의 시장 규모가 ○○○조원/년 이상	지속 성장할 것으로 예상
5	대중음악 트렌드의 뉴트로(New+Retro) 현상	미스/미스터 트롯 등의 음원 시장 ○○ % 돌파. 과열 조짐	New+Retro 의 새로운 콘텐츠가 음악 외 분야로도 확산 예상
6	5G 서비스 대중화로 대용량 개인화 콘텐츠의 가격 경쟁 시대	본격적인 가격 경쟁은 일어나지 않고 있음	일부 기업의 도전적 행보가 나타날 가능성 큼
7	가상현실, 음성 인식 기술의 엔터테인먼트산업 융합 속도 증가	BTS의 글로벌 가상현실 콘서트 등 시범적인 서비스 등장	대형 콘서트, 어워즈 등 고수익 가상현실 비즈니스 등장, 참여 콘텐츠 시장에 음성 인식 도입 예상
8	언택트 시대의 도래에 따른 새로운 콘텐츠 소비 문화	코로나 19로 전 세계적인 온라인 콘텐츠 시장 규모가 ○○ % 증가	팬데믹 극복 후에도 온라인 콘텐츠 소비 패턴 지속 예상
9	심리적 개인화 산업의 생태계 구성 가속화	완전 개인화를 위한 서비스를 위해선 여전히 불편함 극복 필요	개인 맞춤 통합 서비스 등장 예상
10	맞춤형 서비스에 필요한 개인 데이터 보호 규제 확대	국제적으로 통합된 규제 마련을 위해 논의 중	개인 데이터 보호 관련 기술 발전으로 글로벌 규범을 지키는 개인 맞춤형 서비스 등장 예상

이제 현재 상태와 미래 동향의 조사 결과를 통해 미래 영향을 예측하는 단계이다. 이러한 미래 영향 예측을 통해 전략 수립의 대상이 되는 조직 내 관련 부서에서 추진 중인 주요업무 내용이 예측 내용과 자연스럽게 비교될 수 있다. 해당 부서에서 나름의 미래 예측을 하고 있을 것이므로, 이 단계에선 조직 내의 관련 부서들과 원활한 커뮤니케이션을 하며 고민하는 것이 좋다. 서로 부족한 부분을 채울 수 있고 큰 그림을 함께 보게 된다는 장점을 십분 살려야 하는 단계이다.

번호	현재와 미래 차이	미래 영향 예측	시사점
1	큰 차이 없음	– 최상(Best case): 새 정부 초기 국제 협력 콘텐츠 지원 예상 – 최악(Worst case): ㅇㅇ ㅇㅇ 원인 등으로 ㅇㅇㅇ ㅇㅇ 지원 취소	동남아, 중남미 타겟 국가 진출 계획 조기 수립 필요
2	플랫폼과 콘텐츠 스트리밍 통합 대형 기업 등장	– 국내 서비스 기업들의 합종연횡 대응 예상	ㅇㅇ, ㅇㅇㅇ 기업과 연대 지속 협의
3	쌍방향 구매형 (쇼퍼블) 소비의 보편화	– 최상(Best case): 개인 맞춤형 쌍방향 구매형(쇼퍼블) 소비 시장 적용 기술 등장 – 중간(Normal case): 일부 기업의 시도 지속 – 최악(Worst case): ㅇㅇ ㅇㅇ 원인 등으로 ㅇㅇㅇ ㅇㅇ 지원 취소	간편 결제 기술, "저 사람이 신고 있는 운동화 제일 저렴한 가격으로 구매할게" 대응 기술 등 확보 필요
4	OTT 시장 지속 성장	– 동남아, 중남미 등 신흥 시장 진출 러시	동남아, 중남미 국가 5G 통신 인프라 구축 확산 속도 분석 후 타겟 국가 조기 확정 필요

5	New+Retro의 새로운 콘텐츠가 음악 외 분야로도 확산	– 최상(Best case): 엔터테인먼트 전반적으로 New+Retro 중심의 도전 기업 등장 – 최악(Worst case): 반짝 동향으로 소멸	엔터테인먼트 전반적인 New+Retro 시장 정밀 분석 필요. 수익 확보 예상 시 비즈니스모델 구축 TF 가동 필요
6	일부 기업의 5G 서비스 가격 파괴	– 최상(Best case) : 기업 간 조심스런 가격 정책 기조 유지 – 최악(Worst case): 5G 서비스를 통한 신규 수익모델 필요	자사 전(全)서비스 가격 체계 재고 신규 수익원 확보
7	가상현실, 음성 인식 기술을 활용한 비즈니스 수익성 현실화	– 최상(Best case) : 자사의 기술 로드맵보다 빠른 형태의 기술 기업이 나타나지 않음 – 최악(Worst case): 가상현실, 음성 인식 필요 서비스에 대응 하지 못하는 기업의 위기 도래	자사 ○○○○○ 서비스에 가상현실 적용, ○○○○서비스에 음성 인식 적용 시범 서비스 조기 오픈 검토
8	포스트 코로나 온라인 콘텐츠 소비 패턴 등장	– 최상(Best case) : 코로나 19 극복 이후 소비 패턴 정상화 복귀 – 최악(Worst case): 음악뿐 아니라 엔터테인먼트 전반에 언택트 사회 영향 확산	언택트 기조에 부합하는 '함께 즐기는 콘텐츠' 시장 선점 필요(게임, e-스포츠 기업과의 연대 도모)
9	개인 맞춤화된 OTT 서비스, 가상현실 서비스, 음성 인식 명령 기능 확대	– 최상(Best case) : 가상현실 오감(五感) 만족 영화 인터넷 연결로 즉시 관람 – 최악(Worst case): 개인 맞춤형 온라인 콘텐츠 시장 형성 더딤	국내 대형 기업 ○○○ 등에 자사 솔루션 제공 협상 속도 제고 필요
10	개인 정보가 보호되는 개인 맞춤형 서비스 채널 방식 등장	– 최상(Best case): 글로벌 대형 기업들의 개인정보보호 걱정 없는 획기적인 개인 맞춤형 서비스 출시 – 최악(Worst case): 글로벌 규범 마련 국제 공조에 시간 소요	개인 정보 보호 측면에서 기술적 우위의 국내 기업이라는 차별화가 가능하도록 준비해야 함

해당 부서와 원활한 커뮤니케이션을 통하여 시사점을 도출하였으면, 이 내용을 뒤에 이어지는 Issue Analysis A, 인터뷰 B와 SWOT 분석, 벤치마킹 등에 활용하도록 한다.

Issue Analysis A

전략에는 내부 진단과 외부환경 분석을 통해서 파악하기 쉽지 않은 기존 이슈 해결 과제가 포함될 수 있다. 따라서 그 '이슈'는 '전략 수립 지시의 대상이 되는 회사나 조직의 발전에 영향을 줄 수 있으므로 개선 혹은 해결이 필요한 것'이어야 한다. 여러 조직 중 한 조직의 경미한 사안은 포함시키지 않도록 해야 한다.

종합하자면 먼저 내부 진단과 외부환경 분석 결과들을 어떤 '한 통'에 넣고 기존에 존재하던 이슈들과 함께 분석한다. 그리고 해결안을 마련하고 과제 형태로 묶는다. 그리고 과제들의 추진방안과 계획을 세우면, 그것이 바로 전략 수립이 되는 것이다.

Issue Analysis A는 기존에 존재하던 이슈들과 함께 분석하는 그 '한 통'에서 전략 수립에 포함되어야 하는 이슈를 추출하는 과정이다. 앞부분에서 다루었던 로직트리, MECE 개념을 사용하여, 문제해결 기법의 시작이었던 문제 정의의 앞부분에 '문제를 찾는 단계'가 추가된다. Issue Analysis B는 추출된 이슈들 하나하나를 로직트리를 이용해 분해하여 세부 이슈들을 추출하는 과정이다. 각각의 이슈에 대한 해결안들도 로직트리를 사용해 나열하고 그 중 최적의 안을 선정한다.

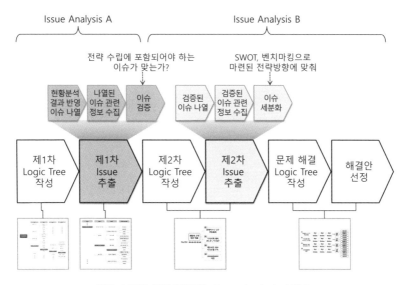

전략 수립을 위해 활용되는 Issue Analysis A와 B

위에서 사례로 활용했던 가상의 국내 엔터테인먼트산업 내 한 기업에서 전체 회사의 전략을 수립한다고 할 때, Issue Analysis A가 어떻게 진행되는지를 경험해 보도록 하자.

전략 수립의 대상이 전체 회사이므로, 인터뷰 A, 내부 역량 진단과 외부환경 분석 결과를 고려하여 회사 전체의 주요 기능들을 로직트리로 1차 분해한다. 이때, 회사의 '조직'을 중심으로 분해하는 것은 위험하다. 대체적으로 회사의 주요 기능이 조직별로 분리되어 있는 경우가 많지만, '당신의 회사는 뭐 하는 회사인가?'라는 질문에 조직의 이름들이 답이 되지 못한다면, 깊게 생각하여 회사의 주요 '기능'을 중심으로 다시 만들도록 하자. 1차적으로 로직트리 형태를 다 만들었다면, 인터뷰 A, 내부 역량 진단과 외부환경 분석 결과들을 배치한다. 만일 배치할 곳이 마땅치 않다면 새롭게 만들어야 한다. 예를 들어, 외부환경 분석에서 개인 정보 보호 관련 국제적인 규범 제정의 움직임 내용이 있었는데, 그 내용을 넣을 로직트리 말단이 없다면, 관련된 상위 기능을 찾아서 말단에 관련 사항을 추가해야 한다. 물론 이슈 사항은 그런 국제적인 규범 제정에 대응하는 기능이 없다는 내용이 되어야 한다.

로직트리 분해가 완료되면, 각 말단에 현재 문제해결이 필요한 사안을 이슈로 정리한다. 굳이 전략 수립에 포함될 필요가 없는 문제들은 과감히 제거한다. 이때, 앞서 진행한 현황 분석 결과를 반영해야 한다. 예를 들면, 7S 분석의 각 질문에 대한 대답 중 부정적이거나 심각한 상태인 것들은 당연히 이슈로 표시해야 하고 PESTEL 분석의 시사점들에 대해 각 담당조직의 준비가 미흡하면, 그 역시 이슈로 표시한다.

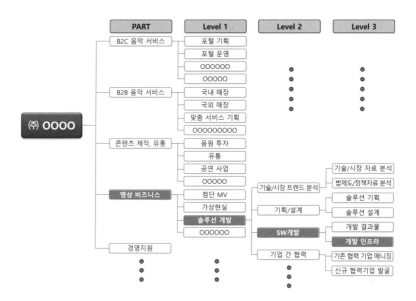

Issue Analysis A를 위한 로직트리

로직트리의 말단에 각 말단에 해당하는 기능담당 조직과의 논의와 회사 내 문헌조사 등을 통해 이슈들을 조사하여 위치시키는 작업이 끝나면, Issue Analysis A가 마무리된다. 최대한 정교한 데이터 분석과 폭넓은 의견 교환 및 전문가 조언 등을 적극적으로 진행하여, 이슈가 아닌데 이슈라고 하는 일이나 이슈인데 이슈가 아니라고 제외하는 일이 일어나지 않도록 해야 한다.

Issue Analysis A에서의 이슈 추출

벤치마킹

이제 전략 방향을 수립하는 단계이다. 그 방향에 따라 각 이슈들의 해결안을 만들고 함께 묶어 진행하는 것이 효율적인 해결안들을 묶어 과제로 만들 것이다. 벤치마킹은 그 과정에서의 '이슈'들이 우리가 배울 만한 대상 기업의 해당 부분과 얼마나 큰 갭(차이)이 있는지 확인하기 위해 필요하다. 그 차이들을 전략 방향에 포함시켜야 되기 때문이다. 그렇기에 벤치마킹은 이 단계에서 꼭 필요한 것이다.

극단적으로 '대부분의 이슈 사항에 대해 벤치마킹을 해 보니 우리와 차이가 너무 커서 1위 자리로 향하는 것은 장밋빛 환상'에 불과하다. 라는 판단 결과가 나오면 어찌할 것인가. 반대의 극단으로, '각 이슈들에 대해 우리만큼 잘 하는 곳이 없고 우리 이슈는 글로벌 대형 기업도 가지고 있지만 해결하지 못하는 이슈다.'라는 결론이 도출되면 어찌할 것인가. 이런 내용들은 전체적으로 전략 방향 수립에 영향을 준다. 그렇기 때문에 이 단계의 벤치마킹은 의미가 크다고 할 수 있다.

이제 벤치마킹의 절차에 대해 알아보도록 하자. 가장 먼저 해야 할 일은 '어디를 가볼까?', '어떤 회사를 알아볼까?'가 아니라, '우리의 비즈니스 요소 중 무엇에 대한 벤치마킹을 할 것인가?'이다. 즉 벤치마킹의 주제를 설정하는 일이다. 이는 앞서 진행한 각종 분석 결과와 Issue Analysis A 결과를 가지고 결정하는 것이다. 많은 사람들이 벤치마킹 주제는 ▶ 잘못하고 있거나, 문제라고 생각되는 이슈를, ▶ 이미 알고 있는(잘 나가는 대형의) 그 분야의 기업들이 잘 극복했거나, 좋은 방법/기술을 활용하여 해결하고 있는 것을 아는 경우에 국한해 정하는 것으로 알고 있는데, 이는 엄밀히 말해 정답이 아니다.

우리 회사가 가장 잘하고 있는 부분임에도 향후 기술 발전 예측 결과 새로운 기술 접목을 통한 혁신이 가능한 경우는 그 기술을 다른 산업에서 활용하는 기업도 벤치마킹 대상이 된다. 어느 누가 가상현실 기술을 활용하여 콘서트를 개최[14]하고 전 세계의 팬들로부터 입장권(?) 수익을 올릴 수 있다고 생각을 했겠는가. 그 기업이 콘서트 분야에선 이젠 배울 것이 없다고 안주했다면 이루어지기 어려운 일이었다.

여러 사전 분석 결과를 바탕으로 우리가 잘하고 있는 것이나 다른 분야의 선도적인 사례도 벤치마킹 대상이 될 수 있음을 인지하고 벤치마킹 주제를 정했으면 그 벤치마킹을 담당할 팀을 정한다. 벤치마킹 팀은 사전에 진행된 Issue Analysis A 결과를 깊이 있게 파악하여 벤치마킹 대상 기업 또는 조직을 선정해야 한다. 이때에도 '파레토 2:8의 법칙'이 적용된다. 어디를 벤치마킹할지가 정해졌으면, 실제로 벤치마킹할 준비를 해야 하는데, 인터넷과 각종 블로그, 유튜브 자료가 넘치는 세상에서 그 준비 단계의 사전 분석에 소요되는 시간이 전체 벤치마킹에 걸리는 시간이 20%이더라도 중요성은 80%를 차지한다.

벤치마킹 대상이 정해졌다 해도 바로 진행하는 것이 아니다. 사전 분석을 통해 확인된 사항을, '우리의 수준' 파악에 사용해야 한다. 일반적으로 '어느 정도의 기술 접목을 이루어 가고 있는데, 또는 어느 정도

---

14 방탄소년단의 온라인 라이브 공연 '방방콘', '연결(On)'을 의미하는 유료 '온택트' 공연 추진, 한국과 미국, 영국, 일본, 중국 등 총 107개 지역에서 관람, 총 시청자수 75만 6,600여 명.

의 기술 접목이 가능한데, 우리의 해당 부분에선 어떤 수준의 내용까지만 적용하고 있다.'라는 내용을 파악해야 한다. 그 과정에서 실제 벤치마킹에서 집중적으로 조사할 내용과 계획이 자연스럽게 도출된다.

이제 실제로 벤치마킹 대상의 수준을 파악하는 작업 단계이다. 벤치마킹 내용 자체도 사전 분석 때 80% 정도를 조사한다는 생각으로 최대한 많이 파악 후 벤치마킹을 시작해야 한다. 어렵게 협조 승낙을 받고 산 넘고 물 건너 벤치마킹 기업에 도착해서, 그때부터 1에서 100까지 진행하는 것은 넌센스다. 주로 사전 분석으로는 알지 못했던, 'ㅇㅇ은 우리 업계에 아직 도입되지 않은 것으로 보이는데, 왜 그런지'와 'ㅇㅇ 기술을 현재 차용할 수 있는지', 'ㅇㅇ을 우리 상황에 접목하려면 어떻게 해야 하는지', 'ㅇㅇ 같은 내용에는 어떤 논리적 근거가 있는지' 등을 중심으로 벤치마킹 리스트를 만들어 진행하자.

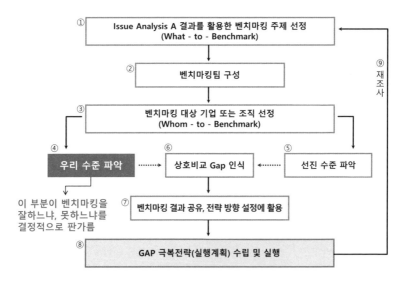

벤치마킹(Benchmarking)의 절차

지금까지의 순서로 진행한 벤치마킹을 통해 대상과 우리 수준의 차이를 명확히 알 수 있을 것이다. 이 차이를 인식하고 따라갈 것인지 또는 앞서갈 수 있는 방안을 선택할 것인지 등도 정해야 한다. 이를 포함한 전체 벤치마킹 결과들은 전략 방향 설정에 유용하게 쓰인다. 주로 다음 절 내용인 SWOT 분석 같은 기법에 입력 정보가 되어 전체적인 전략 설정에 활용되고 Gap을 극복하는 실행계획 수립에 참고 된다.

SWOT 분석

'SWOT' 분석은 내부 역량 진단, 외부환경 분석 결과 및 Issue Analysis A로부터 도출된 주요 고려 요소 및 이슈들을 강점(Strength), 약점(Weakness), 기회요소(Opportunities), 위협요소(Threats)로 분류한 다음, 네 가지 요소들의 조합으로 SO 전략, ST 전략, WO 전략, WT 전략 방향을 도출하는 기법이다.

전략 수립에 있어서 SWOT 분석이 중요한 이유 두 가지는 조직의 내, 외부 분석 내용이 집약된 Issue Analysis A 내용을 집약한 상태에서 진행되어, 매우 명확한 근거로 전략 방향을 수립할 수 있다는 점과 (그래서 SWOT 분석을 제대로 못 하면 이전에 작업한 내용이 너무 아깝게 된다), 여러 추진 과제들이 SWOT 분석 결과의 전략 방향에 따라 만들어질 수도 있고 탈락할 수도 있다는 점이다. 관련된 조직들뿐만 아니라, 전체 회사, 기업의 명운을 좌우할 수도 있는 내용이 만들어지는 것이므로, 매우 신중하게 진행되어야 하는 분석이다.

개인적으로도 이러한 SWOT 분석에 참여한다는 것은 함께 작업하

는 과정에서 재능을 발휘할 수도 있고 더욱 발전시킬 수도 있는 기회
가 되는 것이기에 인생의 터닝포인트가 될 수도 있다. 자신도 몰랐던
자신의 재능을 발견하는 기회, 자신의 재능이 어떤 다른 일에 도움이
될 수도 있음을 알 수 있는 기회, 자신의 재능을 그 재능의 주된 분야
이외의 곳에서 더 발전시키는 기회는 같은 방향으로 가고 있는 또 다
른 재능을 가진 사람들과 함께 그 방향의 더 큰 그림, 지금의 그림을
변화시키는 그림을 그려보는 것이 아닐까. 그것이 바로 전략 수립이고
그 전략의 큰 방향이 SWOT을 통해 만들어진다.

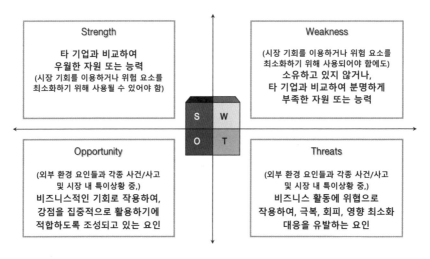

SWOT 분석의 강점, 약점, 기회요인, 위협요인 정의

SWOT 분석의 강점(Strength)을 정의하면 '시장의 기회를 이용하거나
위험 요소를 최소화하기 위해 사용될 수 있는 요인이다.' 쉽게 보면 '경
쟁 기업과 비교하여 우월하다고 할 수 있는 요인'이다. 강점은 시장의
기회를 이용하여 위험 요소를 최소화하기 위한 것이어야 한다. 즉, 현

재 존재하거나 등장이 예상되는 기업과 비교하여 수치적으로 우월한 요인이어야 한다는 것이다.

동일한 시각으로 약점(Weakness)을 정의하자면, '소유하고 있지 않거나 경쟁 기업과 비교하여 분명하게 부족한 자원 또는 능력 등의 요인'이다.

강점과 약점이 잘 떠오르지 않을 경우에는 로직트리를 활용해 보는 것도 좋다. 첫 번째 레벨을 생산성, 원가 유통망, 핵심 상품/서비스 경쟁력, 기술력, 지식재산, 경영자원, 회계/재무지표, CEO역량 등으로 펼쳐보고 각각의 세부사항들을 만들어 경쟁 기업(조직 포함), 또는 잠재적인 경쟁 기업과 비교해 보면 분명히 많은 요인들이 도출될 것이다.

기회요소(Opportunities)는 '전략 수립 대상 기업의 신규시장 진출 및 매출 증가 등 비즈니스 기회로 작용할 수 있는 요인'이다. 강점을 집중적으로 활용하기에 적합하도록 조성되고 있는 요인이기도 하다.

같은 관점으로 위협요소(Threats)를 정의하면 '전략 수립 대상 기업의 시장 진출 및 매출 증가 등 비즈니스 노력에 위협으로 작용하는 요인'이다. 이는 이겨내거나, 피하거나, 그 영향을 최소화시키는 대응을 필요하게 만드는 요인이 된다.

기회요소(Opportunities), 위협요소(Threats)는 전략 수립 대상을 둘러싸고 있는 외부적인 요인이다. 앞서 본 PESTEL 분석 결과가 많이 활용되는 단계이다. 주의할 것은 그 외부적인 요인은 전략 수립 대상의 비즈니스 활동에 영향을 미치는 것이어야 한다는 것이다. 그 영향이 어느 정도의 규모가 될지 예측하는 노력이 부가되지 않으면 의미가 없는 과정이 된다는 것을 인식하고 있어야 한다. 막연하게 '아마, 영향이 있을 것 같은데…' 정도면 포함시키지 않는 것이 좋다.

Strength	Weakness
• (기술력) 업계 유일, 우수 개발자들로 구성된 영상 솔루션 개발팀 자체 보유(자체 개발 솔루션 현재 시장 1위, 연매출 ○○억원) • (핵심 상품/서비스 경쟁력) 모기업 ○○○ 고객까지 합치면 ○○○만 이상의 회원 보유 • (지식재산) ○○○○○○○○○○○○ • (경영자원) ○○○○○○○○○○○○ :	• (기술력) 미디어와 커머스 결합 측면 경험, 간편 결제 기술 취약 (포털 광고 매출 '19년 ○○억에 불과) • (핵심 상품/서비스 경쟁력) 포털 주력 서비스 상품 수익 '19 ○○○억 수준으로 정체 • (지식재산) ○○○○○○○○○○○○ • (인력) 신규 개발이 과다하게 추가되어 솔루션 개발자 근무 여건 악화, 이직 우려자 ○○% 이상 :
Opportunity	Threat
• (사회) 언택트 기조 속 동남아 중심 한류 문화 확산 및 공연 관람 수요 급증 • (정치/정책) ○○○○○○○○○○○○ • (생태) ○○○○○○○○○○○○ • (경제) 쇼퍼블 커머스 서비스가 성장하는 OTT 서비스와 결합, 시장 크기 '22년 ○○조원 예상 :	• (사회) 전세계적인 언택트 기조 속 공연 관람 수요에 대응하는 새로운 방식의 공연 기술이 성패를 좌우 • (경제) 개인화 비즈니스 물결, 글로벌 대형기업 중심으로 개인 맞춤 통합 서비스 등장 예상 • (기술) 5G 기술 집약적인 서비스 상품 가격정책, 일부 기업의 도전적 행보가 나타날 가능성 큼(50% 이상 할인 상품 예상) :

SWOT 분석의 강점, 약점, 기회요인, 위협요인 사례

To-Be Image Design (미래 모습 설계 단계)

구체적인 전략 수립 단계

지금까지 전략 수립 형태 결정, 내부 역량 진단과 외부환경 분석으로 나누어 진행한 현황 분석, 그리고 그 내용들을 포함한 이슈 분석 (Issue Analysis A), 벤치마킹 결과들을 반영한 SWOT 분석을 정의했다.

지금부터는 그 결과들을 통해 구체적인 전략을 수립하는 단계다. 그래서 SWOT 분석의 전반전만 마치고 미래 모습 설계단계로 넘어왔다. 그리고 Issue Analysis A에서 도출된 이슈들의 근본 원인을 찾는 과정에서도 미래 모습을 만들어 나갈 수 있으므로, 아래에서 설명할 인터뷰 B 역시 미래 모습 설계단계에 포함시킨다. 이를 함께 보태어, SWOT 분석의 후반전과 인터뷰 B의 결과들로부터 근본 원인의 해결안들을 만들고 추진과제를 정의하며, 그 내용을 확인하는 인터뷰 C에 이르기까지를 미래 모습 설계단계로 설정하여 내용을 구성했다.

인터뷰 B

인터뷰 B는 인터뷰 A의 결과와 Issue Analysis A의 이슈 도출 결과를 토대로, 각 이슈들의 원인을 분석해 나가면서 행하는 인터뷰이다. Issue Analysis A를 진행하면서 기초적인 문제 정의와 원인 분석을 해보면 '이 이슈는 이것이 원인일 수밖에 없을 듯한데.'라는 일종의 가설이 생기는데, 이것을 '확인'하는 과정이다. (이 책의 인터뷰, 설문 스킬 부분 참조)

가설을 확인하기 위해선 해당 이슈와 그 배경에 대한 전문성을 가진 사람들의 의견이 꼭 필요하다. 이때, "이 이슈의 근본적 원인이 무엇이라고 생각하십니까?"와 같은 아무런 말 수준의 질문을 하지 않으려면, 사전에 깊이 있는 자료 조사를 해야 한다. 이 단계에서 근본 원인이 도출되면 자연스럽게 그 해결안들로 미래 모습들이 형성될 수 있으므로 이 단계가 미래 모습 설계에 있어서 중요한 역할을 한다.

전략 방향 설정

실제적인 전략을 수립하는 첫 단계는 전략의 세부 내용이라 할 수 있는 추진과제를 만들기 위한 원칙과 전략 방향을 설정하는 단계이다. 이 단계의 결과로, '그 방향대로 나아갔을 때의 궁극적인 모습'을 그릴 수 있다. 이 전략 방향은 SWOT 분석의 후반전 작업인 SO 전략, ST 전략, WO 전략, WT 전략의 도출로 만들어진다.

인터뷰 A 결과가 반영된 현황 분석, 그 현황 분석 결과가 반영된 Issue Analysis A, 그리고 그 결과와 벤치마킹 결과까지 반영하여 SWOT 분석에 이른 것을 다시 한번 생각하자. 관련된 부서들, 전문가들과의 논의를 거치기 때문에 시간이 많이 걸리는 단계이다. 더불어 이 단계에서 만들어진 전략 방향대로 인터뷰 B에서 확인한 근본 원인들의 해결안들이 재정의/확정되므로 그 영향이 큰 것도 인지해야 한다.

⋯ SO 전략

적합한 기회 요인에 강점을 집중적으로 활용, 즉 말 그대로 강점을 적극 이용하는 전략이다. 가장 공격적인 성장 전략이다.

앞에서 가상의 사례로 살펴본 엔터테인먼트 기업의 기술력 측면에선,

동종 업계 대비 유일하게 영상솔루션 개발팀을 자체 보유하고 있다는 것이 상당히 큰 강점으로 분석되었다. 뮤직비디오 등 영상 솔루션에 각종 디지털 비즈니스 요소들을 결합시킬 수 있고 가상현실 기업과의 벤치마킹 시에도 원활한 커뮤니케이션이 가능할 정도의 자체 기술력을 보유한 상황이다. 또한, 기회요인 중에는 세계적인 언택트[15] 기조 속에 동남아 중심 한류 문화가 지속 확산하고 있으며, 특히 공연 관람 수요가 급증하고 있다는 것을 SNS, 빅데이터 분석 등을 통해 확인되고 있다. 이를 결합시키면 '미래에 보편화될 가상현실 콘서트 영상기술을 사내 영상솔루션 개발팀을 확충 후 별도 TF를 구성하여 조기 확보함으로써 세계인이 함께 관람할 수 있는 가상현실 콘서트를 회사의 새로운 캐시카우 비즈니스모델로 만든다.'라는 SO 전략 방향이 수립된다.

··· ST 전략

외부의 위협요인을 자사의 강점을 활용하여 극복하거나, 회피하거나, 영향을 최소화하는 전략 방향이다. 최근엔 그러한 위협을 역이용하는 경영 사례도 등장하고 있다. 이 역시 공격적 경쟁전략이다.

앞선 사례에선, 외부 위협요인으로 글로벌 대형 기업의 개인 맞춤 통합 서비스 등장이 예상된다는 내용이 있다. 또, 내부 강점으로 자사의 포털 회원과 모기업 ○○○의 회원까지 합치면 5백만 명 이상의 회원 규모가 된다는 내용이 있다. 모기업 경영진과의 논의를 거쳐 이들을 결합시킨 '모기업 ○○○의 회원 고객과 자사의 포털 회원을 통합시키는

---

15 '콘택트(contact)'와 부정의 의미인 '언(un-)'을 합성한 표현. 코로나19로 인해 결정적으로 확산되는 기조. 온라인 기술로 사람 간의 접촉 없이 기존 오프라인의 교육, 구매, 사무 등을 해결하는 사회, 문화, 경제적인 변화 모습.

새로운 포털을 구축하여 강력한 이점을 주는 서비스 상품을 개발한다. 이를 통해 글로벌 기업의 개인 맞춤 통합 서비스가 시행되더라도 이탈 고객으로 인한 피해를 최소화하며, 국내 기업 간 연대가 일어날 경우에도 유리한 포지션을 확보한다.'라는 ST 전략 방향을 완성하였다.

⋯ WO 전략

내부적인 약점을 보완하여 외부적인 기회를 활용하는 전략 방향이다. 방어적 성장 전략이다.

우리의 사례에선, 외부적인 기회요인으로 쇼퍼블 커머스 서비스가 성장하는 OTT 서비스와 결합하여 큰 시장을 형성할 것이라는 내용이 있고 미디어와 커머스 결합 측면의 경험이 많지 않고 간편 결제 기술 등 관련 기술도 취약하다는 것이 약점이었다. 또한, 솔루션 개발자 근무 여건 악화와 이직이 우려되는 직원이 많다는 내용도 있다. 기획, 기술, 인사, 대외협력 등 관련 부서의 부서장들과 함께 며칠 동안 심도 있는 데이터 분석과 논의를 거친 끝에 '신규 개발 중인 자사 OTT 서비스와 쇼퍼블 커머스 연동을 국내 소프트웨어 업체에 아웃소싱하고 기존 솔루션 설계 전문인력을 확충한다.'라는 WO 전략 방향을 수립하였다.

⋯ WT 전략

내부의 약점을 보완하여 외부의 위협요소를 극복하거나, 회피하거나 최소화하는 전략이다. 방어적 경쟁전략이라 할 수 있다.

우리 사례를 보면 외부의 위협요인으로, 경쟁하고 있는 대형 기업이 5G 기술 집약적인 서비스 상품의 가격 정책을 도전적으로 만들어 갈

가능성이 크다는 내용이 있다. (50% 이상 할인 상품 예상) 또 내부적 약점으로, 회사 이익금 규모를 지탱해주고 있는 포털 주력 서비스 상품 수익이 2019년 ○○○억 수준으로 정체라는 내용이 있다. '실탄'이 부족해지면, 글로벌 대형 기업의 저가 공세를 이겨낼 수 없을 것으로 판단하여, 이를 결합시킨 다음과 같은 WT 전략 방향을 수립하였다. '현재 포털 주력 서비스 상품군을 재편하여 수익성을 극대화하고 자사의 5G 기술 집약적인 서비스를 가격 경쟁력이 있도록 개발/오픈한다.'

구 분		강점 (Strength)		약점 (Weakness)	
		• (기술력) 업계 유일, 우수 개발자들로 구성된 영상 솔루션 개발팀 자체 보유(자체 개발 솔루션 현재 시장 1위, 연매출 ○○억원) • (핵심 상품/서비스 경쟁력) 모기업 ○○○ 고객까지 합치면 ○○○만 이상의 회원 보유 • (지식재산) ○○○○○○○○○○○○○ • (경영자원) ○○○○○○○○○○○○○		• (기술력) 미디어와 커머스 결합 측면의 경험, 간편 결제 기술 취약 (포털 광고 매출 '19년 ○○억에 불과) • (핵심 상품/서비스 경쟁력) 포털 주력 서비스 상품 수익 '19 ○○○억 수준으로 정체 • (인력) 신규 개발이 과다 추가되어 솔루션 개발자 근무 여건 악화, 이직 우려자 ○○% • (경영자원) ○○○○○○○○○○○○○ :	
기회요소 (Opportunity)	• (사회) 언택트 기조 속 동남아 중심 한류 문화 확산 및 공연 관람 수요 급증 • (정치/정책) ○○○○ ○○○○○ • (생태) ○○○○○○○○○○○○○ • (경제) 쇼퍼블 커머스 서비스가 성장하는 OTT 서비스와 결합, 시장 크기 '22년 ○○조원 예상 :	**SO - 강점 이용 기회 포착**	공격적 성장전략	**WO - 기회 이용 약점 극복**	방어적 성장전략
		• ○○○○○○○○○○○○○ • ○○○○○○○○○○○○○ • 사내 영상 솔루션 개발팀을 확충 후 별도 TF를 구성하여 가상현실 콘서트 영상 기술را 조기 확보함으로써, 세계인이 함께 관람할 수 있는 가상현실 콘서트를 회사의 새로운 캐시카우 비즈니스모델로 만든다.		• 신규 개발 중인 자사 OTT 서비스와 쇼퍼블 커머스 연동을 국내 소프트웨어 업체에 아웃소싱하고 기존 솔루션 설계 전문 인력을 확충한다. • ○○○○○○○○○○○○○ • ○○○○○○○○○○○○○	
위협요소 (Threat)	• (사회) 전세계적인 언택트 기조 속 공연 관람 수요에 대응하는 새로운 방식의 공연 기술이 성패를 좌우 • (경제) 개인화 비즈니스 물결, 글로벌 대형기업 중심으로 개인 맞춤 통합 서비스 등장 예상 • (기술) 5G 기술 집약적인 서비스 상품 가격 정책, 일부 기업의 도전적 행보가 나타날 가능성 큼(50% 이상 할인 상품 예상) • (정치/정책) ○○○○○○○○○○ :	**ST - 강점 이용 위협 극복**	공격적 경쟁전략	**WT - 약점/위협 극복**	방어적 경쟁전략
		• ○○○○○○○○○○○○○ • 모기업 ○○○의 회원 고객과 자사의 포털 회원을 통합시키는 새로운 포털 구축, 서비스 상품 개발을 통해 개인 맞춤 통합 서비스로의 고객 이탈 피해를 최소화하고, 국내 기업 간 연대 시 유리한 포지션을 확보한다. • ○○○○○○○○○○○○○		• ○○○○○○○○○○○○○ • ○○○○○○○○○○○○○ • 현재 포털 주력 서비스 상품군을 재편하여 수익성을 극대화하고, 자사의 5G 기술 집약적인 서비스를 가격 경쟁력 있도록 개발/오픈한다.	

SO, ST, WO, WT 전략 방향 사례

Issue Analysis B & 인터뷰 C

이 단계는 인터뷰 B의 결과를 바탕으로, 근본 원인과 해결안들을 나열하고 SWOT의 전략 방향을 반영한 해결안들을 재정의한 후, 그

해결안들을 그룹핑하여 추진과제를 만드는 단계이다. 앞에서 Issue Analysis A를 전략 수립에 포함되어야 하는 이슈를 추출하는 과정이라고 했었다. Issue Analysis B에서는 Issue Analysis A를 통해 추출된 이슈들을 로직트리를 이용해 세분화해야 한다. 1차적으로 도출된 이슈들을 세분화하기 위해서는 관련된 여러 자료들과 현장 인터뷰 결과 전문가 의견 등을 참조하는 과정을 거치는 것이 좋다. 보통, '그 이슈가 어떤 내용들이기에 이슈라고 하는 거야?'라는 질문에 대한 답을 찾는 것이라 보면 된다. 우리의 사례 중 1차 이슈에 '솔루션 개발자 근무 여건 악화'라는 내용이 있었고 그 이유로, 상대적으로 낮은 연봉 체계, 국가시책 대비 과도한 근무시간, 개발자를 위한 복리후생 부족 등의 세분화된 내용이 조사되었다. 이제 이 각각의 근본 원인을 찾고 그 근본 원인을 해결하는 방안을 찾는 것이 이슈가 되는 것이다.

인터뷰 B를 통해 근본 원인을 추적한 이후, 같은 원인이라도 해결안은 여러 가지로 만들어질 수 있는데, SWOT 분석 결과의 전략 방향과 벤치마킹 결과를 활용하고 반영해서 결정해야 한다. 사례의 SWOT 결과를 보면, 솔루션 개발 인력들과 관련된 내용들이 주요 강점이고 전략 방향 중에서도 여러 중요한 역할을 앞으로 해야 하는 것을 알 수 있다. 그런 방향에 맞는 해결안을 선정해야 한다. 우리의 사례에선 여러 해결안 중 '자사 개발 인력들의 경험과 전문성을 고려하여 부족한 전문 인력 확충, ROI 낮은 과도한 공수의 신규 개발 건은 아웃소싱 적극 검토'로 결정되었다. 만약 전략 방향 중에 개발 과업 중 성과가 크지 않은 많은 부분을 정리하자는 내용이 있었다면, 해결안은 과업을 줄여 근무 시간을 적정하게 유지하는 내용이 되었을 수 있다.

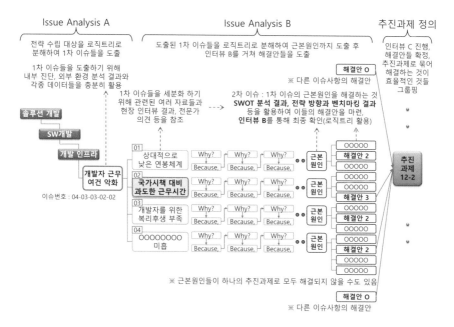

Issue Analysis A

전략 수립 대상을 로직트리로
분해하여 1차 이슈들을 도출

1차 이슈들을 도출하기 위해
내부 진단, 외부 환경 분석 결과와
각종 데이터들을 충분히 활용

Issue Analysis B

도출된 1차 이슈들을 로직트리로 분해하여 근본원인까지 도출 후
인터뷰 B를 거쳐 해결안들을 도출

추진과제 정의

인터뷰 C 진행,
해결안들 확정,
추진과제로 묶어
해결하는 것이
효율적인 것들
그룹핑

해결안 O
※ 다른 이슈사항의 해결안

1차 이슈들을 세분화 하기
위해 관련된 여러 자료들과
현장 인터뷰 결과, 전문가
의견 등을 참조

2차 이슈 : 1차 이슈의 근본원인을 해결하는 것
SWOT 분석 결과, 전략 방향과 벤치마킹 결과
등을 활용하여 이들의 해결안을 마련,
인터뷰 B를 통해 최종 확인(로직트리 활용)

솔루션 개발
SW개발
개발 인프라
개발자 근무
여건 악화

이슈번호 : 04-03-03-02-02

01 상대적으로 낮은 연봉체계
02 국가시책 대비 과도한 근무시간
03 개발자를 위한 복리후생 부족
04 ○○○○○○○○ 미흡

Why? Because, Why? Because, Why? Because, 근본원인
해결안 2
○○○○○
○○○○○
○○○○○
○○○○○
해결안 3
○○○○○
해결안 2
○○○○○
해결안 2
○○○○○
○○○○○

추진
과제
12-2

※ 근본원인들이 하나의 추진과제로 모두 해결되지 않을 수도 있음

해결안 O
※ 다른 이슈사항의 해결안

Issue Analysis B의 위치와 구성

　　이런 과정을, 이슈분석카드 형태로 만들어 놓으면 여러 가지로 쓸모
가 있다. 이슈마다 고유번호를 만들고 주요 데이터를 표현하고 근본 원
인을 추적하는 과정을 간단히 나타낸 내용과 해결안 중에 최종 선택된
것을 기록하면 된다.

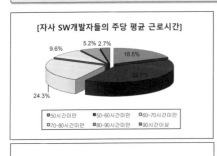

이슈분석카드 사례

추진과제 정의

이제, 각 2차 이슈들의 해결안으로 선정된 것들을 묶어(그룹핑), 추진 과제 형태로 만드는 단계를 진행해야 한다. 선정된 해결안 각각이 과제 가 아니냐는 생각을 할 수도 있는데, 가만히 생각해보면, 다른 1차 이 슈로부터 출발한 2차 이슈들 중에서도 해결안이 유사한 것들이 있을 수 있고 그들을 함께 생각해 보면 보다 효과적인 추진 방식이 도출될 수도 있기 때문에 이 단계에서 고민하는 것이 중요한 부분이라 할 수 있다. 예를 들어, 다른 1차 이슈에서도(분야가 다르긴 하겠지만) 전문인력 을 뽑아야 한다는 해결안이 있었다고 할 때, 각각을 따로 공고하고 면 접해서 채용하면 비용의 효율성 문제가 생기기 때문에 전문가 확충과 같은 해결안은 묶어 진행하는 것이 좋을 것이다. 또한, 다른 1차 이슈 로부터 출발한 2차 이슈들 간에 해결안이 상충하는 것이 있을 수 있는데, 이 단계에서 필요한 조정을 하여 추진과제로 만들어야 한다.

　각 2차 이슈들의 해결안을 확정하고 추진과제를 만들 때에는 그 과제를 통해 그 과제에 속하게 된 여러 해결안들이 제대로 작동할 수 있는지, 그런 과정에서 해당 이슈들이 실제로 해결될지를 판단하는 것이 가장 중요하다. 또, 그 과제가 현재의 회사 정책, 제도에 부합하는지도 고려해야 한다. 따라서 관련 전문가들의 의견을 충분히 들어야 하고 어떤 조직이 담당할지, 어떤 조직과 협력해야 할지도 정해야 한다. 이런 것들을 정의하기 위해 실시하는 것이 '인터뷰 C'이다. 인터뷰 C의 대상은 경영진이 신뢰하는 해당 업무 담당자 중에 선별해야 하며, 추진과제별로 세부적인 내용까지 잘 이해하고 있는 전문가여야 한다.

　추진과제를 크게 나누어보면, 없던 것을 만드는 것과 있던 것을 새롭게 하는 것으로 나눌 수 있다. 없던 것을 만드는 것은 기존에는 추진하지 않았던 과제로 '전략적인 방향, 필요성'으로 새롭게 추진하는 과제이다. 과제가 잘 진행된다는 것은, 새로운 모습들이 점차 이루어져 나가면서 관련된 미래 이슈들이 해결되는 것이다. 있던 것을 개선하는 과제는 현존하는 이슈의 해결안을 모아 만들어진다. 각 해결안들이 진행되면서 포함된 이슈들이 해결하는 것이다.

　추진과제 정의 단계는 진행될 추진과제를 구체화하는 단계이다. 이 단계에선 충분한 커뮤니케이션이 필요하다. 의외로 현장 업무팀들 간에 누가 이 과제를 책임지고 끌고 가느냐, 누구와 어떤 협력을 하느냐 등의 문제로 의견 충돌이 발생할 수 있다. 담당해야 하는 조직 입장에선, 새로운 일이 부가되는 것으로 인식할 수 있기 때문이다.

추진과제를 정의하는 내용의 요소는 어떤 전략 방향에 속하는 과제인지를 알 수 있게 해주는 과제 번호와 과제 제목 그리고 해결안을 포괄하는 과제 정의와 추진 형태 등이 있다. 담당조직을 확정하는 과정에서 먼저, 과제 수행 담당조직의 의견을 꼭 구하도록 하자. 그리고 주관 조직과 협력 조직도 정하도록 한다. 또한 해당 과제의 세부적인 추진 단계를 만들어 각 단계별 해야 하는 일과 필요 예산을 산정하는 일도 포함시킨다. 그리고 추진과제에 포함된 해결안의 번호와 내용, 그 해결안이 해결해야 하는 이슈들이 어디서부터 출발한 것인지를 알 수 있도록 이슈 번호와 이슈 내용 등도 표시해 두자. 마지막으로 해당 추진과제의 기대효과를 표현하면, 추진과제 정의 단계가 마무리된다.

추진과제 12-2	아웃소싱 관리 및 솔루션 설계 고급 인력 선발					우선순위 7
과제 정의	증연 자사 OTT 서비스와 쇼퍼블 커머스 연동을 위한 국내 소프트웨어 업체 아웃소싱을 관리할 전문 인력 채용, 솔루션 개발자 적정 공수 투입을 가능하게 할 수 있는 솔루션 기획 및 설계 역량과 개발자들과의 커뮤니케이션 능력이 탁월한 전문 인력 채용			형태	자체 추진	
				담당팀	주관 : 인사팀 협력 : 솔루션 설계팀 경영기획팀	
추진단계	주요 Activity			기간	필요 예산(천원)	
1단계	솔루션 설계팀과 개발팀 의견 중심으로 채용 Spec. 확정			2020.09.01 ~ 09.04	-	
2단계	헤드헌팅 회사 OOO, OOOO 를 통해 구인 프로세스 추진			2020.09.07 ~ 09.18	0,000	
3단계	면접 및 채용			2020.09.21 ~ 09.25	OOO,OOO/년	

해결해야 할 이슈들		기존 해결안 List		기대효과
이슈번호	이슈 내용	해결안 번호 및 내용		
04-03-03-02-02-02	솔루션 개발자들의 국가시책 대비 과도한 근무시간	3	자사 개발 인력들의 경험, 전문성 고려, 부족한 전문 인력 확충, ROI 낮은 과도한 공수의 신규 개발 건은 아웃소싱 검토	✓ 개발 아웃소싱의 원활한 진행 및 적정 품질 관리 가능 ✓ 솔루션 기획 내용의 설계 반영 속도 향상 ✓ 글로벌 수준의 솔루션 설계 상세화 실현, 개발 품질 동반 상승 기대 ✓ 솔루션 개발자들의 추가 반복 작업 저감 ✓ 솔루션 개발자의 업무 만족도, 충성도 제고 및 핵심 업무 집중
OX-OX-OX-OX-OX-11	OOOO 인력의 쇼퍼블 커머스 전문성 부족	2	자사 OTT 서비스와 쇼퍼블 커머스 연동 개발은 전문업체에 아웃소싱	
OX-OX-OX-OX-OX-04	아웃소싱 관리의 체계적 추진 전문가 필요	4	솔루션 개발 조직에 아웃소싱 관리 경험이 풍부한 전문가 확충	

추진과제 정의 사례

Implementation Planning (이행계획 수립 단계)

과제 우선순위 평가

추진과제들의 우선순위를 평가하는 단계는 매우 중요하다. 전략 수립 지시자에게 이 단계의 평가 결과를 보고함으로써 의사결정에 도움이 되는 결정적인 수치를 준다. 일반적으로 이 책의 앞부분, '논리적인 문제해결 스킬'에서 소개한 방법을 많이들 사용한다. 평가 항목은 전략 수립 대상의 현재와 미래를 고려한 전략적 중요성과 추진 시급성, 추진의 효율을 말하는 투자 대비 효과 등이 사용된다. 성공 확률과 제도와 관리 측면에서 문제는 없는지도 항목이 될 수 있다.

전략방향 12 — 신규 개발 중인 자사 OTT 서비스와 쇼퍼블 커머스 연동을 국내 전문 소프트웨어 업체에 아웃소싱하고 솔루션 설계 전문 인력 확충 및 솔루션 조직 간 장벽 제거

추진과제 12-1: 자사 OTT 서비스와 쇼퍼블 커머스 연동을 국내 소프트웨어 업체에 아웃소싱 (과제 우선순위 11)

구분	가중치	A상무	B센터장	C이사	D상무	E상무	평균	가중치 반영(x가중치/10)
전략적 중요성	20	9	9	9	9	9	8.6	17.2
시급성	20	8	8	8	7	7	7.6	15.2
투자 대비 효과	30	7	6	7	8	7	7	21
성공확률	20	8	8	8	7	7	7.6	15.2
제도/관리 용이성	10	8	8	9	8	8	7.8	7.8
합계	100	40	39	40	38	36	38.6	76.4

추진과제 12-2: 아웃소싱 관리 및 솔루션 설계 고급 인력 선발 (과제 우선순위 7)

구분	가중치	A상무	B센터장	C이사	D상무	E상무	평균	가중치 반영(x가중치/10)
전략적 중요성	20	9	10	9	9	9	9.2	18.4
시급성	20	9	9	9	10	9	9	18
투자 대비 효과	30	9	9	8	9	8	8.8	26.4
성공확률	20	8	8	8	7	6	7.4	14.8
제도/관리 용이성	10	9	10	9	8	9	9	9
합계	100	43	46	43	43	42	43.4	86.6

추진과제 12-3: 솔루션 기획-설계-개발 협력체계 강화 (과제 우선순위 16)

구분	가중치	A상무	B센터장	C이사	D상무	E상무	평균	가중치 반영(x가중치/10)
전략적 중요성	20	7	7	5	7	6	6.4	12.8
시급성	20	7	7	6	7	7	7	14
투자 대비 효과	30	9	8	7	7	8	8	24
성공확률	20	8	8	5	7	7	7	14
제도/관리 용이성	10	7	8	5	7	7	6.6	6.6
합계	100	38	38	28	35	36	35	71.4

추진과제 우선순위 평가 사례

PART II | 당신의 재능 발휘를 돕는 9가지 스킬 273

각 추진과제들을 평가하는 평가자들은, 전략 수립 지시자가 신뢰하는 사람들 중에서도 최고의 위치에 있는 사람들로 구성해야 하고 전략 수립 지시자가 직접 참여하도록 하는 방법도 가능하다. 평가 항목의 가중치를 결정한 후, 실제 평가를 하는 자리를 만들거나, 온라인으로 평가 의견을 구하는데, 이때 중요한 것은 각 추진과제에 대해 평가자들이 충분히 이해를 하고 있어야 된다는 것이다. 제목만 보고 자신이 가지고 있던 선입견으로 편향된 평가를 할 수 있으므로, 힘들더라도 한자리에 모여 자세한 설명을 하고 질의, 응답하는 시간을 만들거나, 자세한 설명 자료(필요 예산 등을 모두 포함한)를 만들어 전달하면서, 개별 설명을 하는 등의 방법으로 이 단계에 최선을 다하도록 하자. 함께 고생한 사람들 모두가 체계적인 방법으로 만든 '꼭 추진해야 하는 과제'들이 이 단계의 미흡한 노력으로 아쉬움 속에 사라질 수도 있다.

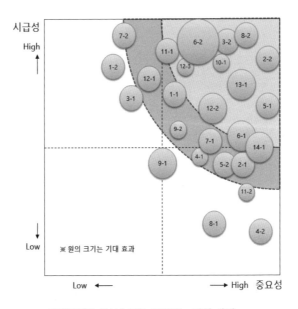

추진과제의 우선순위를 표현하는 방법 사례

때에 따라, 추진과제들의 평가 결과를 중요성과 시급성으로 단순화하여, 그 스코어를 X-Y 다이어그램을 만들어 각 과제들의 상대적인 위치를 알기 쉽게 표현하는 경우도 있다. 각 과제를 원으로 표시하여 원의 크기를 기대효과로 표현하는 등의 효과를 더할 수도 있다.

일정 계획 수립

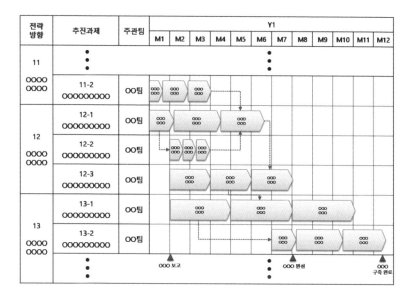

이행 로드맵 형태로 표현하는 일정 계획 모습

추진과제들 중, 실제로 이행하는 것이 확정된 과제들의 이행 일정 계획을 세우는 단계이다. 일정 계획 수립에 포함되는 내용으로 추진과제들이 어떤 전략 방향에 속하는지, 수행팀 그리고 추진과제들의 세부 단계 일정, 보고 시점, 일의 종료 시점 등이 있다. 또한, 다른 전략 방향에 속한 과제들일지라도 추진과제 간에 연관 관계가 있다면, 어느 단계에 활용되어야 한다는 등의 정보를 화살표를 통해서 나타내는 것이 좋다.

　별도의 자료로 전략의 이행을 위한 추진과제들 각각에 소요되는 예산과 총예산 등을 정리하여 전달하고 그것을 관리하는 책임도 누구에게 있다는 것도 정하여 보고하는 것이 좋다. 예산뿐만 아니라, 전체 전략 이행을 총괄할 사람이나 팀을 정해야 한다는 것도 전략 수립 지시자에게 마지막으로 전해야 하는 사항이다.

　지금까지 전략을 수립하는 전체적인 프로세스를 살펴보았다.

　이제 자신에게 전략 수립, 또는 발전 방안 수립, 개선안 마련 등의 기회가 오면 피하거나 손사래 치지 않아도 된다. 지금의 직장뿐만 아니라 다음에 일하게 될 직장에서도 도움이 되는 자신의 재능을 전략의 수립에 발휘하는 찬스이기 때문이다. 언제 자신이 가지고 있는 재능의 분야에서 그 재능을 가지고 현황 분석과 이슈 분석, 벤치마킹을 해보겠는가. 그리고 다른 사람들은 어떤 재능을 가지고 일을 하는가를 옆에서 지켜볼 수 있겠는가. 어차피 해야 한다면 이런 진심을 가지고 나와 내가 속한 곳을 모두 이롭게 하는 전략 수립에 최선을 다해 보자.

　이 책을 읽고 전략 수립에 참여하여 기쁘게 마무리하신 독자분들에게 미리 경의를 표한다.

여덟, 꼭 필요한 프레젠테이션 스킬

'말로 내 생각 전달을 잘 못한다고 깨지지 말자.'

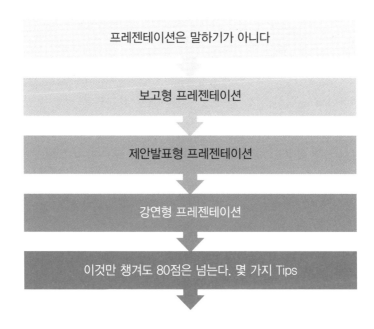

프레젠테이션은 말하기가 아니다

보고형 프레젠테이션

제안발표형 프레젠테이션

강연형 프레젠테이션

이것만 챙겨도 80점은 넘는다. 몇 가지 Tips

마지막으로 넘어야 할 중요한 산이 있다. 바로 '듣는 이에게 안건을 제시하고 설명 주장하는 활동', 즉 프레젠테이션이다.

시중에 프레젠테이션과 관련된 책은 보고서 잘 쓰기, 전략 수립 잘 하기 등의 책들에 비해 압도적으로 많다. 왜 그럴까? 그만큼 프레젠테이션이 많은 이들에게 부담이 되고 배우고 연습해야 하는 것이 되었기 때문일 것이다. 그런데 AI 시대가 되면 기계가 대신 프레젠테이션을 해 줄 것이므로 서서히 그 중요성이 줄어들지 않을까? 생각하지만, 필자는 그렇지 않다고 생각한다. 단순한 수치나 사실들에 근거한 결과를 설명하는 것은 기계가 대신 해줄지 몰라도 그런 설명들의 해석 요구나 믿을 수 있는지 등의 질문에 의견을 내는 역할은 적어도 우리 다음 세대까지는 사람이 해야 할 것이다.

오히려 AI가 여러 업무 분야에 적용되기 시작하면서 관련된 분야의 재능이 출중한 사람에게 경영진은 보다 자주 의견을 구하고 여러 일을 맡겨, 보고를 받고 다양한 결과에 대한 해석과 평가를 요청할 수 있다. 이런 일은 회사 내에서만 일어나는 것이 아니고 다양한 부류의 사람들 앞에서 자신의 의견을 발표 전달해야 하는 프레젠테이션 상황으로 커지기도 한다. 언제까지 당신은 그럴 때마다 '아, 난 사람들 앞에서 발표하는 거 싫어. 다른 사람한테 맡기지 뭐.', '이 책, 또 발표 잘 하도록 연습시키는 책이구나, 덮어야지.'란 자세를 보일 것인가.

걱정하지 않아도 된다. 이 책은 프레젠테이션의 귀재가 되기 위한 노력에 시간을 낭비하지 말자고 주장하는 책이다. 자신의 재능이 프레젠테이션을 못해서 제대로 발현되지 못하는 것만 막으면 된다. 다시 말해 필자의 주장은 프레젠테이션은 나의 해당 업무 전문성, 창의성, 조직 내 커뮤니케이션 역량을 보여주는 도구이지 그 이상도 그 이하도 아니라는 것이다. 부담 가질 필요가 없다.

프레젠테이션은 말하기가 아니다

프레젠테이션의 중요성과 유형 분류

나 혼자 했든지 여러 명이 함께 했든지 어떤 안건, 즉 일을 진행하였을 때 그것을 설명 또는 주장하는 것을 프레젠테이션이라 정의할 수 있다. 그래서 프레젠테이션을 단순히 말하기라 할 수 없다. 소중한 시간 투자에 대한 보상이라고 하는 것이 더 가깝다.

그렇다면 프레젠테이션이 중요한 이유는 무엇일까. 어쩔 수 없게 인정해야 하는 것은 당신과 당신이 포함된 조직 평판이 프레젠테이션으로 결정될 수 있다는 것이다. 잘못된 프레젠테이션의 결과를 따뜻한 미소로 너그럽게 이해해 주는 사람은 이 세상에 그리 많지 않으며, 그로 인한 절망적인 상태를 되돌리는 방법이 현실적으로 불가능한 경우가 많기에 프레젠테이션의 중요성은 매우 크다. 당신과 함께 고생한 멤버들의 기대가 있고 데이터와 문헌 자료보다 더 강한 인상을 주며 당신에게 시간을 투자하고 기회를 부여한 사람들에 대한 예의가 될 수 있는 것도 프레젠테이션을 만만하게 봐선 안 되는 이유이다.

그렇다면 프레젠테이션을 걱정 없이 소화할 수 있는 방법은 없을까. 대형 서점에 쌓여 있는 프레젠테이션 관련 도서들을 읽어보면 그 내용들을 다 습득하여 실행할 경우 우리나라의 대표 프레젠테이션 전문가가 될 수 있는 내용들이다. 너무 어렵다. 이 책을 읽는 독자들 중에 매일 프레젠테이션을 하고 그것으로 급여를 받는 사람들이 몇이나 될까. 대부분 많아야 일주일에 한 번 정도의 상급자나 리더 앞에서 보고하는 정도의 가벼운 프레젠테이션의 기회가 있을 것이다. 여러 사람 앞에서 또는 경영진 앞에서 "○○팀의 ○○○입니다."로 시작하는 부담 백배의 프레젠테이션도 1년에 한두 번 정도이지 않을까. 그 정도의 일인데 책 한 권을 달달 외우고 연습해야 하는 것은 너무나 큰 고역이 될 수 있다.

자 이제 이 책에서 제시하는 내용만 충분히 이해하고 따르자. 프레젠테이션 걱정 떨쳐 버리는 내용, 꼼꼼히 읽어도 30분이면 다 읽는다.

프레젠테이션라고 해서 다 똑같이 준비하고 훈련하는 것은 아니다. 어떤 유형인지 미리 살펴보고 적합한 준비와 훈련을 해야 한다. 프레젠테이션을 나누는 방법 중에 듣는 사람 즉 청중의 수에 따라 나누는 방법이 있는데 보고형 / 제안발표형 / 강연형 등으로 나눌 수 있다. 이들 각각에 대해 특징은 무엇이고 어떤 준비가 필요한지 함께 생각해보자.

유형	보고형	제안발표형	강연형
청중의 수	보통 1~5인	보통 3~8인	많다
청중의 수준	보통 높다	매우 높다	낮지 않다
조직에 미치는 영향	보통 작다	크다	작다
나에게 미치는 영향	매우 크다	크다	보통
중요한 것은 프레젠테이션의 유형에 따라 적합한 준비와 훈련을 하는 것!			

프레젠테이션의 유형들과 핵심적인 시사점

보고형 프레젠테이션

우리가 가장 자주 맞닥뜨리게 되는 보고형 프레젠테이션은 출근 후 컴퓨터를 켜지도 않았는데 갑자기 부장님이 다가오셔서 "김 대리 어제 ○○○○ 건 어떻게 되었지?"라는 질문에서 이어지는 프레젠테이션을 비롯하여 여러 경영진분 앞에서 격식을 갖추어 보고하는 형태까지 다양한 모습으로 우리를 찾아온다.

청중의 숫자는 많지 않다. 1명~5명 정도의 작은 숫자이지만 각자 경험도 많고 보고의 내용 대부분을 알고 있으며 결정적인 내용 몇 가지만 알고 싶어 하는 경우가 많다. 이런 보고를 잘 하느냐 못하느냐가 조직에 미치는 영향은 크지 않다. 보고를 잘하지 못해도 듣는 사람이 내용만 파악하면 되기 때문이다.

그러나 개인한테 미치는 영향은 크다. 최악의 경우는 해당 분야의 재능까지 부정되는 경우다. 분명히 그 분야의 경험과 노하우가 쌓여 있는데 업무 보고 한번 잘 못 했다고 '저 친구는 일을 하고 있는 거야 안 하고 있는 거야. 재능이 있기는 무슨…'과 같은 평가를 받을 수 있다.

이는 언택트 시대가 되었어도 여전히 변하기 힘든 기조로 자리 잡고 있다. 재택근무를 해도 화상회의 솔루션 기술이 발달하여 회사에 출근한 것과 같이 보고를 해야 한다. 게다가 한 번에 여러 명이 순차적으로 발언을 하게 되는 상황이 대부분이라 쉽게 '비교'되는 아픔도 있다.

보고 받는 상사(경영진) 입장

일반적인 회사의 경영진들은 하루 평균 7~10건 이상의 크고 작은 프레젠테이션에 참석하면서 하루 일과의 50% 이상을 투자한다고 한다. 그들이 참석한 프레젠테이션의 효율성에 대해서 어느 정도의 점수를 주는가가 우리에겐 큰 관심사다. 짧고 간단하게 중요한 정보 알고 싶은 정보를 빨리 습득했다면 높은 점수를 주는 것이다.

생각해보자. A대리한테 질문했을 때는 1분 만에 알고 싶은 현황 분석 보고를 받고 잘 이해를 했는데, B대리한테 다른 건의 유사한 질문 후 30분째 듣고 있는데도 무슨 말인지 이해하기 힘든 상황이라면 어찌 비교되지 않을 수 있겠는가. 그렇다. 보고형 프레젠테이션은 짧고(Short), 간단하고(Simple), 빠른(Speedy) 전개가 중요하다.

보고 받는 상사(경영진)가 중요시하는 것

슬픈 이야기일 수 있지만 내가 경영진이 되기 전까지는 내가 생각하는 보고의 내용과 경영진이 원하는 보고의 내용이 같아지기가 쉽지 않다. 실무진의 머릿속에는 현장 업무에서 정말 중요했던 여러 내용들, 동료들과의 논의와 많은 고민을 통해 진행해 나갔던 과정들이 가득 차 있다. 모든 부분들을 경영진이 다 알아봐 주셨으면 하는 마음이 있다. 하지만 경영진의 메모리도 한계가 있고 시간은 항상 부족하다. 작은 그림보다는 큰 그림으로 의사결정을 해야 한다. 따라서 전체적인 모습, 요약된 정보가 중요하다.

실무자가 생각하는 보고형 프레젠테이션의 내용	경영진이 관심 있어 하는 보고형 프레젠테이션의 내용
각 부분에 모두 충실 (모두 자식새끼 같이 귀한 내용인데 뭘 빼?)	큰 그림, 전체와 요약을 중시
시간 흐름, 일 진행 순으로 보고 (이렇게 해야 이해하시기 편하겠지?)	핵심 내용 파악이 우선
배경, 필요성, 문제점을 우선 (논리적이란 것이 바로 이런 거 아니야?)	결론, 해결안, 효과, 효율에 관심
많은 내용이 설득력 (피땀 흘려 작업한 건데?)	간결한 내용이 경쟁력
곳곳에 실무 전문용어와 약어 (우린 맨날 쓰는 용어인데 알아들으시겠지?)	쉽게 이해되는 용어, 표현 선호

실무자와 경영진의 관심사 차이(보고형 프레젠테이션)

핵심적인 내용(주로 결론)을 어디에 배치하는가도 경영진의 생각과 다를 수 있는 부분이다. 자신만의 생각으로 어떤 일의 풀 스토리를 들려드리고 싶다는 생각으로, 어서 결과를 듣고 싶은 경영진을 애태우는 일이 없도록 하자.

또한 논리적이어야 한다는 강박관념으로 배경, 필요성, 문제점 등의 순서를 무조건적으로 지키려 하지 말자. 경영진은 항상 결론과 해결안에 목마른 상태이다. 내용의 분량도 간결하게 만드는 것이 좋고 우리보다 전문성이 높은 분들이니까 이런 용어들은 다 아시겠지? 라는 생각을 버리고 쉬운 용어들을 사용하자.

프레젠테이션 정리하는 방법 – 결론부터

요즘은 "자네, 내 방으로 와서 A 프로젝트 진행 상황 좀 보고해 봐."

같은 일이 많이 없어지는 추세인 것 같다. 많은 직장에서 간단한 보고는 경영진이 해당 업무 담당자 자리로 찾아가서 듣는 시대가 되었다. 건물 로비나 작은 규모의 회의실에서 짧게 이루어지는 보고의 자리가 생기기도 하고 간혹 "○○○상무와 ○○○센터장도 함께 듣는 것이 좋겠군. 두 사람 다 자리에 있는 것 같으니까 30분 후에 내 방에서 하지"와 같은 상황은 크게 부담되는 일이 아닐 것이다. 다만 월간보고 분기보고 반기보고 등 주요한 성과를 격식 있게 보고하는 자리나 경영진이 죽 둘러앉아 있는 분위기의 보고 자리는 쉽지만은 않다.

　이런 유형들 즉 보고형 프레젠테이션은 그 자리가 가볍든 무겁든 사람이 사람을 쉽게 판단해 버릴 수 있는 요소들을 포함한다. 보고의 내용도 내용이지만, 보고자의 말과 태도는 시청각적으로 그 사람을 판단하게 만든다. 안타까운 일이지만 이 보고의 순간이 그 사람의 재능을 발견하기는 어렵고 좋지 않은 선입견이 만들어지기에는 쉬운 상황이 된다. 그렇기에 보고형 프레젠테이션이 중요한 것이다.

　자 이제 외우자. 우리는 이 상황에서 결과부터 말해야 한다. 그렇다고 무작정 결과부터 불쑥 이야기하는 것은 역효과를 가져올 수 있다. 아래 대화 내용을 한 번 보도록 하자.

(상황1)

"오 대리 어제 계약 건 어떻게 되었나?"

실패했습니다. 도통 고집을 꺾지 않네요."

"………… 에휴…. 알았네."

뒤에 어떤 내용이라도 말할 수 없는 분위기가 되어 버린다.

(상황2)

"오 대리 어제 계약 건 어떻게 되었나?"

"어제 오후에 제주에 도착해서 바로 1차 미팅을 했는데 그쪽 부사장님이 계속 반대를 했나 봅니다. 저녁 8시가 되어서야 내부 논의 결과를 알려주었는데…"

"그래서 된 거야 안 된 거야?"

이런 상황까지 가서 실패했단 이야기를 하면 분위기는 급속 냉각된다.

(상황3)

"오 대리 어제 계약 건 어떻게 되었나?"

"어제 제주에서 그쪽 부사장님이 전체 계약에 반대하여 종합적으로는 계약이 성사되지 않았습니다만 세부 내용 중에 ○○과 ○○은 계속 협의하기로 했습니다."

"음…. 아쉽네. 하지만 남은 것들이라도 잘해 보세. ○○과 ○○에 대한 충분한 자금은 있어 보이던가?"

상황3과 같이 "결론부터 이야기하되 결론이 만들어진 정황과 사유를 짧게 정리하여, 결론과 함께 보고한다. 또한 이외에 얻게 된 소득도 첨언한다." 이것이 정답이다. 그래야 뒤에 이어 나올 이야기가 이루어지는 분위기가 형성된다. 외우자. 이는 가벼운 자리나 무거운 자리나 공통적으로 적용되는 것이다.

보고의 구성 : '왜? 진짜? 그래서?'

보고를 받는 경영진이 아무리 결과를 중요시한다 해도 정리가 안 된 보고 내용을 그냥 넘어가지는 않는다. 결과도 좋지 않은데 보고의 내용 정리도 엉망이면? 기억하고 싶지 않은 일이 벌어질 수도 있다.

정리된 보고를 위해 '왜? 진짜? 그래서?'에 대한 대응을 준비하자. 첫 번째는'왜?'에 대한 준비이다. 어떤 사람이라도 '왜 그런가?'라는 질문을 할 것 같은 내용에는 미리 '왜냐하면'에 해당하는 내용 즉 정확한 원인을 포함해야 한다. '5 Why?'를 기억에서 소환하자.

예시 ① "어제 제주에서의 계약은 성사되었습니다. 다만 ○○와 ○○는 계약 대상에서 제외되었습니다. 왜냐하면, 자사의 국제 보안관리체계 인증이 완료되지 않아서인데 다음 달 초에 인증이 완료되면 추가로 계약할 수 있을 것으로 판단됩니다."

'왜 그런가?'라는 질문이 나올 것도 같고 안 나올 것도 같으면 일단은 나온다고 생각하고 준비해야 한다. 까칠한 상사 중 '뭘 근거로 그렇게 말하는 거지?'와 같은 표현을 거침없이 날리는 사람들이 있다. 그 위치에선 당연한 질문이라고 생각하자. 그러한 결론이 도출된 근거는 사실, 경험, 사례 등을 바탕으로 3개 정도 제시하면 된다.

정리된 보고를 위한 두 번째 준비는 '진짜?'라는 질문, 즉 사실에 근거한 내용으로 구성해야 한다는 것이다. 보고 내용 각각에 최대한 수치적, 정량적인 사실 근거에 해당하는 내용들을 포함시키자.

예시 ② "어제 제주에서의 계약은 성사되었습니다. 계약 조건 중 응답률은 90% 이상, 오류율은 10% 미만입니다. 우리의 의견이 수용되었으며 이외 상세한 조건은 메일로 송부 드리도록 하겠습니다."

또, '~인 것 같습니다.', '~일 듯합니다.', '~입니다. 그런데 확신은 못하겠습니다.' 등은 보고 받는 사람 입장에서는 보고를 안 받은 것만 못하다는 생각을 할 수 있게 하는 표현들이다. 사용하지 않아야 한다. '저 사람은 팩트만 보고한다'는 평가를 받을 수 있도록 하자. 불가피하게 예측 또는 근거가 부족한 전망을 보고해야 하는 상황이라면 가정과 전제, 그리고 필요한 정보를 언급하도록 한다.

예시 ③ "제 생각을 물으신다면 ○○○가 다음 주 중 완료된다는 가정하에 성공한다고 판단합니다. 다음 주 초 ○○○의 초기 데이터가 산출되면 보다 정확한 예측이 가능할 것입니다."

마지막으로 '그래서?'에 대한 준비이다. 원인과 결과가 잘 정리된 보고를 하다가도 보고를 받는 사람이 '그래서?'란 질문을 하면 입이 다물어지는 경우가 있다. '그래서?'는 그 억양에 따라 몇 가지로 그 의미를 나누어 볼 수 있는데 독자 여러분들이 모두 잘 아시는 바와 같이 아주 부드러운 '그래서?'는 '지금까진 좋다. 다음 내용을 듣고 싶다'는 뜻이다. 약간 급하고 거친 또 높은 톤의 '그래서?'는 불길하다. '뜸 들이지 말고 빨리 이야기해'라는 뜻이다. 아주 거친 그리고 한숨 섞인 듯한 '그래서?'는 'So what? 어쩌라는 건데?'의 의미가 된다.

첫 번째 '그래서?'는 핵심 내용 중심으로 빠르게 다음의 각 단계로 넘어가면 되고 두 번째 '그래서?'는 결론부터 먼저 보고하는 전체적인 구성을 각 소주제들에 대해서도 적용하면 된다. 즉 소주제들에 대해서도 소 결론을 먼저 보고하고 관련 내용을 설명하는 방식으로 하면 되는 것이다.

세 번째 '그래서?'를 대비하려면, 이것은 세밀한 준비가 필요하다. 논리적으로 연결되는 결과나 우리 조직에 주는 시사점 대응이 필요한 것 등 보고를 받는 사람으로 하여 '말하고자 하는 것이 뭐냐', '지금 나보고 어쩌라는 거냐.'라는 생각이 들지 않게 하는 연결고리를 미리 고민해서 보고를 시작하도록 해야 한다. 이런 경우에 유용한 준비는 자신의 보고를 한 줄로 압축해 보는 것이다. 보고 내용은 길 수 있지만 한 줄로 "○○○○가 ○○되었으니 우리 회사는 ○○○하도록 다음 달부터 ○○○를 준비해야 한다는 것입니다." 정도의 내용을 미리 만들고 몇 번 반복 연습한 후 보고를 시작해보자. 필요하다고 판단될 경우 사전에 관련된 실무진들과 함께 협의하여 "필요한 사항은 크게 A B C입니다. A는 …하는 것이며 B는 …것이고 C는 …하는 것입니다. (누가 언제 어떻게 얼마큼의 비용으로'를 담아서). 현재 초기 협의는 마친 상태입니다"와 같은 내용도 준비해 두면 좋다. '준비하길 잘 했네.'라고 생각하게 만드는 상황을 의외로 자주 만날 것이다.

보고를 받는 상사(경영진)의 희망 사항에 맞춘 보고

결론부터 보고를 시작했다 하더라도 보고 받는 사람의 욕구가 다 해소된 것은 아니다. 보고를 받는 사람의 직무 역할에 맞춰 결론 다음으로 중요한 내용들을 보고하도록 한다. 보고 받는 사람이 최근 매출 중

대에 많은 관심을 보이고 꼼꼼한 관리를 하고 있었다면 결론에 이어 바로 그 결론으로 인한 매출 신장 내용을 언급해야 한다. 마케팅 담당 임원이 보고 자리에 있다면 결론으로 인해 어떤 마케팅적인 활동이 필요하게 되었는지 또는 마케팅에 어떤 도움이 되는 상황이 만들어졌는지 등을 언급하면 좋다.

표현도 보고 받는 상사(경영진)에 맞추어 주의해야 한다. 비용을 들여 문제를 해결하는 방식을 싫어하는 경영진 앞에서 외부 전문기업에게 맡겨야 한다는 의미로 보고를 하려면 매우 주의를 요하는 것이다. 물론 여러 분석 방법으로 회사 내부 조직의 자체 진행이 불가하다는 판단이 내려져서 그런 보고를 하는 것이겠지만 '비용을 들여 외부 기업에 맡겨야 한다.'고 결론을 표현하기보단 '목표 달성을 위해선 외부 전문기업과의 협력이 최선' 정도로 보고하고 협력 방식 중 하나로 비용 지불이 있는 것을 단계적으로 제언하는 등의 신중함을 발휘하자.

마무리하는 법

보고형 프레젠테이션의 마무리는 프레젠테이션 내용의 요약도 아니고 '감사합니다'도 아니다. 프레젠테이션 중 언급된 사항들, 특히 앞으로 어떻게 하라는 피드백과 향후 추진 내용이 된 지시들을 간단히 언급하면 된다. "말씀하여 주신 A, B, C를 내일부터 진행하고 A는 Q팀과 협력할 수 있도록 하겠습니다. 다음 보고 시에는 B, C 결과도 보여 드릴 수 있도록 하겠습니다." 정도면 좋다.

보고형 프레젠테이션을 위한 준비

나의 재능인 전문성이 제일중요

부담되지 않게 될 수 있다고 말은 했지만, 보고형 프레젠테이션이 스트레스가 되는 것은 사실이다. 특히 높은 상사나 경영진 여러 명 앞에서 프레젠테이션을, 그것도 썩 좋지 않은 결과를 보고하게 되는 순간은 어느 누구라도 피하고 싶은 것이다.

수행했던 프로젝트 조직을 맡아 진행했던 회의들을 생각해 볼 때 천 건이 훌쩍 넘는 보고를 했고 또 수천 건이 훌쩍 넘는 보고를 받았던 필자의 경험으로는 보고형 프레젠테이션을 준비하기 위해 가장 많은 시간을 투자해야 하는 것은 유창한 발표력도 아니고 예쁜 슬라이드도 아니었다. 또 보고형 프레젠테이션의 가장 바람직한 청중 모습은 환호성도 아니고 박수도 아니고 놀란 표정도 아니었다.

그렇다. 보고하는 사안에 대한 프레젠테이션 담당자의 전문성이 제일 중요했고 경영진들의 고개 끄덕임 진지한 질문 활발히 오고 가는 대화들이 가장 바람직했던 청중의 모습들이었다. 많이 알고 임하는 것, 철저히 검토하고 관련된 여러 팀의 실무진들과도 많은 대화를 나누는 것, 보고 내용을 준비하며 예상 질문들을 상상해보고 깊이 있게 사전 조사를 하는 것, 때로는 기술 서적도 참고하고 유사한 이전 사례들도 참고하는 등의 노력이 필요하다. 그런 노력으로 보고 받는 경영진들이 매우 유익한 자리였다고 생각하게 만드는 것이 가장 보람차고 다음 보고도 두렵지 않게 만드는 에너지가 된다. 바로 자신의 재능을 잘 가다듬는 노력이 보고형 프레젠테이션의 묘수다.

연습법

보고할 때마다 동영상 녹화 후 다시 보며 연습하는 것은 쉽지 않다. 아니 그런 노력을 할 시간에 보고 내용의 검토와 관련 공부, 즉 자신의 재능을 갈고닦기에 더 많은 시간을 할애하자. 생사가 달려있는 보고가 아니라면 연습도 자신의 재능을 발전시키는 방법으로 하는 것이 좋다.

가장 친한 동료나 선배를 붙들고 보고 내용을 논리적으로 설명해본다. 보고에 대한 지적을 미리 받기 위함이 아니라 보고 내용에 대해 토의하는 것이다. 각종 아이디어도 모을 수 있고 허를 찌르는 질문들도 경험하면서 몰랐던 내용도 알게 되고 "○○○ 상무님은 그렇게 표현하면 못 알아들으셔 더 쉽게 이야기해야 해"와 같은 꿀팁도 얻게 된다. 또 깊이가 얕은 부분도 발견하게 되어 그 날 밤에 벼락치기를 할 공부계획도 세우게 될 것이다. 보고 중에 더듬는 버릇이 있거나 기어 들어가는 목소리를 가진 것보다 잘 모르고 보고하는 것이 훨씬 더 치명적이다.

▎제안발표형 프레젠테이션

회사에 입사한 지 얼마 되지 않은 사람에게는 쉽게 기회가 오지 않는 프레젠테이션이다. 어떤 사업의 수주나 납품의 성사를 위해 평가위원들 앞에서 행하는 프레젠테이션이다. 회사 전체의 실적을 좌우할 수도 있는 프레젠테이션으로 고참 직원이나 경영진 중에서 나서기도 하지만 작은 사업이나 규모가 크지 않은 납품 건, 스타트업 지원사업의 대상 기업 선정 등에는 젊은 독자들도 경험할 수 있는 프레젠테이션이다.

짧은 시간 안에 큰 의사결정이 이루어지고 대부분 사전에 서면의 내용이 전달된 상태에서 '제안 내용'을 전달하며 마지막 반전의 기회가 될 수 있다는 점, 회사 또는 소속 조직과 관계된 여러 분야의 전문가들 앞에서 '수준'을 보여주게 된다는 것, 연습되고 준비된 질문만 있는 것이 아닌 그야말로 황당한 질문도 받을 수 있다는 점, 정말로 준비해 간 제안 내용 이외의 요소들로 인해 당락이 결정되는 경우가 많다는 점 등이 제안발표형 프레젠테이션의 중요한 특징이다.

청중의 숫자는 보고형 프레젠테이션보다는 많지만 수십 명이 되지는 않는다. 3명~8명 정도의 규모이며 제안 내용을 평가해야 한다는 특성 때문에 해당 분야에서 경험이 많고 전문성이 뛰어난 사람이 청중 즉 평가위원이 되는 경우가 많다. 프레젠테이션 능력이 당락을 좌우하므로 발표자의 능력이 조직에 미치는 영향은 크다. 물론 개인한테 미치는 영향도 크다. 이런 프레젠테이션을 몇 번 연속으로 실패하면 다시 그 역할을 부여 받기가 힘들 수도 있게 된다. 역시 최악의 경우인 '해당 분야의 재능까지 부정되는 경우'로 이어지기도 한다.

평가위원들 입장

　보고형 프레젠테이션과 달리 제안발표형 프레젠테이션은 듣는 사람, 즉 청중이라 할 수 있는 평가위원들이 누군지를 미리 알기가 어렵다. 특히 각 정부기관의 용역 사업이나 기업지원사업 등 공공 분야의 여러 사업에 제안한 내용을 평가하는 사람은 본인도 자신이 평가를 하게 된다는 것을 며칠 전에야 알게 된다. 요즘에는 일반 기업들도 중요한 평가에 해당 분야의 전문성이 있는 외부 인사를 초빙하는 경우가 많아지고 있다. 관련 분야의 전문가 풀을 수십 명 만들어 놓고 해당 평가 시 무작위로 선정하는 경우가 일반적이다.

　공정성을 기하기 위한 이런 방법들은 프레젠테이션을 하는 입장에선 더욱 부담되는 상황을 만든다. 평가위원들이 어떤 생각을 가지고 평가에 임하는지를 예측하기가 어려워지기 때문이다. 그럼 그런 평가위원들의 입장은 어떠할지를 먼저 생각해보자. 모든 제안발표형 프레젠테이션의 경우가 이와 같지는 않겠지만 청중의 입장이 되어보고 어떤 것들을 중요시하는지 어떤 것을 듣고 싶어 하는지에 연결하여 제안발표 내용을 정리하는 일종의 가상훈련이라 생각하면 좋겠다.

　사내 조직들의 제안발표나 사기업의 협력기업 선정을 위한 제안발표 등에는 위와 같은 깐깐한 평가위원 선정 절차를 거치지 않고 경영진이나 평소 자주 협업하는 외부 전문가를 주로 초빙할 수 있다. 그런 경우는 평가위원들의 관심사와 성향을 아는 경우이므로 보고형 프레젠테이션 부분에서 설명했던 주요 내용을 참조하면 될 것이다.

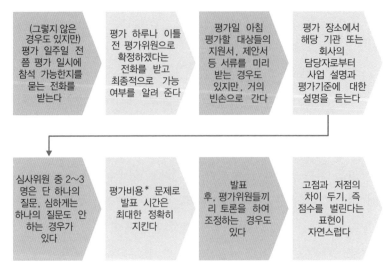

| (그렇지 않은 경우도 있지만) 평가 일주일 전쯤 평가 일시에 참석 가능한지를 묻는 전화를 받는다 | 평가 하루나 이틀 전 평가위원으로 확정하겠다는 전화를 받고 최종적으로 가능 여부를 알려 준다 | 평가일 아침 평가할 대상들의 지원서, 제안서 등 서류를 미리 받는 경우도 있지만, 거의 빈손으로 간다 | 평가 장소에서 해당 기관 또는 회사의 담당자로부터 사업 설명과 평가기준에 대한 설명을 듣는다 |

| 심사위원 중 2~3명은 단 하나의 질문, 심하게는 하나의 질문도 안 하는 경우가 있다 | 평가비용* 문제로 발표 시간은 최대한 정확히 지킨다 | 발표 후, 평가위원들끼리 토론을 하여 조정하는 경우도 있다 | 고점과 저점의 차이 두기, 즉 점수를 벌린다는 표현이 자연스럽다 |

※ 평가 비용은 시간 당 얼마로 산정하는 경우가 대부분이라, 그 시간을 넘기면 사전에 담당자들이 기안했던 내용이 변경되어 곤란한 경우가 발생한다.

평가위원 입장 되어보기

이 부분에선 위의 상황과 같이 평가위원들이 무작위로 선정됨을 가정하여 내용을 전개하도록 하겠다. 평가위원들 각각은 대부분 각자의 일터에서 중요한 역할을 하는 사람들이라 평가 시간 전후로 스케줄이 가득 차 있는 경우가 많다. 따라서 평가 시간이 지연되는 것을 바라는 경우는 거의 없다.

해당 분야의 전문가이기는 하지만 제출되어있는 평가대상팀 또는 기업의 제안서나 지원서 등의 내용을 모두 다 이해하기는 쉽지 않다. 또한, 시간도 많지 않다. 테이블 위에 놓여있는 두툼한 서류들을 뒤적거려 보지만 첫 팀의 프레젠테이션이 시작되기 전에 모든 내용을 다 파악하기는 쉽지 않다. 20~40분 정도의 발표를 듣고 거꾸로 서류를 살펴보는 평가위원이 대부분이다.

평가위원들이 중요시하는 것

제안발표형 프레젠테이션의 청중 즉 평가위원들의 입장을 살펴본 결과로 그들이 중요시하는 것을 판단해 보자. 우선 시간이다. 필자의 경험으로 평가위원들이 "천천히 하세요. 시간 많으니까"와 같은 발언을 하는 것은 단 한 번도 보지 못했다. 설사 자신은 시간이 좀 넉넉하더라도 다른 평가위원들 중 대다수가 바쁜 사람들일 것이라 생각하게 되므로 시간 관련해서는 자비를 베풀지 못하는 분위기라고 봐야 한다.

다음으로 평가를 잘 마치는 것이다. 자신이 잘 모르는 내용들이라고 해서 대충할 수는 없다는 기조가 형성되어 있다. 평가위원별로 평가 결과들이 데이터로 분석되는 세상이다. 다른 평가위원들에 비해 유난히 튀는 결과를 보인다든지 상관관계가 있는 평가 항목들에 자신만 상반된 내용으로 평가한다든지 하면 성향 분석을 통해 다음 기회에 평가위원으로 위촉되지 못하게 될 수 있기 때문에 자신의 평가 내용에 문제되는 것은 없는지 빠짐없이 다 했는지 등에 신경을 많이 쓴다.

그다음은 제안발표 내용이다. 자신의 전문 분야라면 몇 개의 질문을 하는 경우도 있고 자신이 생각하기에 틀린 내용을 프레젠테이션하면 지적을 하는 평가위원도 있다. 가끔 자신이 평가위원이 아니라 발표하는 사람의 상사인 것처럼 착각하고 나무라듯 프레젠테이션 내용이나 발표 태도를 질책하는 평가위원도 있다. 이럴 때는 "위원님께서 정확히 짚어주신 것 같습니다. ○○○○에 대한 질문으로 이해됩니다. 그 내용은 인쇄물 ○○페이지에 기술되어 있듯이 ○○○○의 방법을 쓴 것으로…" 이렇게 점잖은 대응을 하도록 하자.

주로 학계에 계시는 분들은 이론적인 배경이나 데이터에 근거한 경쟁력을 세세하게 질문하는 경우가 많고 기업에서 오신 분들은 현장에 적용 가능한 내용인지 실제 비즈니스에서 통할지 등을 질문한다. 법/제도적인 전문성이 있는 분들은 현 체제에서 고려해야 할 법적인 부분, 제도와 관련된 고찰이 있었는지 등을 질문하기도 한다.

프레젠테이션 내용을 잘 이해하지는 못했더라도 평가 사례비 값은 해야 한다는 생각을 중요시하는 평가위원들도 많다. 이들은 제안발표 팀당 한 개 정도의 질문을 던지는데, 본인도 다른 평가위원들도 크게 결정적이라 느끼지 못할 질문을 하고 질문 내용에 적절한 답을 하지 못하면 관련 항목의 점수를 많이 깎기도 한다.

이렇게 평가위원들이 중요시하는 것이 다 다르기에 최대한 불법적이지 않은 선에서 평가위원들이 어떤 분들이신지 파악하는 노력이 필요하다. 가르쳐주지 않으면 어쩔 수 없다. 하지만 해당 기관 회사의 내부 분들이신지 외부 분들이신지, 산업계에 계신 분들이신지 학계에 계신 분들이신지 아니면 섞였는지 등을 사전에 파악하는 노력은 아깝지 않은 시도이다.

평가위원들이 듣고 싶어하는 내용

이 책을 읽는 독자분들이 평가위원이라고 상상해보자. 다섯 제안발표 팀을 평가해야 하는데 평가 항목이 각 열 개씩이라면 첫 번째 팀의 1번 평가 결과와 다섯 번째 팀의 1번 평가 결과에 동일한 기준으로 합리적인 점수를 줄 수 있겠느냐는 질문이다. 당연히 그래야 하지만, 1번 항목 만점이 10점이고 첫 번째 팀의 1번 항목에 9점을 주었는데 그 보다 다섯 번째 팀의 1번 항목 관련 프레젠테이션이 너무 좋아서 첫 번째 팀의 1번보다 훨씬 더 높은 점수를 주고 싶은데 10점이 만점이라 10점 밖에 주지 못하는 상황이라면? 첫 번째 팀의 1번 항목 점수를 고쳐 9점보다 많이 낮은 점수로 내리고 두 번째 팀부터 네 번째 팀들의 점수도 다 고치는 등의 일을 해야 한다.

평가 항목별로 각 제안발표팀들의 해당되는 내용들을 다 기억하는 것도 불가능한 일이다. 다음 순서의 프레젠테이션이 계속 진행되는 상황에서 이렇게 같은 기준으로 평가하기 위해 수정하고 또 수정하는 일들은 쉽지 않은 일이다. 평가위원들도 그러한 수고를 피하고 싶어 한다. 각 평가 항목별로 난 이런 기준으로 평가해야 한다는 기준을 세세하게 만들어 놓고 오랜 시간을 투자하여 면밀히 그 기준에 어느 정도 부합하는지를 판단하며 평가하지 않는 이상 '동일 기준에 의한 합리적 점수 부여'는 가장 중요한 것이지만 어려운 일이다.

평가위원들은 모두 위의 상황 속에 있다고 봐야 한다. 그렇다면 평가위원들이 듣고 싶어 하는 내용은 무엇일까. 그렇다. 바로 '평가 항목별로 자신의 양심에 비춰 거리낌이 없이 점수를 주기에 적합한 내용'이다. 그것이 정말 훌륭한 내용이라 높은 점수를 줘야 할 내용인지, 확실히 눈에 띄는 감점 요소라 낮은 점수를 줘야 할 내용인지는 상관없다. 다만 있어야 할 뿐이다.

평가 항목별로 평가위원들끼리 이야기를 나누는 상황에서 그 중 저명하신 분이나 그 분야의 가장 높은 분이 '이러이러한 것을 제시한 팀이 이 항목에선 높은 점수를 받는 게 맞지.' 정도의 멘트를 하셨을 때 '아 그런가 보다.'라고 자신의 생각을 맞추게 되는 경우가 있기에 프레젠테이션 시 한 명의 평가위원이 질문한 내용이라도 그 답을 듣고 싶어 하는 평가위원은 여럿이라는 생각을 해야 한다.

정리하는 방법

여기까지 보신 분들은 제안발표형 프레젠테이션은 보고형 프레젠테이션과 많이 다른 것을 알게 되었을 것이다. 결론부터 출발하는 것으로 정리하면 안 되는 것이 제안발표형 프레젠테이션이다. 청중인 평가위원들이 듣고 싶어 하는 내용은 결론이 아니었다. 평가표의 평가 항목대로 정리하는 것이 답이다. 평가위원 입장을 최대한 정확히 파악해서 제안서, 지원서 등의 서류도 작성해야 하고 프레젠테이션의 내용도 구성해야 한다. 때때로 제안평가 프레젠테이션 자리에서 평가 항목에도 없는 사항에 핏대를 세우며 많은 시간을 할애하는 발표자들을 본다. 자랑하고 싶은 내용인 것은 알겠는데 딱히 점수를 줄 만한 평가 항목이 없어서 참 안타깝게 바라보게 되는 경우이다.

평가 항목보다는 스토리라인이 더 중요한 제안발표의 형태도 있긴 하다. 평가 항목이 두세 개 정도로 포괄적인 경우나, 굳이 각 평가 항목을 만들지 않고 전체적으로 순위를 정하는 방식이거나, '회장님' 등 Key Person 한 명이 정하는 대로 움직이는 상황 등에는 평가 항목의 내용을 중심으로 발표하지 않고 전체적인 스토리라인에 따라 발표를 해야 한다. 이성과 감성 모두에 호소하여 그 결과가 평가표에 잘 반영되도록 프레젠테이션을 하는 것이 중요하다. 이런 경우들에서는 대체로 평가위원들은 총 점수를 먼저 쓰고 더하여 그 점수가 되도록 거꾸로 세부 항목들의 점수를 나중에 적기도 한다.

제안발표형 프레젠테이션의 구성과 표현 방법

앞서 이야기 나눈 보고형 프레젠테이션의 경우는 상사(경영진)한테 맞춘 구성 및 표현을 중요하게 다루었다. 제안발표형 프레젠테이션은 당연히 평가위원의 시각과 수준에 맞추어야 한다. 전체적으로는 발표자료의 내용대로 프레젠테이션하게 되지만 어떤 부분을 더 강조하고 어떤 부분에 더 시간을 많이 할애할지 등에 많은 고민을 해야 한다.

일반적으로 표지 슬라이드가 띄워져 있는 상태에서 프레젠테이션을 시작하게 되는데 짧고 간결한 인사와 제안사(지원서 제출 회사) 소개를 하게 된다. 이때 너무 자신감 있는 어투와 억양은 평가위원들에게 오히려 거부감을 줄 수 있다. "안녕하십니까. ㈜○○○의 ○○○과장입니다. 저는 이번 ○○○○업의 총괄책임자로 제안하게 되었습니다. 먼저 본 제안을 할 수 있게 해 주신 관계자분들께 감사를 드리고 노고가 많으신 위원님들께 저희 회사가 두 달 이상 열심히 준비한 내용을 이해하시기 쉽게 발표해 드릴 수 있도록 노력하겠습니다." 겸손하면서도 성의 있게 준비했다는 표현을 전하도록 하자. 많은 연습을 통해 화면만 보고 발표하지 말고 평가위원들과 눈을 맞추며 발표하고 자연스러운 손짓 예의 바른 꼿꼿한 자세를 유지하도록 한다.

"사업의 배경과 목표,
핵심성공요인과 추진전략,
수행 방법과 사업관리 방법,
마지막으로 저희가 사업
수행에 적합한 이유를 말씀
드리도록 하겠습니다."

Contents

목차 부분의 프레젠테이션

다음은 목차다. 시간이 짧다고 목차 슬라이드를 바로 다음 페이지로 넘겨버리거나 "목차는 다음과 같습니다." 정도로 어물쩍 넘어가는 경우가 많은데 이는 모두 좋지 않다. 특히 '~는 다음과 같습니다.'라는 제안발표형 프레젠테이션에서 굉장히 안 좋은 표현이다. 평가위원들이 모두 발표자료에 집중하고 있지 않은 상황이라는 것을 항상 기억하자. '아 다음이라고 하는 것이 저길 말하는구나.'라고 명확히 인지하는 평가위원은 '없다.'라고 생각해야 한다.

그렇다고 목차를 처음부터 끝까지 다 읽으면? 이 역시 시간이 많이 소요되어 좋은 방법이 아니다. 하지만 제안발표형 프레젠테이션은 발표자료의 단 한 장도 허투루 사용해선 안 되는 프레젠테이션이다. 목차 부분은 평가위원들에게 이번 발표자는 성의도 있고 경험도 풍부한 것 같다는 인상을 받게 하여 이후 이어지는 제안 내용들을 긍정적으로 판단하게 하는 데에 도움을 주는 슬라이드로 작용하게 할 수 있다. 각 목차의 핵심 단어들을 제시하고 중요한 부분은 쉽게 풀어서 설명하여 마무리하면 된다. "사업의 배경과 목표, 핵심 성공 요인과 추진전략, 수행 방법과 사업관리 방법, 마지막으로 저희가 사업 수행에 적합한 이유를 말씀드리도록 하겠습니다." 10초의 짧은 시간으로 원하는 효과를 얻도록 해보자.

다음으로 제안 내용들이 이어진다. 앞에서 언급했듯이 평가위원들은 제안 내용을 세심하게 듣고 훌륭한 평가를 해야겠다는 생각을 하진 않는다. 아니 그렇게 할 수가 없다. 그렇기에 제안발표형 프레젠테이션은 일부 특별한 경우가 아니면, 멋진 스토리라인으로 감동을 주는 발표가 되는 것을 목표로 해선 안 되는 것이다.

그런 노력의 시간 대신 '각 평가 항목에 해당하는 부분을 어떻게 프레젠테이션할까?'라는 고민을 해야 한다. 불행하게도 제안서나 지원신청서 등의 전체적인 목차 구성과 평가표의 평가 항목 순서는 같지 않다. 때문에 평가위원들은 '지금 저 발표자가 말하는 내용들이 어떤 항목에 해당되지?'라는 혼란에 빠지기도 한다. 또 하나의 제안발표가 끝난 이후에 평가 항목별로 점수를 기입하면서 '방금 발표한 사람이 이 항목에 대한 내용을 발표했었나?'라는 궁금증을 가지기도 한다. 당연히 좋은 점수를 줄 리 없다. 그 항목에 해당하는 훌륭한 발표를 했더라도 평가위원에게는 그 기억이 없을 가능성이 크기 때문이다.

평가 항목	평가요소	배점
1. 일반사항 (20점)	• 업무분석수준 • ~~서 작성의 충실성~~ • ~~서에 명시한 본 지원이 필요한 이유~~	10
	• 창업과 관련된 분야의 전문성 - 참여 인력의 유사분야 근무 경험 및 수준 등	5
	• 재무상태 및 신용평가 기관의 신용도(경영상태)	5
2. 사업관리 및 수행 방안 (25점)	• 사업추진체계 및 관리방법론 • 인력투입·운용·교육 계획 • 업무분석 방안 • 안정적 운영·관리 방안 • 보안관리(개인정보보호 포함) 및 비상대응 방안 • 기타 사업관리 및 수행 방안	25
3. 지원사항 부합성 (25점)	• 지원사항 별 사업 내용 적정성 • 정량적 기대 효과	25
4. 대표자의 적정성(우수성) (30점)	• 유관 사업 추진 경력, 업무수행능력, 자격 등	30
합 계		100

평가요소를 읊어라!

"... 이런 방식으로 저희 나눔코칭연구소는 **최상의 사업추진체계 및 관리방법론을 적용한다**고 감히 말씀드릴 수 있겠습니다..."

평가요소 그대로 표현하기

평가 항목에 직접적으로 해당되는 내용을 발표할 때에는 '평가항목명'과 '평가요소'를 정확하게 그대로, 때로는 몇 번 반복해서 표현할 필요가 있다. 각 평가 항목에 해당하는 제안 내용이 다른 제안팀들에 비해 어떤 측면에서 만점을 받을 수 있는 차별점이 있는지 한 줄씩 준비하는 것도 잊지 말아야 한다.

전체 평가 항목별로 차별화 포인트를 한 줄씩 표현하는 것. 제안발표형 프레젠테이션의 잊지 말아야 할 중요한 준비이다.

마무리하는 법

제안발표형 프레젠테이션을 마무리할 때 표현해야 하는 세 가지 중요한 요소가 있다.

첫 번째는 자신의 회사, 팀이 선정되어야 하는 이유의 요약이다. 최대한 짧게 그리고 겸손하게 표현해야 한다. "이상 저희 회사의 제안 내용을 모두 말씀드렸습니다. 외람되지만 사업을 추진하기 위해 필요한 핵심요소인 A, B, C 등을 가지고 있고 사전에 ○○○○작업 등을 이루어 낸 저희 회사가 본 사업을 진행한다면 사업의 취지에 부합하는 실적을 만들어 낼 수 있을 것임을 감히 말씀드립니다." 이러한 표현은 '제안발표를 앞둔 다른 경쟁 기업들에게 이러한 것을 가지고 있는지 질문해 보세요.' 란 의미가 되도록 전달되어야 한다. 물론 그 항목의 내용에 자신이 있는 경우여야 한다.

두 번째는 제안발표 중 유일하게 감정에 호소할 수 있는 시간임을 활용하는 표현이다. 경쟁사가 자사보다 규모가 큰 기업이라면 작은 규모의 기업이라도 훌륭한 품질의 사업 결과물을 만들 수 있다는 내용과 정말 많은 고생을 하며 준비했다는 내용과 선정해 주신다면 여러 작은 기업들에게 꿈과 희망이 될 수 있을 것이라는 내용 등이 해당된다.

마지막 세 번째는 진심이 담긴 감사의 인사이다. 감사합니다. 이 한 마디로 끝내려는 생각은 하지 말자. 보통 발표 후 질의응답이 이어지므로 "이어지는 질의응답 시간에 위원님들께서 질문 주시는 내용에 대한 답변을 드리면서 저희 회사가 열심히 준비한 내용과 뜨거운 참여 의지를 다시 한번 전해드리도록 하겠습니다. 감사합니다." 이러한 5초의 디테일에도 신경을 써 보자.

평가점수가 제일 중요(피할 수 없는 질의·응답! 찬스로 생각하자)

제안발표형 프레젠테이션에선 선정된 프레젠테이션이 성공한 프레젠테이션이다. 즉 아무리 성공적으로 잘 끝난 프레젠테이션이라도 그 결과로 선정이 되지 않으면 아무 소용이 없게 된다. 보고형 프레젠테이션에선 가장 중요한 것은 전문성, 즉 그 분야의 재능이었다. 하지만 제안발표형 프레젠테이션에선 평가점수를 좋게 받을 수 있는 준비가 제일 중요하다. 그 점수로 당락, 즉 당신, 그리고 당신의 팀, 회사가 준비한 재능을 발휘할 수 있느냐 없느냐가 결정된다.

그런데 이 평가점수를 좌우하는 결정적인 시간은 언제일까? 제안발표를 하는 동안은 준비된 내용을 발표하는 것이기 때문에 평가위원들의 점수 기입에 '영향'을 줄 만한 어떤 추가적인 행동을 할 수 없다. 질의응답 시간이 그런 '영향'을 주는 반전의 시간이 된다.

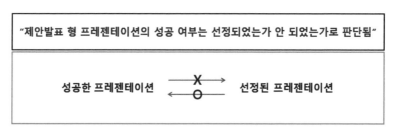

제안발표형 프레젠테이션에서 성공의 의미

그렇기 때문에 질의응답 시간은 매우 중요하다. 평가위원들은 자신의 호기심을 충족시키기 위해 질문하는 경우가 거의 없다. 대부분의 질문은 평가 항목에 몇 점을 줘야 하는지에 반영하려는 것을 목적으로 한다. 따라서 노코멘트나 머리 긁적거리며 '그런 내용은 미처 준비하지 못했습니다.'와 같은 자포자기성 멘트는 금물이다. 그런 멘트 직후 평가위원은 아주 고맙다는 표정으로 가장 낮은 점수를 줄 것이다.

짧게 다루었던 내용처럼 평가표에 평가하는 것보다 지적질에 더 힘을 쓰는 평가위원도 간혹 만나게 된다. 감정적으로 맞받아치지 않는 것이 좋다. 오히려 그런 사람일수록 단순한 경우가 많다는 것을 이용하여 지혜롭게 대처하는 것이 좋다. 핵심 중심의 설명으로 '아 그런 의미였어요?' 정도까지 납득을 시키면 의외로 좋은 점수를 기대할 수 있다.

제안발표형 프레젠테이션을 하다 보면 평가위원들의 좌석 위치나 발표 전 담소를 나누는 상황이나 공식적인 진행을 누가 하는지 등으로 누가 좌장인지, 누가 분위기를 주도하는지 등을 알 수 있게 된다. 그런 평가위원들의 질문에는 특히 조리 있게 답을 잘 하도록 해야 한다. 평가위원들끼리 논의를 하는 상황이 되면 그런 사람들이 당신의 제안 내용을 대신 설명 해주는 사람이 된다.

열심히 설명했는데도 아직 이해하지 못했다는 표정일 때 설명을 마치지 말자. "혹시 ○○○○측면에서 이해에 도움 드릴 설명이 필요한 것은 아닐까요?" 등의 질문으로 분위기를 이어 나가 최종적으로 고개를 끄덕일 때까지 설명하여 확실히 우리 편으로 만들도록 하자. 다른 평가위원들의 경우에도 마찬가지이다. 부정적인 질문에는 바로 그 즉시 부정적인 생각을 바꿀 수 있도록 답변해야 한다.

긍정적인 질문을 해 주는 평가위원과는 눈을 맞추고 보다 더 긍정적이 되도록 정성스런 답변을 하도록 한다. 반면 질의응답 시간 동안 한 번도 고개를 끄덕이지 않고 매의 눈으로 쳐다만 보는 사람이 있다. 자신 있는 내용 부분을 답변할 때 질문을 한 사람과 함께 이런 사람의 눈을 집중적으로 쳐다보도록 하자. 손해 될 일은 없다.

이 질문만은 안 해 주었으면 좋겠다는 질문이 어김없이 나오는 경우에도 '이 질문이 나오면 어쩔 수 없이 이렇게 대답해야지.'라고 약속된 답변을 기다렸다는 듯이 해야 한다. 시간을 끌고 말을 더듬지 말자. "네 맞습니다. 위원님께서 정확히 짚어주셨습니다. 그 부분을 보완하기 위해 저희 회사는 세 가지 방안을 만들어 놓았습니다. 첫 번째로…"과 같이 감점 사항이 되지 않도록 최대한 노력하자.

때에 따라 너무나 강하고 까칠하게 그런 것도 준비하지 못했냐는 투의 질문을 받기도 한다. 그럴 때라도 절대 '죄송합니다.'라는 표현은 쓰지 말아야 한다. 아무 생각 없이 자료 중의 다른 부분을 보고 있었거나 자기 평가표에 점수를 기입하던 다른 평가위원도 귓가에 '죄송합니다.'라는 말이 들리면 '아 이 회사가 무슨 잘못한 것이 있나 보다.'라는 생각을 하게 된다. 그다음의 점수 기입에 좋은 영향을 끼칠리 만무하다. '죄송합니다.'란 말 대신 "말씀 주신 내용에는 이 내용이 답변이 될 수 있을 것 같습니다."라고 화제를 돌리면서 가장 근접한 답이 있는 슬라이드를 띄우고 설명을 하도록 해야 한다. 발표 도중 재채기나 기침을 해도 절대 '죄송합니다.'라고 하지 않아야 한다. 그냥 아무 일도 없었던 듯이 진행하면 된다. 어떤 평가위원도 재채기나 기침을 감점으로 연결시키지 않는다. 재채기나 기침을 했다고 감점을 하는 정말 이상한 평가위원이 있다면 '죄송합니다.'란 말을 들어도 감점을 한다.

일반적으로 제안 내용을 발표하는 자리에는 일정한 숫자의 사람만 배석할 수 있게 된다. 선정되면 제안발표 시 프레젠테이션했던 사람이 대부분 총괄책임자가 되기 때문에 모든 질문에 프레젠테이션하는 사람이 답변하는 것이 평가자에게 신뢰를 준다. 그러나 때론 배석한 사람한테 답변 역할을 넘겨야 하는 경우가 있다. 이럴 때 갑자기 "이 질문에 대한 답변은 저희 회사 ○○○과장이 해드리겠습니다." 처럼 넘기면 답변을 해야 하는 ○○○과장이 당황할 수도 있고 자신도 답변하기 어려운 상황일 때 그것을 알릴 타이밍도 놓치게 된다. "네 무슨 말씀인지 알겠습니다. 자세한 답변은 조금 후 저희 회사 ○○○과장이 해 드리겠습니다. 잠시 제가 관련된 배경을 좀 말씀드리자면…"과 같이 약간의 부연 설명을 하면서 ○○○과장의 표정을 봐야 한다. '알겠다. 내가 디펜스 할 수 있다.'는 표정을 확인한 후 답변 역할을 넘기도록 한다.

연습법

제안발표형 프레젠테이션의 연습에서 가장 중요하게 여러 번 확인해야 하는 것이 무엇일까. 그렇다. 바로 시간이다. 상황이 어떻게 바뀔지 모르므로 20~30초 정도 여유 있게 마치는 연습을 반복해야 한다. 발표자료의 여러 부분에 표시해 두고 '여기까지는 2분, 그 후로 여기까지는 4분' 이런 식의 세밀한 계획을 세워 연습하도록 한다.

다음으로 중요한 것이 예상 질의응답이다. '나라면 뭘 질문할까?'라는 고민과 함께 내용을 처음 본 사람, 특히 평가위원이라면 어떤 부분이 제일 궁금할까 라는 관점도 필요하므로 동료 직원을 초빙하여 평가위원 역할을 해 달라고 부탁하고 예상 질의를 도출하는 브레인스토밍을 하는 것이 좋다. 물론 예상 질의는 수십 개를 뽑아놓고도 모범답안을 만들지 못하는 우(愚)를 범해선 안 된다. 최선의 답을 도출하지 못하더라도 차선의 답이라도 준비해 가야 한다. 기준은 '거짓이 아닌 한도 내에서 가장 감점이 덜 되는 답'이어야 한다는 것이다.

마지막으로 리허설이다. 리허설은 아무리 시간이 부족해도 꼭 여러 번 해야 하는 연습이다. 프레젠테이션에 필요한 각종 도구들과 발표자료의 백업 여부 등 돌발 상황을 대비할 수 있는 실전 연습을 해야 한다. 한 번 했는데 시간도 맞고 문제가 없었다고 하여 끝내선 안 된다. 두세 번 정도 더 리허설하며 이 슬라이드 다음에 어떤 슬라이드가 있는지가 거의 외워져야 각종 질문에 대한 응답에도 유리하고 자신 있는 모습의 프레젠테이션이 가능하다.

강연형 프레젠테이션

직장생활을 하면서 자주 접할 수 있는 기회는 아니지만, 독자분들의 직무 종류에 따라 예를 들면 영업직이나 홍보직 같은 경우는 입사 후 얼마 되지 않은 시점에 많은 사람들 앞에서 회사의 제품이나 서비스를 강연형태로 알리는 자리에 설 수도 있다. 또 팀장님이나 고참 선배님으로부터 대신해 달라는 부탁을 받을 수도 있고 바로 밑 기수의 신입사원들을 대상으로 선배 자격의 강의를 할 수도 있다.

언택트 기조의 변화 모습 중에 이러한 강연형 프레젠테이션이 많이 줄어드는 경향도 있지만 활발한 토론과 현장의 생생한 분위기, 실물체험 등의 장점을 살리기 위해 칸막이, 좌석 간격 넓히기 같은 여러 안전장치를 마련하여 꼭 필요한 강연은 지속되고 있다.

이러한 프레젠테이션은 앞서 다룬 보고형이나 제안발표형과는 또 다른 특성을 가지고 있다. 청중의 숫자는 많다. 적게는 5~10명에서 많게는 수백 명에 이를 수도 있다. 청중 수가 많기에 그들의 경험이나 전문성도 가지각색이다. 당연히 관심사도 한 가지로 통일되어 있지 않을 수 있다. 이 책에서는 이러한 프레젠테이션을 강연형 프레젠테이션이라 말하기로 한다. 일반적인 세일즈 프레젠테이션도 포함된다. 많은 도서에서 다루는 '프레젠테이션'이라 하면 이런 강연형 프레젠테이션을 말하는 경우가 많은데 의외로 개인한테 미치는 영향은 크지 않다. 강연을 통해 직접적인 세일즈 결과가 나타나는 경우가 아니라면 조직에 미치는 영향도 미미할 것이다. 하지만 청중은 자신의 소중한 시간을 투자하여 그 자리에까지 온 사람들이다. 프레젠테이션이 마음에 들지 않았다고 하여 프레젠테이션을 한 사람이나 그 사람이 소속된 회사에 칼을 겨누지는 않겠지만 그런 시간 투자에 대한 보상을 받을 자격은 충분하며 프레젠테이션을 한 사람이나 그 사람이 소속된 회사가 다시 그 자리에서 프레젠테이션을 할 기회를 얻느냐, 마느냐를 좌우할 요소 중에 청중의 만족도가 높은 비중을 차지한다는 것을 잊지 말아야 한다.

듣는 청중의 입장

누구나 그렇겠지만 시간은 소중하다. 강연형 프레젠테이션을 듣는 것이 콘서트 관람과 다른 것은 짧은 시간에 유익한 정보를 얻기 바라는 것이다. 대부분의 청중이 앉을 자리를 찾으며 하는 생각을 상상해 보자.

'어디 앉을까? 전기 콘센트가… 충전해야 하는데.'
'얼마나 걸리는 거야?'
'나한테 도움이 되는 거야?'
'혼자 앉아 있으니 어색한데 친한 사람 없나?'

이런 마음의 청중을 원망해선 안 된다. 당신도 청중이 될 때는 똑같아진다. 그렇기에 왜 청중이 당신의 프레젠테이션 내용, 즉 정보, 제품, 서비스 등에 관심을 가져야 하는지를 초반부에 잘 전달해야 한다.

듣는 청중이 중요시 하는 것

먼저 내용이다. 청중이 어떤 부류의 사람들인지 연령대는 어떠한지,

직업은 주로 어떤지를 사전에 면밀히 파악하여 그들이 원하는 내용에 집중해야 한다. 사회 전반적으로 안전함, 편리함, 즐거움 등이 주요 관심사가 되고 있지만 비대면 사회, 나 홀로 문화, 인생 이모작 등 청중에 따라 최신 트렌드를 주제에 연결하여 프레젠테이션할 필요도 있다.

강연형 프레젠테이션에서 청중 분석은 매우 중요

다음은 전달이다. 전달은 말로만 하는 것이 아니다. 몸짓에도 신경 써야 한다. 청중과 눈을 맞추고 적극적이고 자연스러운 몸짓을 해야 하며, 적절하게 손을 활용해야 한다. 청중에 따라 정장을 입고 구두를 신어야 하는 때엔 천천히 움직이며 저녁 뉴스 앵커의 점잖은 손짓을 따라 하는 것이 좋다. 활발한 분위기의 강연형 프레젠테이션에선 맨 뒤에 앉은 사람에게도 잘 보일 정도의 큰 손짓과 빠른 동작이 필요할 수 있다.

프레젠테이션 장소, 정해진 시간과 함께 청중의 특성에 대한 사전 조사를 통해 목소리 크기와 억양, 말의 속도를 어떻게 할지를 청중의 입장에서 고민해야 한다. 대부분의 청중은 그 시간이 아깝게 생각되느냐 아니냐를 중요시한다. "어떻게 끝났는지 모를 정도로 흥미진진했어요."
가 우리가 바라고 연습해야 하는 강연형 프레젠테이션의 반응이다.

적절한 몸짓과 손짓

청중이 원하는 프레젠테이션

강연형 프레젠테이션을 하게 되었을 때 청중의 특성이나 프레젠테이
션 장소보다 더 먼저 확인해야 할 것이 설명형인가 아니면 설득형인가
이다. 설명과 설득은 그 목적이 다르고 내용도 작전도 달라야 한다. 청
중이 원하는 프레젠테이션의 모습이 다르기 때문이다.

프레젠테이션을 마쳤을 때, '뭔가 도움이 되는 것을 얻어 가는 느낌이
네.'라는 청중의 반응을 얻는 것, 즉 설명형 프레젠테이션을 성공적으로
진행하려면 두 가지를 조심해야 한다. 청중이 '다 아는 내용이네.'라고
생각하거나 '이해가 안 되네.'라고 느끼게 해선 안 된다. 새로운 내용, 변
화되는 것이 무엇인지를 집중적으로 프레젠테이션을 해야 한다. 과거와
현재의 비교, 현재와 미래의 비교 등을 강조한다거나 거시적, 미시적으
로 새로운 내용을 나누거나 청중의 특성에 맞는 예시를 만들어 이해하

기 쉽게 하는 등의 노력을 기울이자. 너무 전문적인 용어나 표현을 자주 사용하거나 누가 듣더라도 재미없을 내용들을 일정한 톤으로 읽어주는 형식의 프레젠테이션은 최악이다. 청중의 시간도 금이다.

프레젠테이션을 마쳤을 때, '결심했어. 할까 말까 고민했었는데 해야겠다.'라는 청중의 반응을 얻는 것, 즉 설득형 프레젠테이션을 성공적으로 진행하려면 세 가지를 명심해야 한다. 첫 번째는 설득하려는 것의 구매나 선택 같은 행위로 얻게 되는 이점, 이익을 구체적으로 전달해야 한다는 것이다. "크게 이득이 됩니다." 이런 표현보다 "1년이 지나면 17만 원의 이득이 되는 겁니다"와 같은 표현이 필요하다. 두 번째로는 청중이 기존에 일반적으로 생각하던 그 무엇과 다른 차별화된 내용을 제시해야 한다는 것이다. 소개하려 하는 것의 장점만 아무리 이야기해봐야 비교하지 않으면 설득하기 쉽지 않다. "여러분들 ○○상품 많이들 쓰시지요? 그것과 비교해서 5가지 월등히 뛰어난 기능을 가지고 있습니다. 먼저 A 기능은…"처럼 프레젠테이션을 해보자. 세 번째로는 설득된 상태에서 바로 실행에 옮길 수 있도록 친절한 설명이 필요하다는 것이다. "자 이제 ○○앱을 켜시고 ○○헌혈을 검색해 보세요. 지도 위에 편하신 장소를 선택하시면 헌혈 예약이 가능합니다." 짧은 시간 안에 청중의 실행으로 옮겨질 때 진정한 설득형 프레젠테이션의 성공이 된다.

정리하는 방법

강연형 프레젠테이션도 제안발표형 프레젠테이션처럼 '등장'부터 잘 정리해야 한다. 사회자의 소개를 받고 등장하는 경우는 청중이 편안하게 생각하는 모습으로 프레젠테이션 장소로 향하되 머리를 긁적거리거나 고개를 숙이는 등의 '아마추어 같은' 표현을 하지 않도록 주의하자. 프레젠테이션 장소에 대기하다가 시간이 되면 발표자가 별도로 소개하는 절차 없이 시작하는 경우엔 청중의 가벼운 대화에 끼도록 노력하면서 동질감을 느끼게 하고 시작하는 것이 좋다.

"ㅇㅇㅇㅇ에서 온 ㅇㅇㅇ입니다"와 같은 딱딱한 자기소개 방식은 지양하도록 하자. 청중 속으로 녹아 들어갈 수 있는 위트나 경험 소개 후 프레젠테이션 주제와 연결시키면서 자기소개를 해도 늦지 않다. 이때 중요한 것은 '자신감'이다. 큰 소리로 힘차게 시작할 필요는 없지만 '여러분들은 이 자리에 온 것을 후회하지 않을 것이다.'라는 자신감으로 또렷한 발음을 사용해서 인사하고 필요할 경우 주제와 연관된 자신의 경력을 소개한다. 등장 부분을 이렇게 정리하면 청중이 프레젠테이션에 대해 몰입할 수 있게 되고 공감대가 형성되며 초기 신뢰가 생긴다.

강연형 프레젠테이션에서의 공감대 형성

이제 화면에 프레젠테이션의 첫 슬라이드가 나타나는 시간이다. 주제를 쉽게 풀어 이야기하고 주요 구성과 어느 정도의 시간이 걸리는지를 알린다. 분위기 파악 후 가능하다고 판단되면 암시와 복선을 사용하는 것도 괜찮다. "아마 오늘 제 발표를 들으시면 매일 ○○을 찾게 되실 겁니다." 실제 상품이나 짧은 동영상을 보여주는 것도 좋은 방법이다.

설명을 위한 강연이든, 설득을 위한 강연이든 스토리라인 중심으로 정리하는 것이 중요하다. 그렇게 정리하기 위해서는 청중에 대한 분석이 중요하다. 여러 요소를 검토해서 청중의 관심을 자극할만한 이야기와 프레젠테이션의 주제를 연결시킨다. 정보통신기술의 미래에 대해 강연하는데 청중이 청소년들이라면? 이 따분한 주제를 아이돌 그룹의 가상현실 콘서트와 연결시켜 보는 등의 방법이다. 물론 화면엔 콘서트 장면이 등장해야 한다. 그런 내용으로부터 해결해야 할 문제와 대답해야 할 의문을 던지고 현재 그 문제를 풀기 위해 진행되는 내용과 의문의 해답을 찾기 위해 진행되고 있는 노력을 설명한다.

청중의 성향에 따라 슬라이드 화면 중심으로 프레젠테이션할지, 청중과 자연스러운 문답 형태로 진행할지도 결정해야 한다. 보고형 프레젠테이션이 상사한테 맞춘 전달 방법이 중요한 프레젠테이션이었다면 강연형 프레젠테이션은 청중의 요구 수준에 맞추어야 하는 프레젠테이션이다. 서로 잘 아는 사람들로 형성된 청중이라면 프레젠테이션 도중 마이크를 들고 객석으로 내려가서 대화도 나누고 떨어져 앉아 있는 다른 사람에게 메시지도 보내게 하는 등의 방법으로 주제를 효과적으로 전달할 수 있다. 청중이 짧은 방송 클립 영상과 친숙한 세대라면 슬라이드를 글이나 그림 대신 짧은 영상으로 대체하여 주제를 전달하는 방법도 있다. 다만 이때 저작권 보호에 주의하자.

　강연형 프레젠테이션에서 중요한 것은 절정 클라이맥스의 정의이다. 어느 부분을 어떻게 만들어 청중을 감동시키거나 놀랍게 하거나 결단을 내리게 할 것인가를 정하는 것이다. 관련된 사람들과의 브레인스토밍을 통해 아이디어를 짜낼 필요도 있고 첨단 기자재와 적합한 초청인사가 필요할 수 있다. 실제로 TV를 통해 소개된 장면인데 트로트 가요를 잘 부르는 방법에 대한 프레젠테이션 도중 어떤 부분에서 실제 유명트로트 가수가 등장했다. 그리고 그 가수는 프레젠테이션 강연자와 그 부분의 내용을 함께 청중에게 전달했다. 당연히, 청중에게 잊을 수 없는 선물이 되었을 것이다.

청중의 만족도가 제일 중요

　강연형 프레젠테이션에 있어서 발표자에게 필요한 재능, 즉 전문성은 지식뿐만이 아니다. 무조건적인 재미도 아닐 것이다. 유창한 언변? 필요하지만 그게 전부는 아니다. 청중이 그 시간을 만족스럽게 생각하도록 만드는 능력이다. 그것은 진솔함이 될 수도 있고 강한 열정과 의지가 될 수도 있으며, 지식과 경험의 적절한 조화가 될 수도 있다.

　우리나라에서 몇 손가락 안에 드는 유명한 역사 강사인 S선생은 대학의 연극영화과를 졸업하고 대학원에서 역사교육을 전공한 특이한 이력을 가지고 있다. 청중에게 흥미를 불러일으키기 쉽지 않다는 역사 분야에서 연극영화 분야를 공부하며 익힌 발성과 스토리텔링 능력으로 프레젠테이션 시간 내내 청중을 재미와 감동으로 만족에 이르게 한다.

발성과 스토리텔링의 전문가가 유리하다는 것이 아니다. 자신의 발성이 좋지 않더라도 스토리텔링에 자신이 없더라도 청중의 만족을 위해 노력을 해보라는 뜻이다. 프레젠테이션이 본업이 아니라면 그 노력만으로도 족하다. 청중의 입장이 되어 청중을 몰입시킬 수 있는 방법은 무엇인지, 어떻게 전개해야 청중이 그 시간을 아깝다고 하지 않을지 고민하자. 그런 노력과 고민들이 강연형 프레젠테이션을 준비함에 있어 가장 중요한 것이고 프레젠테이션을 끝마친 이후에 자신의 재능으로 변하게 될 노력과 고민들이다.

마무리하는 법

프레젠테이션의 주요 내용 전체를 간단하게 정리하여 전달할 필요가 있다. 이때 정리하여 전달하는 내용은 슬라이드들의 내용이 아니라 스토리라인이다. 10줄, 1분 정도의 분량으로 준비하자. 전달 내용들의 핵심 키워드들이 다 들어가도록 하는 것이 좋다. 처음 부분에서 제시했던 '프레젠테이션을 통해서 얻을 수 있는 장점이나 이익'에 대하여 구체적인 결론을 제시하고 어떻게 바뀔 것이라는 표현이 있었다면 그렇게 청중의 마음이 변하였는지도 확인하자. 프레젠테이션이 청중을 설득하는 내용이었다면 설득의 내용이 행동으로 이어지도록 유도해야 한다.

끝으로 프레젠테이션 내용 중 핵심적으로 추구했던 가치를 되새겨 그 내용으로 청중들의 미래를 기원하도록 한다. 건강과 관련되는 내용이었으면 건강을, 즐거움에 관련된 내용이었으면 즐거운 생활을 진심 담아 기원하며 감사함을 표하고 마무리한다.

연습법

두 가지 방법으로 연습하도록 한다. 첫 번째 방법은 동영상으로 녹화하여 다시 보면서 문제점을 개선하고 순간순간의 더 좋은 프레젠테이션 내용과 표현을 만드는 방법이다. 동영상 연습법의 경우 문제점 개선에는 탁월한 효과가 있다. 하지만 실제로 청중이 앞에 있지 않으므로 생생한 실제 상황에서 얻을 수 있는 개선점을 찾기는 쉽지 않다.

이를 보완하는 방법이 두 번째 방법이다. 청중과 가장 비슷한 군(群)을 만들어 실전처럼 해 보는 것이다. 청중이 청소년이면 청소년들을 섭외하고 청중이 직장인들이면 회사의 지인들에게 부탁하여 그 앞에서 실전처럼 프레젠테이션을 해보는 것이다. 회사의 서비스나 상품과 관련된 내용이라면 사전 지식이나 선입견이 객관적이고 냉정해야 하는 연습에 방해가 될 수 있으므로 다른 회사의 지인들을 활용하도록 한다.

강연 장소 및 강연 시 사용하는 기자재와 관련된 연습도 해야 한다. 발표 장소가 메인 화면의 측면이어서 화면이 잘 안 보일 수도 있고 마이크나 포인터가 한 번도 안 써본 것이어서 프레젠테이션 중간에 실수가 발생할 수도 있다. 미리미리 확인하도록 하자. 프레젠테이션 시 착용할 옷도 신경 써야 하는 부분이다. 일상복이면 문제가 없겠지만 정장 등 특수한 경우에는 실제 입을 의상을 착용하고 연습하길 권장한다. 연습하면서 불편함을 발견하여 복장을 바꾸는 경우가 의외로 많다.

이것만 챙겨도 80점은 넘는다. 몇 가지 Tips

발표자료 이해하기

자신이 만든 것이 아닌 발표자료로 프레젠테이션을 해야 하는 경우가 가끔 있다. 이런 경우 "이 자료는 내가 만든 것이 아니라 다른 사람이 만든 것이어서 잘 모르는 내용들이 있네요."라고 프레젠테이션 중간에 뜬금없이 투정을 부리는 사람을 가끔 본 적이 있다. 청중 입장에선 투정으로밖에 보이지 않고 그 시간부터 그 발표자의 발표 내용을 계속 의심하게 된다. 프레젠테이션을 진행할 발표자료 내용을 꼼꼼하게 살피고 '청중에게 선물할 가치가 있는 자신만의 것'으로 만드는 일은 기본 중의 기본이다. 발표자료를 열심히 공부하는 것, 아무리 강조해도 지나치지 않다. 설명하지 못할 부분이 있으면 작은 부분이라도 삭제하는 것이 좋다.

단 하나의 확실한 전달

'프레젠테이션 내용 중 청중에게 꼭 전하고 싶은 가치 있는 내용은 어떤 것인가?'에 대한 답을 가지고 있어야 한다. 어떤 최고의 프레젠테이션 전문가도 한두 시간의 프레젠테이션을 통해 수많은 핵심 내용을 전달하진 못한다. 우린 단 하나를 확실히 전하는 훈련을 하도록 하자. 프레젠테이션의 주제인 제품이나 서비스 또는 유용한 정보가 청중에게 주는 가치, 혜택, 이익을 신선하면서도 강렬한 방법으로 전할 방법을 고안하자. 청중의 분위기에 적합하다면 갑자기 화면에 해당 제품이나 서비스를 사용해 본 시민들의 인터뷰가 상영되도록 하는 방법도 좋고 실물로 보여주는 방법도 좋으며 프레젠테이션 도중 청중들과의 즉석 대화도 좋다.

말하기 훈련 세 가지

말하기가 프레젠테이션의 전부는 아니지만, 말을 잘하면 프레젠테이션을 성공적으로 진행하는데 큰 도움이 된다. 그렇다고 프레젠테이션을 잘 하자고 내가 태어나 지금까지 말하던 것을 모조리 뜯어고칠 수는 없다. 앞으로 매일, 매주 어려운 프레젠테이션을 해야 하는 것이 아니라면 말하기는 중요한 것들에만 신경 쓰자. 그중에 몇 가지 팁을 아래와 같이 정리해 보았다.

① 끊어 읽기 : 프레젠테이션에 익숙하지 않은 사람이 중요한 프레젠테이션을 앞두게 되면 대부분 대본을 쓰고 외우며 준비하게 된다. 이때 '/'를 잘 표시하고 잘 끊어 읽어야 한다.

"저희 회사가 지난 3년 동안 언론에도 많이 보도된 아파트 렌탈 서비스의 한계점 제거 노력의 성과를 이루어냈습니다."라는 내용 중 아파트 렌탈 서비스의 한계점이 3년 동안 언론에 많이 보도되었는지, 아파트 렌탈 서비스의 한계점 제거 노력이 3년 동안 언론에 많이 보도되었는지는 쉼표의 위치에 따라 달리 들리게 된다.

(서비스 한계점의 보도) "저희 회사가 / 지난 3년 동안 언론에도 많이 보도된 아파트 렌탈 서비스의 한계점 / 제거 노력의 성과를 이루어냈습니다."

(회사가 제거 노력을 했다는 것의 보도) "저희 회사가 지난 3년 동안 언론에도 많이 보도된 / 아파트 렌탈 서비스의 한계점 제거 노력의 / 성과를 이루어냈습니다."

스크립트의 각 문장은 최대한 간결한 것이 좋지만 길게 이어져야 할 필요가 있는 부분도 있으므로, 그런 부분들에는 적정한 위치에 쉼표를 꼭 위치시켜 연습하도록 해야 한다.

② 그냥 읽지 않기 : 슬라이드 내용이 띄워져 있는 스크린을 바라보며 그냥 읽어 내려가는 사람을 간혹 만나게 되는데, 그냥 읽을 거라면 자료만 나눠주어도 된다. 청중을 바라보는 시간이 80%가 되도록 연습하자.

③ 자연스러운 자장가 탈출 : 목소리의 크고 작음과 고저가 있어야 한다. 프레젠테이션의 처음부터 끝까지 같은 크기와 높이의 발성이 지속된다면 그처럼 적절한 자장가가 어디 있겠는가. 도입부, 강조할 부분, 결론, 흥미로운 부분 등에 평균치보다 큰 목소리 높은 톤을 사용해 보자. 단 자연스러워야 한다. 어색하게 목소리를 크게 하거나 목소리 톤을 올리면 졸던 사람은 깨어나겠지만 그리 좋은 기억으로 남진 않는다.

또렷한 발음

독자 여러분들도 청중의 위치에 있을 때 청중들이 옆 사람에게 '뭐라는 거야?'라며 질문하는 경우를 본 적이 있을 것이다. 중요한 부분인데 프레젠테이션 진행자의 발음이 좋지 않아 핵심적인 단어들이 들리지 않았을 때 주로 나오는 상황이다. 한꺼번에 많은 사람들이 옆 사람에게 물어보게 되어 웅성웅성하는 분위기가 되기도 한다. 참으로 안타까운 순간이다. 아주 유창한 발음일 필요는 없다. 하지만 자신의 발음에 문제가 있어 내용 전달이 어렵게 되는 부분이 있지는 않은지를 체크하는 것을 소홀히 하지 말자.

유머와 위트의 함정

프레젠테이션 선수를 만들어 준다고 하는 여러 책에서 '유머와 위트'를 잘 사용하면 좋다고 여러 방법을 알려준다. 하지만 필자는 굳이 그런 '잘 되면 좋지만, 잘 못 되면 분위기가 싸해지는' 방법을 권하고 싶지 않다. 평소 본인이 유머를 던졌을 때, 관련 분야 사람들의 리액션이 긍정적이면 프레젠테이션 도중 사용해 보는 것도 괜찮겠지만, 그렇지 않다면 유머와 위트를 섞어 보려는 고민은 시작하지도 말자. 본인은 농담이라고 꺼냈지만, 청중들 중 어느 누구에게는 공격이나 상처가 될 수 있고 상사(경영진)의 심기를 건드릴 수도 있음을 항상 주의해야 한다.

쓸데없는 말

평소 성격이 드러나는 말들을 프레젠테이션의 시작이나 끝부분에서 의도치 않게 내뱉는 경우가 있다. 청중으로 하여금 '괜히 왔네.'라는 생각을 하게 만드는 표현은 절대로 해선 안 된다. 프레젠테이션을 시작하기도 전에 "어젯밤에 연락을 받아 자료 준비가 충실하지 못합니다."라든지, "원래 제가 발표하는 것이 아니었는데, 오늘 오전에 연락을 주네요." 등의, 난 이 발표를 하게 된 것에 감정이 있으니 듣든지 말든지 마음대로 하라 같은 표현을 자연스럽게 하는 우(愚)를 범하지 않도록 하자.

녹화 후 리뷰하기

　자신이 프레젠테이션하는 것을 녹화해서 자세와 몸짓, 손짓, 말 표현을 점검하는 것만큼 프레젠테이션 수준을 향상시킬 수 있는 좋은 방법이 없다. 그러나 너무 잘 하려고 하지는 말자. 아주 심하게 눈에 띄는 것만 고치면 된다. 몇 가지만 고치자는 마음으로 임하자. 앞에서도 언급했지만, 내용 전개상 자세한 설명이 필요한 부분인데 짧게 끝내는 부분이나, 너무 길게 설명하는 부분, 다리를 떠는 등 부적절한 자세, '일단', '~ 같습니다.' 등 계속 반복되는 표현이나 청중의 특성을 고려할 때 거슬리는 어투 등이 고쳐야 하는 것들이다.

아홉, 의외의 소득, 인터뷰/설문 스킬
'인터뷰/설문, 나와 내 조직의 수준을 알리는 활동'

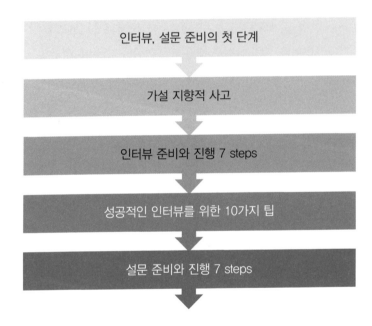

인터뷰, 설문 준비의 첫 단계

가설 지향적 사고

인터뷰 준비와 진행 7 steps

성공적인 인터뷰를 위한 10가지 팁

설문 준비와 진행 7 steps

자신의 재능을 발휘해야 하는 상황인데 다른 사람의 경험이나 지식, 여러 경험이 필요할 때 우린 종종 인터뷰나 설문을 시도한다. 굳이 인터뷰나 설문이라는 표현을 쓰지 않더라도 상급자나 리더가 누구에게 물어서 대답을 듣고 오라든지, 어떤 사람들의 의견을 모아보라는 지시를 한다면 그것이 바로 인터뷰, 설문이다.

이에 능통한 사람들은 이를 통해 얻고자 하는 정보를 정확히 얻을 뿐만 아니라, 인간관계도 긍정적으로 만들며 해당 분야에서 자신이 가지고 있는 재능을 크게 발전시킨다. 더불어, 인터뷰, 설문 대상자들이 자신이 속한 조직의 수준을 높게 바라볼 수 있게 만든다. 이 장을 통해 그런 사람이 되도록 인터뷰와 설문의 스킬을 익혀보자.

인터뷰, 설문 준비의 첫 단계

인터뷰/설문 준비의 첫 단계는 무엇일까? 전화라고 답하는 독자들이 꽤 있을 것이라 본다. 먼저 대상을 섭외해야 하니까 전화가 답이라는 생각도 무리가 아니다. 하지만 대상을 섭외하는 순서는 한참 뒤다. 인터뷰와 설문은 '누군가에게 ○○○을 물어보는 것'이니까 물어볼 내용을 정하는 것? 그것도 아니다. 그 전에 할 일은 문제해결 기법과 전략 수립 부분에서 연습한 '이슈 분석'을 행하는 것이다. 예를 들어 A 회사의 Z 상품은 30대 남성 고객을 타겟으로 기획되었는데, 출시 후 1년 동안 이 제품을 구입한 고객을 분석한 결과 40대보다 30대의 구매율이 현저히 낮게 나타났다. 이때 30대 남성을 대상으로 인터뷰를 추진하여 '이 제품 왜 사지 않는가?'라는 질문을 하는 것이 맞을까?

우선 로직트리를 활용한 이슈 분석을 해보자. 30대 남성이 Z 제품군을 구입하는 의사결정에 참고하는 사항들을 펼쳐보고 각각의 사항들에 경쟁제품을 대입하여 Z 제품의 경쟁력을 판단해 보자. 정확한 원인은 아니겠지만 어느 정도는 합리적인 가설, 즉 어떠한 측면으로 경쟁제품들보다 Z 제품이 낮게 판단될 수 있다는 가설이 만들어질 것이다. 그 가설을 검증하는 인터뷰와 설문을 설계해야 한다.

'이 제품 왜 사지 않는가?' 같이 백지에 아무 말 쓰듯 하는 분석도 필요하지 않느냐는 독자도 있을 것이다. 맞다. 그런 질문의 답도 가치가 있다. 하지만 가설 검증의 인터뷰, 설문에 포함되는 '기타, 하고 싶은 말 남기기' 항목으로 충분하다.

가설 지향적 사고

가설 지향적 사고의 적용 상황

다음은 가설을 먼저 수립해야 하는 이유와 가설을 수립하고 표현하는 방법에 대해 알아보도록 하자. 이슈 분석을 통해 가설을 먼저 수립하고 인터뷰, 설문을 진행하는 것이 유용한 경우는 아래와 같다.

- 흔히 나타나는 정형적 문제의 원인 분석이나 해결방안 모색이 필요한 경우
- 문제해결을 위한 시간이 촉박하여 Quick and Dirty, 즉 아주 오랜 시간을 투자하여 매우 정확한 답을 얻으려 하다가 아무런 소득도 못 얻는 것보다는 정답에 가까운 논리적인 답을 얻으려 하는 전략을 채택하는 경우
- 여러 오피니언 그룹들이 대립하고 있는 경우 (가설을 중심으로 합리적 검증과 생산적 토론 유도 가능)
- 인터뷰를 행하는 팀이 해당 건에 대한 전문적 지식이 충분히 쌓여 있는 경우
- 인터뷰 설문을 지시한 상급자 리더가 문제–원인–해답의 결과물 구성을 강력하게 주장하는 경우 등

인터뷰와 설문은 비용이 수반되는 작업이다. 천 원짜리 작은 기념품 하나 주고 인터뷰 설문을 해달라고 하는 경우와 "3만 원 드리겠습니다. 30분만 시간 내주실 수 있을까요?"라는 권유로 시작하는 경우를 비교해 보자. 자세부터 달라진다. 따라서 위의 사례처럼 30대 남성들 대상으로 '이 제품 왜 사지 않는가?'라는 백지에 아무 말 쓰는 듯한 인터뷰 설문을 먼저 하고 그 결과를 분석해 보면 너무 다양한 내용을 담고 있을 것이다. 그중 비중이 큰 내용들로 다시 인터뷰/설문을 하게 되는 것은 비용과 시간이 이중으로 소요될 뿐이다.

필자는 인터뷰/설문 작업의 첫 단계는 이슈 분석을 통한 가설 수립 이라 보고 이를 '가설 지향적 사고'라 표현하고 있다. 이 가설 지향적 사고는 여러 학문 분야에서 다른 의미로도 많이 쓰이는데, 이 책에서는 위의 의미로 사용토록 하겠다.

가설 지향적 사고의 장단점

가설 지향적 사고의 장점은 무엇일까? 인터뷰와 설문을 지시한 사람이 해당 사안의 문제 원인 해결방안을 알고 있거나 그 범주를 크게 벗어나지 않는 경우에는 이슈 분석을 통해 한 단계 깊이 있는 가설을 세우고 검증까지 진행하는 과정이 지식으로 체계화되는 방법이 될 수 있다. 또한, 작업 초기의 그러한 과정으로 작업 지시자에게 신뢰감을 주고 공감대를 형성하여 작업 결과의 설득력을 높일 수 있다는 장점이 있다. 인터뷰 대상자들에게도 준비된 팀이라는 인상을 주고 주제에서 많이 벗어나지 않게 하는 장점도 있다.

반면 창의적인 아이디어의 도출이 어려울 수 있고 그저 그런 산출물이 만들어질 가능성도 있다는 것은 단점이다. '당연히 ○○○이겠지.'라는 섣부른 예측은 재앙이 될 가능성이 있다. 그리고 초기 가설의 입증이 실패하면 급격히 신뢰도가 저하된다는 것도 가설 지향적 사고의 단점이 될 수 있다. 그러므로 이런 장단점을 잘 고려해서 인터뷰와 설문을 추진해야 한다.

가설 설정 방법

가설을 잘 설정하는 방법은 이 책의 곳곳에 설명되어 있는 내용들을 잘 활용하는 것이다. 먼저 작업 지시나 혹은 상황을 잘 이해하고 있는 Key Person들을 대상으로 한 인터뷰 A이다.

전략이나 발전 방안을 만들어야 하는 초기 또는 사전 인터뷰 때 깊이 있는 질문으로 이후 단계에서의 인터뷰 설문 시의 가설 설정이 가능하다. 다루어질 사안별로 "ㅇㅇㅇ, ㅇㅇㅇㅇ 등의 자료를 통해 ㅇㅇㅇ이 현재 ㅇㅇㅇ문제의 원인으로 지목되고 있는데 어떻게 생각하시는지요?" 정도의 톤이 적당하다.

인터뷰 A 전후에 수행하는 로직트리 작업도 가설을 잘 설정할 수 있게 해준다. 문제 정의 / 원인 분석 / 해결안 검토에 모두 사용되는 로직트리 방법은 가능성 있는 '후보 답'들을 최대한 빠짐없이 나열할 수 있게 해 주며, 그 말단의 각 사항에 대한 분석을 통해 인터뷰 설문의 가설이 유효하게 될 수 있다. 인터뷰 A, 로직트리 작업만으로 가설 설정이 힘들 때는 작업 실무자—관련 전문가를 포함한 브레인스토밍을 실시할 필요가 있다.

가설을 통한 질문 형태 및 검증 결과의 활용

가설을 잘 수립하여 인터뷰 질문을 만들면 "K기관의 ㅇㅇㅇ휴게실은 여성 방문객들을 위해 초기 기획되었으나, 실제로는 사용하시는 분이 많지 않으십니다. 사전 조사로 아래 내용과 같이 여성 방문객들이 선호하는 위치와는 거리가 있고 편의시설이 충분히 구비되어 있지 않는 것이 원인임을 알게 되었습니다. 그 부분에 대한 다음의 세부 질문에 답변을 부탁드리며 기타 의견도 주시면 감사하겠습니다." 정도의 형태가 될 수 있다. 또한, 세부 질문들을 통해 가설을 확인하면서 보다 구체적이고 실제 적용 가능한 해결안을 얻을 수 있다.

가설은 꼭 '맞음'으로 검증되어야 하는 것이 아니다. '틀림'으로 검증되어도 가설이 있음으로 인해 '구체적인 틀림'이 되어, 보다 더 정답에 가까운 의견을 구하는 데 도움이 된다. 다만 틀려도 된다고 가설 설정에 최선을 다하지 않으면 안 된다. 가설이 정답에 가까워야 구체적인 틀림으로 이어질 수 있기 때문이다.

▌인터뷰 준비와 진행 7 steps

인터뷰에 대해 먼저 이야기해보자. 인터뷰는 7단계로 진행한다.

1st Step	2nd Step	3rd Step	4th Step	5th Step	6th Step	7th Step
이슈 분석 가설 설정	인터뷰 계획 수립	인터뷰 방식 결정	인터뷰 질문지 작성	인터뷰 실행	인터뷰 결과 정리	향후 계획 수립
·인터뷰사안 확인 ·이슈분석 ·가설수립 ·가설로부터 얻을 수 있을 정보예측	·인터뷰목적 ·인터뷰 대상자선정 ·인터뷰기간 ·인터뷰비용 대비 효과 검토 ·인터뷰 결과 활용 계획 ·인터뷰 담당자확정 ·사전지식 정리확인	·인터뷰채널 설정(대면, e메일,전화, SNS,인터넷) ·인터뷰시 사전 배포(전달) 여부 결정 ·인터뷰 대상자섭외 ·인터뷰일정 확정	·가설 검증을 위한핵심 정보 정의 ·정보 도출을 위한질문 작성 ·인터뷰대상 전원이같은 답, 모두다 다른답 상황 고려 ·5Why?해결 방향 등 고려 ·파일럿 테스트수행	·대상자예우 고려 ·인터뷰 시뮬레이션 수행 ·인터뷰 조. 역할정의 ·인터뷰시 필요자료 준비 ·인터뷰수행 ·흔쾌한추후 연락승인 유도	·인터뷰 회의록작성 ·세부사항 포함결과서 정리 ·핵심요약서 작성 ·가설 검증 결과정리 ·정보보호, 보안사항 준수	·추가보완 사항정리 ·추가질의 수행 ·인터뷰시 약속했던 사항이행 ·작업종료후 감사인사

인터뷰를 준비하고 실행하는 7단계 활동

[1st Step] 이슈 분석, 가설 설정

앞에서 다룬 것처럼 인터뷰 사안을 거꾸로 되짚어 근본적으로 이슈 분석을 행하는 단계이다. 적절한 가설이 수립될 때까지 이슈 분석을 반복한다. 예측되는 결과만 얻을 것 같으면 가설 수립 작업부터 다시 해야 한다. 더 넓은 범위 더 세부적인 내용으로 이슈 분석을 하자.

[2nd Step] 인터뷰 계획 수립

··· 인터뷰 목적 확정

이슈 분석, 가설 설정 결과에 따라 인터뷰 목적이 확정되는 단계이다. 인터뷰를 하기로 결정한 직후에 바로 목적을 만드는 것보다, 이슈 분석을 철저히 하고 인터뷰 목적을 수립하는 것이 누군가의 의견을 피상적으로 듣는 것이 아니라 특정한 의견들의 이유와 개선 방향 등을 묻는 목적으로 구체화되고 향후 진행에 적합한 형태가 된다.

··· 인터뷰 대상자 선정

이제 인터뷰 대상자를 선정하는 단계이다. 이 단계에선 인터뷰 지시자의 '깊은 속내'를 알 필요가 있다. 인터뷰 지시자도 분명히 인터뷰 결과를 어딘가에 활용하려는 의도를 가지고 있을 것이다. 만약 사장님 보고와 같은 중요한 용도라면 인터뷰의 대상은 듣기만 해도 '아 전문가구나.'라는 생각이 들 정도의 유명한 사람이나 인정받을만한 위치에 있는 사람이 되어야 할 것이다.

하지만 인터뷰를 준비하는 실무진의 입장에선 '유명한 사람들'은 이런 인터뷰를 많이 해서 그들의 의견은 이미 인터넷으로 충분히 조사되었다. 오히려 잘 알려지지는 않았지만, 그 생태계 내에서 많은 이들의 의견을 대변할 수 있는 사람들의 의견을 듣는 것이 좋겠다.'는 의견을 낼 수 있다. 어찌하겠는가. 그런 의견을 세부적으로 정리하여 건의를 하자. 그럼에도 불구하고 윗선에서 ' 유명한 사람들'에 대한 인터뷰를 하라고 한다면? 그 사람들이 평소에 의견을 제시한 내용들을 다시 분석해서 보다 가치 있는 세부 질문 내용들을 만들도록 하자. 이때도 로직트리를 사용하면 도움이 된다. 한 레벨만 더 깊이 내려가 보자. 흥미로운 가설이 만들어질 수 있다.

우여곡절을 겪을 수 있겠지만 인터뷰 후보 대상자들이 확정되면 그들을 그룹으로 묶어 장단점을 잘 정리하여 의사결정을 받도록 하자. 특별한 경우가 아니라면 한 인터뷰 질문 세트(set)에 한 명씩만 인터뷰하는 것은 피해야 한다. 해당되는 인터뷰 대상자의 성향이나 인터뷰 당시의 상황으로 인해 그 사람이 대변해야 할 그 분야 의견 대비 왜곡된 응답을 할 수도 있기 때문이다. 여건이 허락한다면 하나의 인터뷰 질문 세트(set)당 3~4명 이상의 인터뷰를 추진하도록 하자.

많은 상급자와 리더들은 무작정 '누구에게 가서 ○○○을 물어보고 오라'는 지시를 자주 내리지만, 그것이 모두 틀리다고 생각하지는 말자. 그저 다음 단계에 튼실하게 사용될 수 있는 정보를 못 얻는 것뿐이다. 바쁘고 시일이 촉박한 사정이 있을 것이다. 독자 여러분들은 상급자나 리더가 됐을 때, 인터뷰를 그런 방식으로 지시하지 않길 바란다.

··· 인터뷰 기간과 인터뷰 비용 대비 효과 검토

그렇게 인터뷰 목적에 따른 대상이 정해졌으면 인터뷰 기간과 인터뷰 비용 대비 효과 검토를 진행해야 한다. 당연히 아무것도 안 주고 진행하는 인터뷰보다 풍성한 대가를 지불하는 인터뷰의 결과에서 쏠쏠한 정보를 얻을 수 있다. 그렇다고 인터뷰를 통해 얻을 정보의 가치보다 상당히 비싼 인터뷰 대가를 지불할 필요는 없다.

이와 함께 인터뷰 결과를 어떻게 활용할지에 대한 계획을 세운 후에 적합한 인터뷰 담당자를 선정한다. 앞의 내용에 따라서는 인터뷰 담당자가 회사 사장님이 될 수도 있다. 가끔 세계적인 석학을 인터뷰하는 언론사 사장의 모습을 TV나 인터넷을 통해 본 적이 있을 것이다. 이런 경우 꼭 필요한 것이 사전 지식이 정리되었는지 확인하는 것이다. 사전 작업을 함께 한 사람이 인터뷰 담당자가 되면 크게 걱정할 것이 없지만 인터뷰 담당자로 확정된 사람이 사전 작업을 함께 하지 않은 사람이라면 필요 지식을 정리해서 전달하고 그 내용을 익히도록 해야 한다.

[3rd Step] 인터뷰 방식 결정

··· 인터뷰 채널 설정

인터뷰 계획 수립이 완료되었다면 인터뷰 채널을 무엇으로 할지를 결정해야 한다.

① 대면 인터뷰 : 질문 사항을 정확히 전할 수 있고 가장 풍부한 정보를 얻을 수 있는 반면, 위치에 따라 오가는 시간이 많이 걸릴 수 있다. 또한, 장소 섭외의 시간 제약, 예우 문제, 인터뷰 진행자 교육 등의 고려사항이 있다. 사회적 존경의 대상 등 예우를 갖춰야 하는 경우이거나, 인터뷰 초반에 질문 사항에 대한 이해를 확실히 시킬 필요가 있는 대상일 경우에 적당한 방법이다.

② 메일 인터뷰 : 장소, 시간적 제약이나 인터뷰 진행자 교육이 필요 없다는 장점이 있다. 인터뷰 비용도 상대적으로 대면 방식보다 적다. 단점은 질문 사항의 정확한 전달이 어렵고 응답 내용이 부실할 수 있다

는 것, 기한 내에 응해주지 않을 경우의 독촉이 어렵다는 것 등이다. 메일은 인터뷰 대상이 많을 경우, 질문 사항이 비교적 이해하기 쉽고 답변도 간단히 이루어질 것으로 예상되는 경우에 적당하다. 예우를 갖춰야 하고 대상자가 컴퓨터에 친숙하지 않다면 적합하지 않다.

③ 전화 인터뷰 : 대면과 메일 두 종류의 장점을 취하면서 단점을 보완하는 방법이다. 질문 사항을 비교적 정확히 전할 수 있고 인터뷰 대상자가 거부감을 느끼지 않는다면, 많은 정보를 얻을 수도 있다. 장소의 제약은 없으나 시간 제약이나 예우 및 인터뷰 진행자 교육이 필요한 것은 대면 인터뷰와 같다. 답례 인터뷰비도(아주 짧은 경우가 아니라면) 대면의 경우와 크게 차이나지 않는다. 인터뷰 대상자가 매우 바쁘거나 먼 거리에 있어 대면 인터뷰는 어렵지만, 관련 분야의 지식과 경험이 풍부하여 전화로도 답변을 이끌어낼 수 있는 경우에 적합하다.

이 외에 인터뷰 내용과 대상자에 따라 SNS나 인터넷 등의 채널을 통해 진행하기도 한다.

… 인터뷰 질문 사전 전달 여부 결정

인터뷰 대상과 방식이 결정되었으면, 인터뷰 질문들을 사전에 전달할지를 결정해야 한다. 질문 내용을 미리 전달하는 것이 더 많은 알찬 정보를 얻을 수 있을 것이라는 생각은 틀리는 경우가 많다. 인터뷰 내용과 대상에 따라 다를 수 있지만, 어떤 내용은 시간이 많이 주어질 경우 '생각하면 생각할수록 자세한 답을 주기에는 민감해지거나 오해가 될 수 있어 간략히 답을 해야겠다.'라고 생각되게 할 수 있기 때문이다.

물론 인터뷰 대상이 많은 시간 동안 열심히 준비해서 인터뷰 당일 풍성한 답을 줄 수도 있다. 하지만 그런 경우는 많지 않다. 인터뷰 대상이 그 분야 전문가이고 허심탄회한 답변을 기대한다면 사전에 인터뷰 질문 내용을 전달할 필요가 크진 않다. 다만 인터뷰 내용이 많거나 질문 내용이 복잡하고 깊이가 있으면 인터뷰 당일 설명하는 데에 시간이 많이 소요될 수 있으므로, 하루나 이틀 전에 전달하여 어떤 질문 내용인지 미리 이해하는 시간을 주는 것은 필요하다.

⋯ 인터뷰 대상자 섭외

인터뷰 대상자 섭외에도 생각해야 할 것들이 많이 있다. 우선 기간이다. 인터뷰의 내용에 따라 대상자들의 인터뷰 결과들을 다음 인터뷰에 반영하는 것이 좋은 인터뷰가 있고 일정 기간 동안 인터뷰한 내용들이 다른 인터뷰에 영향을 미치지 못하게 해야 하는 인터뷰가 있다. 전자의 경우라면 단계를 나누어 앞의 단계가 끝난 후 간단히 분석을 하여 그다음 단계의 인터뷰들을 진행하는 방식이 되어야 하므로, 각 단계의 인터뷰 기간에 대상자들의 인터뷰가 마무리될 수 있게 해야 한다. 일주일 정도의 짧은 기간이라면 힘들 수 있다. 인터뷰 대상자 중의 어느 한 사람이라도 '급한 일이 생겨 일주일만 미루자'라는 의견을 준다면 난감한 상황에 빠질 수 있다. 따라서 대면 인터뷰의 경우 동일한 인터뷰 기간은 적어도 1~2주일 정도에 걸칠 수 있도록 일정을 조절하고 하나의 인터뷰 팀이 하루에 두 번 정도만 인터뷰할 수 있게 하여 충실한 인터뷰가 될 수 있도록 하는 것이 좋다. 후자의 경우엔 전체 인터뷰 기간에 모든 인터뷰가 끝날 수 있도록 섭외하는 것에 집중하면 된다.

인터뷰 섭외를 위한 연락을 하기 전에 섭외 담당자들이 표준으로 따를 수 있는 스크립트를 다음 내용들에 대해 만드는 것이 좋다.

스크립트를 만들어 전화 섭외 담당자들한테 공지하고 각자 연습하도록 한 후 섭외를 시작하도록 한다. 인터뷰 답례를 현금으로 하는 경우는 세금 문제를 포함하여 안내하도록 한다. 회사 회계팀과 협의해 보면 어렵지 않게 안내할 수 있다. 뭐가 이렇게 복잡하냐는 소리가 들린다. 하지만 꼼꼼히 준비해야 하는 단계가 맞다. 인터뷰 섭외도 당신 조직의 수준이 여러 전문가들한테 적나라하게 알려지는 일이다.

… 인터뷰 일정 확정

오전, 오후 또는 시간대별로 나눠 확정되는 인터뷰 날짜와 시간들을 공유하여 같은 날짜, 시간에 중복으로 인터뷰가 잡히지 않도록 한다. 인터뷰팀의 동선도 고려해서 일시를 확정해야 한다. 또 앞서도 이야기했지만, 거리가 매우 가까운 곳들이거나 인터뷰 내용이 매우 간단한 경우 등이 아니라면 한 팀이 하루에 세 곳 이상을 방문하는 것은 피하도록 하자. 인터뷰 섭외 중 인터뷰 일정이 무리 없이 잡히고 있는지를 잘 체크하고 각 인터뷰가 특정한 때로 몰리지 않도록 섭외 담당자들한테 실시간으로 확정되는 일시들을 공유하면서 일정을 확정하도록 한다.

인터뷰 현장으로 나갈 인원이 개인적인 일이나 기존의 중요한 일 때문에 인터뷰 섭외를 통해 확정된 해당 일에 인터뷰를 하지 못하게 되는 경우가 발생하지 않도록 인터뷰 섭외 시 섭외 담당자들이 참고할 수 있게 인터뷰가 불가능한 날을 잘 표시하여 공유하는 것도 잊지 말아야 한다. "다시 전화 드려서 죄송합니다만 아까 말씀하여 주신 두 일정 모두 저희 인터뷰 담당자가 시간이 안 된다고 합니다."라는 전화를 걸어야 하는 일이 없도록 하자.

[4th Step] 인터뷰 질문지 작성

… 가설 검증을 위한 핵심 정보 정의

인터뷰 섭외가 완료되고 일정이 확정되면 짧게는 1주 길게는 2~3주 정도의 시간이 생긴다. 이때가 인터뷰 질문 내용을 확정하고 질문지 형태로 만들어야 하는 시간이다. 가장 먼저 해야 할 일은 이미 만들어진 가설을 검증하기 위한 핵심정보를 정의하는 것이다.

예를 들어 ○○ 기술을 활용한 콘텐츠로 비즈니스가 가능할지를 알아보는 인터뷰 질문을 위해 세워 본 첫 번째 가설이 '○○ 기술의 시장 규모는 큰데 ○○ 아이템만으로 수익을 창출하는 회사는 없을 것이다.'라고 하였다. 분석 방향은 '매출 규모가 큰 회사 중 ○○ 아이템의 매출 수익 비중을 알아보고 시장 확대에 대해 해당 회사의 수익구조 측면에서 어떤 바람을 가지고 있는지를 확인'하는 것이 될 수 있다. 그렇다면 인터뷰를 통해 도출할 핵심정보는 '매출 중 ○○ 관련 수익 비중(%)'과 '2차적 수익구조 또는 현금흐름 유지를 위한 다른 사업영역' 등이 된다. 이를 질문하는 인터뷰 문항을 만들면 된다.

⋯ 정보 도출을 위한 질문 작성

다음의 인터뷰 질문지 작성 예시를 참고하도록 하자. 인터뷰를 추진하면서 인터뷰 지시자가 "이번 인터뷰 어떤 내용으로 할지 한 번 봅시다."라고 하는데 인터뷰 문항만 정리해서 들고 가면 반드시 이런 질문이 나온다. "뭘 얻기 위해 이런 인터뷰 문항이 만들어졌는지가 안 보입니다. 분석 방향을 정하고 작성한 건가요?"

이런 상황을 만들지 않도록, 〈가설 → 분석 방향 → (얻고자 하는) 핵심 정보 → 인터뷰 문항〉의 순서로 인터뷰 질문 문항을 만드는 연습을 충실히 해 두도록 하자.

⋯ 인터뷰 질문 문항의 확정

질문 문항이 만들어지면 인터뷰 지시자에게 보고하고 그 피드백을 받아 확정하도록 하자. 다음으로 할 일은 그 질문 문항을 인터뷰 대상자에 맞게 다듬는 일이다. 인터뷰 대상자의 국적, 나이, 생활환경 등에 맞게 일부 표현도 고치고 보충 설명이 필요한 부분에는 괄호나 주석 등을 통해 친절한 설명을 추가한다.

인터뷰 대상 전원이 같은 답을 할 것으로 예상되는 질문이 있다. 이슈 분석을 철저히 했다면, 그리고 인터뷰 대상자들이 최근에 어떤 의견들을 내고 있는지, 종사하고 있는 분야가 어디인지 등에 대해 사전 검토를 충분히 했다면 어떤 답변을 할지 어느 정도 예측되는 질문이다. 미리 추가 질문을 만들도록 하자. 그 답변을 하게 된 이유라든지, 다른 답을 할 수 있는 또 다른 입장은 어떤 부류이겠는지 등의 질문을 추가하여 답을 얻어낼 수 있으면 나중에 시사점 도출에 유용하게 활용될 수 있다. 모두 다 다른 답을 할 상황도 고려해야 한다. 이런 경우엔 인터뷰 결과를 정리하기가 어려워질 수도 있기에 "이 부분에선 각기 다른 의견을 주십니다. 왜 그런지 이유를 여쭤봐도 될까요?"라는 질문을 준비하는 것이 좋다.

가설	분석 방향	핵심 정보	인터뷰 문항
(기본 정보)		사업 영역, 주력 분야	1. 현재 귀사에서 보유 및 주력하고 있는 OOOO 아이템은 무엇입니까?
(가설) 국내 OOOO 시장규모가 5조원으로 발표되고 있음에도, 소수 선도기업을 제외하면 OOOO 아이템 만으로 큰 수익을 창출하고 있지는 않을 것이다.	시장 형성 단계이므로 아직은 매출규모가 적을 것이며, 혹 매출규모가 크다고 해도 'OOOO' 아이템이 순수하게 차지하는 수익비중이 크지 않을 것 이 경우 전체 '파이', 즉 시장규모 확대가 가장 중요한 이슈가 될 수 있음 반면, 본격적으로 국내외 기업 간 경쟁이 시작됨에 따라 급격한 시장규모 확대를 바라지 않는 의견도 있을 수 있으며, 이 때에는 시장확대를 앞두고 정비되어야 할 사항을 점검하여야 함	OOOO 관련 매출 매출 중 OOOO 관련 수익비중(%)	2. 주력 아이템을 포함, OOOO과 관련된 매출이 어느 정도 발생하고 있습니까? 전체 매출 중 OOOO 아이템이 차지하는 수익 비중은 몇 % 정도입니까?
		2차적 수익구조 또는 현금흐름 유지하기 위한 다른 사업영역	3. 현재 보유한 OOOO 아이템을 통해 발생하는 2차적 수익이나, 연계하고 있는 다른 사업 영역이 있습니까?
		시장규모	4. OOOO 시장규모 확대가 귀사에 미치는 영향은 긍정적이라고 생각하십니까, 부정적이라고 생각하십니까? 이유는 무엇입니까?
		콘텐츠 시장 내 뷰 대상기업의 점유율	5. 시장 내 귀 사 입지는 어느 정도입니까? 점유율을 대략 어느 정도로 추산하고 있습니까?
(가설) 최종 수요기업은 주로 대기업이고 OOOO 기업은 대부분 중소/중견기업인 만큼 계약조건 등의 측면에서 유리한 위치를 점하지 못할 것이다.	OOOO 콘텐츠의 최종 소비자를 B2C 시장과 B2B 시장으로 구분할 때 아직까지는 B2B 시장에서 대부분의 수익이 발생할 것이므로, 전체 시장 분석 방향도 이 시장에 집중할 필요가 있음	주요 고객유형	6. 귀사의 제품 또는 서비스의 직접적인 주요 고객은 누구이며, 최종 소비자는 누구입니까? 가능하시다면, 대표적인 고객을 제시하여 주시기 바랍니다.
	OOOO 콘텐츠 기업은 대체로 중소기업인 한편 B2B 시장 수요자는 대기업이 많으므로 생태계 건전성 확보를 위한 하청 관계 개선방안이 필요할 것임	수익배분 구조	7. 콘텐츠 및 솔루션 공급업체와 HW, SW기업 등 여러 이해관계자 간 수익 배분은 합리적으로 이루어지고 있습니까? 콘텐츠 최종 판매 가격을 100이라 할 때, 콘텐츠 기업이 얻을 수 있는 수익은 대략 몇 정도로 볼 수 있습니까?

인터뷰 질문지 작성 예시

또 질문 내용을 다 만들어 놓고 보니 그 대답이 너무 뻔하게 예측되는 경우도 있다. 이럴 때는 질문 문항에 이슈 분석 시 어느 정도 예측되었던 해결안이나 과제의 모습을 조금 언급하는 것이 좋다. "말씀하신 그 부분의 해결안으로 OOOO 등이 마련된다면 상황이 어떻게 변할까요?" 정도의 질문을 추가하여 응답 결과의 활용 폭을 넓히도록 한다.

… 근본 원인 도출을 위한 노력

인터뷰 중에 어떤 문제나 현상의 원인을 묻는 질문을 할 때는 '5 Why?'를 항상 염두에 두어야 한다. 대부분 이런 질문들은 근본적인 원인을 알고 싶어 만들어지는데 인터뷰 대상자가 근본 원인에 다다르지 못한 피상적인 원인을 제시한다면, 인터뷰 진행자는 Why? 를 여러 번 반복해야 할 수도 있다. 이때 중요한 것은 계속 '왜 그럴까요?'를 반복하면 어떤 사람이라도 짜증이 날 수 있다는 것이다.

그나마 좋은 방법은 '감격 : 인정 = 5 : 5, 리액션 + 추가 Why 질문'이다. "오 정말 그렇게 생각해 볼 수도 있겠네요. 저같이 그 방향에 비전문적인 사람은 생각하기 힘든 아주 중요한 내용을 말씀해 주신 것 같습니다. 혹시 그 내용의 원인은 무엇이라고 보시는지요?"라는 질문은 의외로 많은 상황에서 좋은 결과를 얻는다. 그런 질문들에서 근본 원인이라고 생각되는 원인까지 이야기가 되었다면 해결 방향도 간단히 질문해 보는 것이 좋다. 인터뷰 결과를 최종 정리할 때 분석할 수 있는 내용이겠지만 현장 전문가가 바라보는 시각과 다를 수도 있으니 인터뷰 진행자는 해결 방향과 관련된 질문을 항상 준비하고 있어야 한다.

… 파일럿 테스트

인터뷰 질문지와 관련된 준비가 끝났다고 생각되면, 파일럿 테스트를 수행해야 한다. 파일럿 테스트는 실제 상황과 비슷한 환경에서 해당 업무를 수행하여 실제 수행 시 발생할 수도 있는 문제를 미리 확인하는 방법이다. 인터뷰의 파일럿 테스트에는 인터뷰 대상자 역할을 할, 지금까지의 작업에 같이 참여하지 않은 직원 한 명과 스톱워치앱이 필요하다. 작업을 함께 한 직원은 내용을 알고 있기에 이해도 측면에서 긍정적으로 답변할 가능성이 크므로 제외시키자. 인터뷰 진행을 하며 핸드폰의 스톱워치앱으로 시간을 측정하면서 한 문항씩 질문하고 반응을 살핀다. 무슨 내용인지 설명을 해도 잘 못 알아듣는 부분에 체크하고 질문 내용에 오해를 하고 대답하는 부분에도 체크한다. 가상으로 답변을 해 보라고 하고 답변 내용이 장황해지는 부분도 체크한다. 전체적인 시간 체크가 필요하며 돌발적으로 일어날 수 있는 일들도 기록한다.

파일럿 테스트 후 질문 내용 전달에 문제가 있을 것 같은 부분에는 보다 직관적이면서도 친절한 안내 방법을 사용하고 답변 내용이 길어질 것 같은 부분에는 어떻게 주요 사항 중심으로 끊어 갈지에 대한 작전을 세운다. 이 파일럿 테스트를 등한시하는 인터뷰 팀들이 있다. 질문 10개를 가지고 가서 3개밖에 질문을 못 했는데 시간이 다 가 버리는 경우는 대부분 파일럿 테스트를 제대로 하지 않은 경우이다.

[5th Step] 인터뷰 실행

… 대상자에 대한 예우

자 이제 며칠 후면 첫 번째 인터뷰가 진행된다. 인터뷰 실행을 준비하며 인터뷰 대상자들에 대한 예우를 고려해야 하는 때이다. 인터뷰 장소가 출입증 수령에 많은 시간이 소요되는 곳이거나, 기관장, 대표이사 등 방문자들이 많은 인터뷰 대상자이면 조금 일찍 도착하는 것이 좋다. 복장도 인터뷰 대상자의 연령, 직위, 소속 회사/기관의 문화 등을 고려해서 준비한다. 양복을 입어야 하는 인터뷰 전날 함께 갈 보조 직원이 "전 양복이 없는데요."라고 하는 경우가 실제로 있다. 미리미리 챙기자.

⋯ 인터뷰 시뮬레이션

인터뷰 전날에는 인터뷰 시뮬레이션을 수행해 보도록 한다. 복장과 신발 등을 제외하고 가상으로 실제 움직이는 동선, 도착한 후 어떻게 해야 하는지, 인터뷰 보조자와 함께 인사하는 것, 명함 교환 등을 연습하고 '합'을 맞춘다. 인터뷰를 시작하고 끝날 때까지의 자세와 질문 연습을 해 보도록 한다.

⋯ 인터뷰 역할 정의

인터뷰는 혼자 가선 안 된다. 아주 여의치 못한 상황이 아니라면 2인 1조가 필수다. 혼자 가서 노트북 켜고 인사말 나누고 타이핑하면서 질문하고 답변 적고… 혼자서는 내용을 다 받아 정리하기도 힘들고 대상자에게 정돈되지 않은 모습을 보일 수 있다. 역할 정의를 분명히 하여 둘이 가도록 하자. 가끔 필자를 인터뷰하러 온 팀 중 둘 다 질문하고 둘 다 적는 모습도 보는데 집중이 잘 안 된다. 한 명이 메인으로 인사하고 옆의 보조원을 소개하고 질문하고 간혹 중요한 내용만 태블릿이나 수첩에 적고 보조원 한 명은 조용히 노트북 등으로 기록에 전념하자. 인터뷰의 마지막 부분에 기록에서 빠뜨린 부분이나 잘 이해하지 못한 내용 등의 보완을 위한 질문에는 적극 참여토록 해야 한다.

⋯ 인터뷰 자료 준비

인터뷰 시 필요한 자료 준비도 소홀히 해선 안 되는 것이다. 하루나 이틀 전 인터뷰 질문서를 전달했음에도 인터뷰 당일 질문서를 달라고 하는 경우가 많고 자신이 누군가와 함께 답변했으면 좋겠다고 한 부를 더 달라고 하는 경우도 있다. 인터뷰 진행자용 질문서를 포함하여 넉넉하게 준비한다. 자료를 보면서 이야기할 필요가 있는 인터뷰라면 해당자료를 출력해 가거나 노트북에 미리 띄워 놓고 시작하는 것이 좋다.

··· 인터뷰 수행

모든 준비는 끝났고 인터뷰의 날이 밝았다. 준비한 대로 인터뷰 장소에 넉넉한 시간을 남기고 도착했으며 인터뷰 보조원과 복장, 명함 등 준비물을 확인했다. 인터뷰 대상자와 인사를 하고 명함을 교환한다. 당당하지만 감사한 마음으로, 기분 좋게 하는 목적이지만 거짓은 아닌 말로 첫 분위기를 만들어보자. "요즘 많이 바쁘실텐데 이렇게 귀한 시간 내어 주셔서 감사드립니다. ○○○ (호칭)님에 대해서는 말씀 많이 들었습니다. 여러 전문가분이 저희 업무에 좋은 의견 많이 주실 수 있는 분으로 추천해 주셨습니다." 정도로 첫인상을 주면 좋을 것이다.

우리나라 사람들이 돈 이야기를 하는 것을 많이 꺼려하는데, 힘들더라도 인터뷰 전에 인터뷰비가 얼마이고 어떻게 입금될 건지를 이야기하거나 또는 답례품 전달을 하는 것이 좋다. 인터뷰 진행에 윤활유 역할을 할 수 있다. 다만 너무나 약소한 수준이면 인터뷰를 마치고 언급하자.

인터뷰가 시작되면 너무 번호 순서에 얽매이지 말고 자연스러운 흐름에 답변을 맡기는 것이 좋다. 1번 답변을 하다가 갑자기 6번 답변과 관련된 이야기가 진행되면 6번 질문을 자연스럽게 하도록 하자. "제가 질문드리지 않아도 전체 그림을 아시는 것처럼 말씀을 잘 해주셔서 오늘 인터뷰가 참 원활히 진행되는 것 같습니다." 정도의 멘트도 사용해 보는 것이 좋다. 다만 시작과 끝은 오피셜하게 진행할 필요가 있다. 인터뷰를 시작하며 다시 한번 인터뷰 요청 승낙에 대한 감사의 말을 하고 소속 회사와 인터뷰 목적을 간단히 언급한다. 시계를 보며 몇 시 몇 분까지는 종료될 것이라는 멘트를 하고 '그럼 시작하도록 하겠습니다.'라는 표현을 한 다음 1번 질문을 하도록 한다.

이때 녹음을 할 것인가 안 할 것인가를 고민하는 인터뷰 담당자들이 있는데 녹음할 때는 반드시 인터뷰 대상자의 동의를 구해야 한다. 그리고 녹음에 동의를 하는 순간 어쩔 수 없이 자유롭고 편안한 분위기에서 조심스럽고 부자연스러운 분위기로 바뀌게 된다. 그래서 필자는 인터뷰 시에는 녹음하지 않는 것을 권한다.

··· 추후 연락에 대한 승인 유도

인터뷰를 마칠 때, 꼭 필요한 일이 "또 여쭤볼 것이 있으면 연락드려도 되겠습니까?"라는 질문을 하고 긍정적인 대답을 얻는 것이다. 다만 마지막 질문을 마친 다음에 이런 내용의 질문을 곧바로 던지면 분위기가 싸해지는 경우가 있다. "오늘 너무나 좋은 말씀을 해 주셔서 저희 작업에 큰 도움이 될 것 같습니다. 감사합니다. 이렇게 귀한 시간 내어 주시고 많은 고견을 주신 것은 저희 대표이사님께도 꼭 말씀드리도록 하겠습니다. 또한 인터뷰 중에 저희 작업 진행과 관련하여 제안 주신 내용들도 바로 반영되도록 노력하겠습니다."라는 멘트 후에 "혹시 또 여쭤볼 것이 있으면 전화 연락 드려도 되겠습니까?"라는 질문을 해보자. 대부분 "물론이죠."라는 답변을 들을 수 있다.

[6th Step] 인터뷰 결과 정리

긴장되었던 인터뷰가 끝났다. 인터뷰의 결과를 어떻게 정리하는 것이 좋을까. 딱 한 번으로 정리를 끝냈으면 좋겠지만 안타깝게도 세 번 정도 각기 다른 종류의 정리가 필요하다.

⋯ 인터뷰 회의록 작성

처음은 회의록 작성이다. 정확한 일시와 장소, 인터뷰 대상자 및 인터뷰 진행자와 보조원 정보를 명확히 표시해야 한다. 미리 만들어 놓았던 여러 인터뷰 질문 중에 어떤 것에 해당하는지에 대해 인터뷰 내용도 작성해야 하며, 주요 답변 내용은 결과서가 아니기 때문에 생략해도 된다. 지급한 인터뷰비 또는 답례품 내역과 세금 관련 내용 등도 상세히 기록하고 행정적으로 특별한 점이 있으면 기록하는 것이 좋다.

⋯ 인터뷰 결과서 정리

어떻게 보면 가장 쉬운 일이 세부사항을 포함하는 결과서 정리 단계의 일이다. 인터뷰의 시작부터 끝까지 나눈 이야기들 답변 내용들을 녹취록 형태로 정리하는 것이다. 스치듯 지나간 농담 등도 빠짐없이 기록하는 것이 좋다. 답변의 내용 중 특이한 사항이 있어 그 당시의 분위기를 알고 싶을 때 그 당시 상황의 주변 정보들이 도움이 되는 경우가 있다.

⋯ 핵심 요약서 작성

인터뷰가 성공적으로 진행되었는지를 알 수 있는 문서가 이 핵심 요약서이다. 위에서 제시한 인터뷰 질문지 작성 예시와 같은 표의 질문 항목 옆에 답변 내용을 요약하여 기입하면 된다. 이때 이 문서를 이용하는 이유는 각 질문 항목 옆에 얻어야 하는 핵심정보가 나타나 있고 답변 요약 내용을 기입할 때 그 정보인지를 확인하며 기입할 수 있기 때문이다. 모든 답변 내용들이 옆에 기록되어 있는 정보에 해당하는 내용들이면 우선은 인터뷰 진행이 잘 된 것으로 판단할 수 있다.

⋯ 가설 검증 결과 정리

자 이제 인터뷰 정리는 마무리되었고 그 결과를 가지고 가설을 검증하는 일이 남았다. 앞에서도 다루었지만, 가설이 부정되었다고 해서 인터뷰 자체가 잘못된 것은 아니다. 그 나름대로 소중한 정보가 된다. 다만 가설이 부정되면 한 번 더 이슈 분석을 해 보아야 한다. 왜 그런 결과가 나왔는지 로직트리로 분해해보는 노력이 필요하다. 뻔한 결과보다 더 영양가 있는 향후 작업이 될 수도 있다.

⋯ 정보보호, 보안 사항 준수

여러 인터뷰를 진행하며 확보했던 개인 정보들을 관리하는 것도 중요한 일이다. 정보보호 및 보안 규정에 입각하여 폐기해야 하는 정보는 즉각 폐기하도록 한다. 특히 인터뷰 섭외를 위해 섭외 담당자들과 공유했던 개인정보와 인터뷰 보조원의 노트북에 보관되어 있을지 모르는 개인 정보들도 철저히 폐기하도록 해야 하며, 작업 장소 주변의 이면지들에 정보가 기입되어 있을 수도 있으니 다 모아서 즉각 문서 파쇄기에 넣도록 하자.

[7th Step] 마무리 및 향후 계획 수립

⋯ 추가 보완 사항 정리

언급한 내용이긴 하지만 인터뷰의 결과로 가설을 검증하면서 추가적으로 보완할 사항들이 생길 수 있다. 이를 잘 정리해야 하며 행정적으로도 인터뷰 수행 도중 발생한 일들을 보완할 필요가 있다면 이 단계에서 진행하도록 한다.

··· 추가 질의 수행

핵심 요약서를 작성하다 보면 기록으로 남길 때 어떻게 남겨야 할지가 애매한 경우나 명확한 이해가 필요한 용어나 문구 등 추가 질의 수행이 필요한 사항들을 발견하게 될 수 있다. 필요한 경우 인터뷰 대상자에게 전화를 드려보도록 하자. 물론 반가움, 감사함 등이 아주 강하게 표현되어야 한다.

··· 약속한 사항 이행

가끔 보면, 인터뷰 시 약속했던 사항을 이행하는 데에 소홀한 인터뷰 팀이 있다. 간단한 인터뷰라서 커피 상품권 같은 답례품을 모바일로 전달하기로 하고 인터뷰를 했는데, 두 달 만에 받는 경우 등이다. 작은 것이라고 늦게 처리해도 되겠지라는 생각을 해선 안 된다. 인터뷰한다고 많은 고생을 했는데, 자그만 일처리 하나로 자신의 조직을 약속 안 지키는 조직으로 만드는 것은 너무 아쉬운 일이다. 또, 인터뷰비 입금도 회계/재무 부서와 긴밀히 협의하여 너무 늦어지지 않도록 해야 한다. 부득이 늦어지게 된다면, 해당되는 인터뷰 대상자들에게 인사말과 함께 '조금 늦게 입금될 것 같은데, 너무 죄송하다.'라는 문자를 보내도록 하자. 에티켓이다.

··· 작업 종료 및 감사 인사

인터뷰 결과를 잘 정리하여 그다음 분석이나 전략 방향 수립 등에 활용했다면 일단은 인터뷰의 모든 절차가 완료된다. 이렇게 종료된 후에는 인터뷰 대상자들에게 "지난 ○월 ○일 인터뷰 건으로 방문 드렸던

㈜○○○의 ○○○입니다. 주신 고견들을 정리하여 최근 ○○○ 작업에 잘 반영했습니다. 저희 대표이사님께서도 좋은 의견들 주신 것에 매우 감사하다는 말씀 전해드리라고 하셨습니다. 앞으로도 하시는 모든 일에서 건승하시고 건강도 잘 챙기시기를 바라겠습니다."라는 감사 메시지를 보내도록 하자. 답장이 온다면? 당신의 재능을 발휘할 수 있는 분야의 전문가와 한 걸음 더 가까운 인연이 된 것이다.

성공적인 인터뷰를 위한 10가지 팁

인터뷰는 처음 보는 사람 간에 발생하는 지식과 경험 전달의 상호작용이다. 그렇기에 이론적으로 '이렇게 하면 잘 할 수 있다.'라는 교과서가 만들어지기 힘들다. 하지만 보다 성공 확률이 높게 인터뷰를 진행할 수 있는 요령은 있다. 이를 10가지의 팁으로 정리해 보았다. '그저 이론이려니'라는 생각을 가지지 말고 한 번 실제로 적용해 보자. 인터뷰 목적에 부합하는 풍성한 정보를 얻은 후 인터뷰 대상자가 엘리베이터 앞까지 따라 나오면서 자신에게도 유익한 시간이었다며 인사를 건네는 상상을 현실로 만들 수 있다.

전략적인 인터뷰 섭외	인터뷰가 포함된 프로젝트로 이득을 얻는 조직의 고위직이 주선하도록 하라.	사전 정보	인터뷰 목적에 따라 '무얼 알고 갈까' 라는 질문을 팀 내에서 반복하라.
2인 1조 콤비네이션	서로의 역할을 명확히 하라. 척척 맞는 '콤비'는 인터뷰 결과를 풍성하게 한다.	부담 주지 않기	인터뷰 질문을 받는 사람의 두려움, 찜찜함을 세심하게 배려하라.
경청	이끌려고 하지 말고 경청하라. 고개 끄덕임, 추임새 중요	악성 인터뷰이	까다로운 인터뷰 대상자를 만나는 것은 필연이다. 피하지 말고 원칙적으로 대응하라.
확인 또, 확인	인터뷰 대상자의 말을 정확하게 이해했는지 반복 확인하라.	의외의 수확	혹시 제가 질문 드린 내용 이외에 해 주실 말씀이 있는지요?
목적을 명확히	인터뷰 A, B, C 중 무엇인지, 실무진 인터뷰인지, 전문가 인터뷰인지 명확히 하라.	예우와 감사 메일	대상자의 '격'을 맞춰주는 노력과 감사 메일은 예의 바른 행위이기도 하지만, 훌륭한 비즈니스 활동

성공적인 인터뷰를 위한 10가지 팁

전략적인 인터뷰 섭외

인터뷰 섭외는 부탁이다. 그리고 그 부탁을 흔쾌히 들어주려 하는 사람에게서 좋은 인터뷰 결과를 얻을 수 있다. 그런데 이 바쁜 세상에서 자신의 귀한 시간을 할애하는 사람이 인터뷰 시간 동안 모든 질의에 아주 성의 있게 응답을 한다는 것은 쉬운 일이 아니다. 그런데 인터뷰 진행 조직에서는 그것을 바란다. 어떻게 해야 하겠는가.

20년이 넘는 세월 동안 컨설팅 프로젝트 등 여러 이유로 수백 건의 인터뷰를 진행하며 얻은 결론은 인터뷰 섭외부터 좋은 모습이 만들어져야 한다는 것이다. 알지도 못하는 젊은 친구가 어떻게 알았는지 내 핸드폰으로 전화를 걸어 뜬금없이 인터뷰하러 온다고 한다면 누구라도 '아 열심히 임해드려야지.'라는 생각을 하기 어렵다. 하지만 조금이라도 인연이 있고 조금이라도 이전에 도움이 되었던 기억이 있는 사람이 진심으로 부탁하는 요청을 할 때는 마음이 달라질 수 있다.

그렇기에 인터뷰 섭외는 인터뷰를 통해 좋은 결과를 냈을 때 가장 크게 반길 부서장 혹은 임원급이 하는 것이 가장 좋다. "안녕하세요. 기억하시죠? ㈜○○○○○의 ○○○상무입니다. (중략) 저희 담당팀 ○○○ 매니저를 보낼 테니까 고견을 주시길 부탁드리겠습니다." "아 네, 해드려야지요. 보내십시오." 이 정도 분위기면 되는 것이다. 단 그 고위직 분이 '왜 자신들이 섭외 안 하고 나한테 맡기려 하지?'라는 생각을 할 수도 있으므로 "인터뷰 내용, 팀 구성, 인터뷰 시간 배정 등 모든 부분이 다 준비되었습니다. 저희가 섭외까지 하려 했으나 많은 분들이 상무님께서 인덕이 있으시고 친분 있으신 분들이 이번 인터뷰 대상자이기에 상무님께 부탁하면 일이 더 순조롭게 진행될 거라고 조언 주셔서 부탁드리러 왔습니다." 정도의 멘트면 "그래 그 사람들 내가 잘 알지. 걱정하지 마. 내가 연락해보고 알려줄게"와 같은 상황을 만드는 것이 어렵지 않을 것이다. 물론 사전에 섭외를 부탁드릴 인터뷰 대상자와 우리 회사의 고위직 그분이 악연인지 아닌지 정도는 파악해야 한다.

2인 1조 콤비네이션

언급한 바와 같이 인터뷰는 2명이 하는 것이 좋다. 그런데 2명이더라도 그 둘 간의 합이 좋지 않으면 한 명이 하는 것보다 나쁜 결과나 나올 수 있다. 예를 들어 메인 인터뷰 담당자는 인터뷰 보조원이 잘 기록하겠거니 생각하고 본인은 받아 적지 않으면서 질문 및 답변에 대한 네 알겠습니다. 같은 응대 추임새를 반복한다. 반면 기록을 해야 할 인터뷰 보조원이 메인 인터뷰 담당자가 잘 알겠다는 대답을 하는 것을 보고 음~ 잘 아는 내용이구나. 그러면 굳이 기록하지 않아도 되겠네.라는 생각을 하여 실제로 그 부분을 기록하지 않는 경우가 있다. 게다가 인터뷰를 마치고 그렇게 정리한 내용을 보면서 메인 인터뷰 담당자도 뭐가 빠졌는지를 모르는 상황도 발생한다. 최악의 상황이다.

때문에 서로의 역할을 명확히 해야 하며 인터뷰 보조원은 모든 내용을 기록하고 잘 받아 적지 못한 부분이 있거나 이해하지 못한 채 적기만 한 부분이 있으면 인터뷰 문항의 모든 질문 후 메인 인터뷰 담당자가 "○○○대리, 혹시 인터뷰 내용을 기록하면서 추가로 질문드릴 것이 생기지는 않았나요?" 정도로 기회를 줄 때 그 부분을 문의하는 것을 상의하고 연습하도록 하자. 몇 번 인터뷰를 하다 보면 오히려 인터뷰 보조원이 내용을 잘 파악하게 되어 메인 인터뷰 담당자가 실수로 놓치는 질문 등을 보완해 주기도 할 수 있다. 인터뷰 결과를 풍성하게 하기 위해 두 명의 '콤비네이션'을 척척 맞추는 데 시간 투자를 하자.

경청

인터뷰 진행을 몇 번 해보면 인터뷰 대상자가 어떤 답을 해주면 좋을지를 미리 생각하게 되는 경우가 있다. 이럴 때 조심해야 한다. 자신도 모르게 인터뷰 대상자의 답을 억지로 이끌려고 하게 된다. 그런 조바심을 내어선 안 된다. 끝까지 경청해야 한다.

답변이 매우 소극적이거나 잘 모르겠다는 표현을 자주 할 경우, 상대방이 아직 마음의 문을 열지 않아서 그런 것 같다고 생각되면 인터뷰 도중이라도 자연스러운 화제 전환이 필요하다. "○○○상무님께서 ○○○박사님의 이런 전문성을 아주 높게 보신 것 같습니다. 지금까지 짧은 시간이 지났지만 저희에게 벌써 중요한 포인트 몇 가지를 주신 것 같네요. 저희 상무님 예전에는 어떤 분이셨나요? 상무님께서 박사님께 도움을 많이 받았다고 하시던데…"와 같이 언제든지 주제로 다시 돌아올 수 있는 화제 전환을 자유자재로 시도할 수 있으면 좋다. 고개 끄덕임 "네 그렇군요.", "역시 박사님 찾아뵙기로 한 결정은 잘 한 것이라 생각됩니다." 등의 약에서 강으로 커지는 추임새도 중요하다.

질문 하나 던지고 답변만 기다리다 아무 소득 없이 다음 질문으로 넘어간다면 그곳까지 간 의미가 없다. 메일로 인터뷰 질문지를 보낸 것과 별 차이가 없는 인터뷰를 진행해선 안 된다. 어떤 특정한 항목에 답변이 잘 나오지 않으면 어느 한 답변으로 유도하지 않으면서 의견을 도출하는 질문, 즉 "어떤 분들은 A 등의 의견을 주시고 어떤 분들은 B 등의 의견을 주셨는데요, 박사님 의견은 두 방향 중 어떤 쪽이신지요? 아니면 또 다른 의견이 있으신지 여쭙겠습니다." 정도로 진행해보자.

확인 또 확인

인터뷰를 처음 진행하는 사람들이 자주 하는 실수로, 인터뷰 대상자의 말을 정확하게 이해하지 못했음에도 다음 질문으로 넘어가는 경우가 있다. 긴장되어서 그러기도 하고 대부분의 인터뷰 대상자들은 연배가 있거나 각각의 분야에서 전문가 위치에 있는 사람들이기 때문에 함부로 다시 질문하거나 이해를 하지 못했다는 표현을 쓰면 안 될 것 같은 생각을 하게 되기 때문일 수 있다. 물론 "이해가 안 되는데요. 다시 설명해 주시겠습니까?"와 같은 표현은 매우 예의 바르지 못한 표현이지만 "방금 주신 말씀이 중요한 포인트 같습니다. ○○○○은 ○○○○이 ○○○ 때문에 ○○○○해야 한다는 것으로 이해하면 될까요?"와 같이 자신이 이해한 것을 한 번 설명하고 바로잡아 주기를 바라는 멘트를 한다면 자신도 이해하기 위해 노력한다는 자세를 전할 수 있으므로 상대방으로 하여금 자연스럽게 보완 설명을 하게 하는 효과가 있다.

다시 질문하는 것이나 이해하지 못했다는 표현을 하는 것이 부담될수록 그런 자리가 소중하다는 것이다. 돌아와서 정리할 때 '아 그 문항 답변 내용이 이해가 되지 않네.'라는 후회를 하지 않도록 하자.

목적을 명확히

인터뷰를 진행하는 도중에 이 인터뷰의 목적이 무엇인지를 잠시 망각하게 되는 경우가 있다. 인터뷰를 진행하면서 목적을 항상 염두에 두는 자세가 필요하다. 만약 목적으로부터 많이 벗어나는 인터뷰 분위기가 형성되면 빠른 시간 내에 분위기를 다잡아야 한다. 다시 만나는 것은 아주 힘든 일이라고 생각하자. 실무진 인터뷰인지, 전문가 인터뷰인지도 명확히 이해하고 인터뷰에 임해야 한다. 실무진 인터뷰인데 전문적인 지식을 바탕에 둔 답변을 원한다든지 전문가 인터뷰인데 현장의 실무적인 내용까지 원한다든지 하는 실기를 범해선 안 된다.

사전 정보

가장 좋은 인터뷰 분위기를 상상해보자. 인터뷰 대상자와 인터뷰 담당자 간에 대화가 찰지게 이루어지면서 인터뷰 목적에 부합하는 우량 정보들을 풍부하게 얻는 상황이다. 상상이 어려우면 TV 뉴스 등에서 식견도 있고 인터뷰 진행 실력이 뛰어난 진행자가 인터뷰 참여자들과 마치 죽이 잘 맞는 친구처럼 대화하며 여러 의견들을 유도해 내는 장면을 떠올리면 된다. 이런 모습들을 보면서 우리가 생각해야 할 것은 '인터뷰를 잘 하는 사람이구나.'가 아니라 '준비를 많이 했구나.'이다.

우리 인터뷰와 TV 뉴스 인터뷰의 차이는 사전에 알아야 할 것들을 정확히 파악하는 능력의 차이이다. TV 진행자는 오늘의 생방송 인터뷰가 어떤 내용인지에 따라 무엇을 사전에 미리 알고 인터뷰를 해야 하는지에 대해 빠른 시간 안에 파악할 수 있는 역량이 있다. 물론 방송 관계자들이 여러 자료를 준비하여 미리 전달해주는 것이 큰 역할을 한다. 우리의 인터뷰팀도 경험이 많지는 않기에 어떤 내용을 미리 알고 인터뷰에 임해야 하는지 많은 고민을 하고 또 실제로 준비를 잘해 가야 한다. 인터뷰 진행자는 자기 혼자 모든 걸 미리 파악하려 하지 말고 인터뷰 준비팀 전원과 브레인스토밍 등을 하여 무엇이 필요한지 정의하고 역할을 나누어 그런 내용들을 사전에 파악하길 바란다.

여기서 한 가지 인터뷰 주제와 관련된 내용뿐 아니라 인터뷰 대상자에 대해서도 사전 조사가 필요하다. 적어도 인터뷰 대상자의 소속 회사/기관이 무슨 일을 하는 곳인지, 호칭은 어떻게 해야 하며 어떤 이력 때문에 인터뷰 대상자로 선정되었는지, 섭외를 해주신 분과의 관계는 어떠한지 등은 필수이다.

부담 주지 않기

인터뷰 대상자의 포지션과 주변 환경에 따라 인터뷰 중에 답하기 곤란해 하거나 기밀사항은 아니지만 자신이 답변했다는 것이 알려지지 않기를 바라는 경우 등이 있다. 그런 상황을 대비하여 어떤 배려를 할 수 있는지, 어떤 멘트로 안심을 시켜드릴지를 사전에 준비하도록 한다. "이미 언론이나 열람 가능한 보고서에 공개된 내용만 말씀해 주시면 됩니다."라든지, "이 내용은 저희 회사에서도 주요 대외비로 취급되는 사안입니다. 안심하셔도 됩니다.", "저희 회사 회의록에도 성함과 소속은 기재되지 않습니다." 등의 대안을 준비하고 실제로 적용하도록 한다.

또 인터뷰 질문 내용을 만들 때부터 인터뷰 대상자를 평가하는 것 같은 표현으로 만들어선 안 된다. 마치 '당신은 전문가니까 이 정도 질문에는 명쾌한 답을 줘야 하지 않겠는가.'라는 식으로 질문을 만들면 인터뷰 질문을 받는 사람은 많은 부담을 가지게 된다. 자신을 낱낱이 드러내야 하는 것 같은 분위기 속에 인터뷰를 진행하면 인터뷰가 끝난 후에도 찜찜함이 남게 된다. 때문에 다음 기회에 또 다시 인터뷰 대상으로 섭외를 하고 싶어도 승낙할 가능성은 극히 낮아진다.

진심으로 존중하는 마음을 가지고 질문하는 표현 하나하나에 신중을 기하도록 하자.

악성 인터뷰이 (Interviewee)

첫인사할 때부터 인상을 찡그리고 귀찮다는 내색을 거리낌 없이 표현하는 인터뷰 대상자를 만날 때가 있다. MECE를 적용시켜 판단해보면 셋 중 하나일 것이다. 이 인터뷰와 관련 없이 지금의 까칠함을 있게 한 무슨 안 좋은 일이 있었거나, 이 인터뷰를 하는 것 자체가 마음에 들지 않거나, 아니면 원래 그런 사람이거나. 그 어떤 것도 처음 만나는 입장에서 자세히 알 수 없는 것이다.

어차피 갑자기 상황이 개선되는 일은 생기지 않는다. 당황하지 말자. 어떤 안 좋은 일로 인해 안색이 안 좋았던 것이라면 준비한 멘트 중 가장 기분 좋게 만드는 멘트를 사용하자. 억지로 지어낸 듯한 느낌을 주지 않는 선에서 당신이 정말 좋은 의견을 줄 만한 훌륭한 전문가라는 많은 사람들의 추천이 있었다는 것, 이 분야에서 열심히 노력하는 후배들을 위해 귀한 인터뷰 시간을 허락해 준 것에 대해 크게 감사하다는 것 등을 전하고 표정이 좀 달라지기를 바라보자.

이 인터뷰 자체에 부정적인 경우, 그 생각을 역이용해 본다. 첫 질문을 던지면서 허심탄회(虛心坦懷)한 생각을 말할 수 있도록 유도해 본다. 굉장히 부정적인 답변을 한다면 그런 내용에 적극적인 동감을 나타내며 상세한 내용을 끌어내도록 한다. 비슷한 의견의 다른 인터뷰 대상자를 생각하면서 "맞습니다. 경험이 많은 전문가분들이 비슷한 의견을 주시더라고요. 날카로운 의견 주셔서 감사드립니다. 말씀 주신 내용에 몇 가지 부연 설명을 해 주시면 더 큰 그림이 만들어질 것 같습니다. ○○에 대해서는 어떻게 생각하시는지요." 등의 질문으로 오히려 일반적인 인터뷰 대상자보다 상세한 정보를 얻는 인터뷰로 만들 수 있다. 물론 인터뷰가 끝날 때까지 벌건 얼굴과 높은 톤의 목소리는 바뀌지 않을 것이다.

원래 그런 사람이라면 한 문항 한 문항 진행할 때마다 똑같은 표정으로 답은 다 한다. 장황하게 10분 동안 답변하는 대상자보다 이런 표정으로 딱 1분 답을 주는 대상자가 더 만족스런 인터뷰 결과를 만들어 줄 수 있다.

의외의 수확

자신이 인터뷰를 하러 인터뷰 대상자를 찾아간다는 것은 대부분 자신의 분야 전문가 또는 자신이 관심을 가지고 있는 분야의 전문가를 만나는 일이다. 질문들의 답을 얻어오는 것도 필요한 일이지만 그런 전문가의 또 다른 의견이나 생각을 알게 되는 것도 큰 수확이다.

준비해 간 질문을 다 하고 시간이 남는 경우엔 "혹시 질문드린 내용 이외에 해 주실 말씀이 있는지요?" 또는 "이런 인터뷰를 준비한 저희들이 방향을 잘 잡고 있는 것일까요?" 등의 질문으로 의외의 답변을 한 번 기대해 보자. 얻어야 하는 답변을 다 얻었다면 밑져야 본전이다.

예우와 감사 메일

대상자의 '격'을 맞춰주는 노력은 열 번을 강조해도 모자란다. 대상자 한 명 한 명이 전문가라는 것 때문이기도 하고 인터뷰 과정에서 저들이 대우받고 있다는 기분이 들게 하여 '인터뷰에 대한 동기부여'를 높인 채로 진행할 수 있기 때문이다. 물론 억지로 높이고 비행기 태우라는 것은 아니다. '격'을 제대로 맞춰주기만 하면 된다. '내가 있는 조직에서 우리 일에 필요한 전문가라고 공식적으로 인정하여 시간을 부탁했고 그것을 허락해 준 사람'이라는 격에 맞추도록 하자.

인터뷰 후 예의 있는 마무리 인사를 하고 돌아와 인터뷰가 포함된 과업들을 모두 종료한 후에 감사 메일이나 문자를 보내는 것도 참 보기 좋고 예의 바른 행위이다. 이런 것들은 당신과 당신이 속한 조직 회사의 훌륭한 비즈니스 활동이기도 하다. 생각해보라. 당신과 당신 조직 회사는 필요한 정보와 좋은 의견도 얻고 관련 분야 전문가들로부터 '저 회사 저 친구들은 참 될성싶네.', '일하는 것이 다르구먼.', '예의가 뭔지를 아네.' 등의 좋은 평가를 받는다는 것은 일석이조가 아닌가.

다만 이런 일들을 억지로 하면 피곤할 수 있다. 마음 깊은 부분도 감사하는 마음, 또 만나고 싶은 마음으로 만들도록 하자.

설문 준비와 진행 7 steps

설문 작업도 인터뷰의 경우와 같이 7단계로 진행한다.

설문을 준비하고 실행하는 7단계 활동

[1st Step] 이슈 분석, 가설 설정

설문 사안을 확인한 후 설문을 준비하는 첫 단계도 역시 이슈 분석
과 가설 설정이다. 설문 역시 인터뷰의 경우와 같이 이슈 분석에 따라
내용의 깊이가 결정된다. 하지만, 설문을 준비하는 이슈 분석에는 인터
뷰의 경우와는 다른 부분이 한 가지 있다.

··· 지난 설문 결과 및 시사점, 응답자 의견 검토

설문의 경우는 일반적으로 인터뷰에 비해 그 대상자가 많다. 그렇기
때문에 인터뷰 대상자가 '이런 내용의 인터뷰 이번 달에만 네 번째 합
니다.'라고 하는 경우는 거의 없겠지만, 설문의 경우는 비슷한 내용으

로 다른 조직 회사에서 진행한 것을 반복 응답하는 대상자들이 있을 수 있다. 그리고 그런 내용들이 공개되어 있어서 참조할 수 있는 경우도 있다. 설문 내용을 만들기 위한 이슈 분석 시에 이 같은 내용을 참조해야 한다. 유사한 설문의 응답자 의견도 활용할 필요가 있다.

여러 참고할 수 있는 자료들을 바탕으로 가설을 설정했다면 그 가설을 분석하는 방향과 그 방향의 분석에 필요한 요구 정보들을 정의해야 한다. 각 가설별로 '이러이러한 정보들로 ○○○방향의 분석을 통해 ○○○○이라는 가설이 증명된다'는 시나리오를 완성할 수 있다.

[2nd Step] 모집단 정의

… 모집단 설계

설문을 위한 가설 설정이 제대로 되었고 가설을 바탕으로 분석 방향과 핵심적인 요구 정보들이 정의되었다면(편의상 인터뷰에서 얻어야 하는 정보를 핵심정보라 하고 설문으로 얻어야 하는 정보를 요구 정보라 하였다) 그러한 정보를 얻을 설문 모집단을 설계해야 한다.

모집단은 가설 증명에 자격이 있는 설문의 대상이 되는 전체 집합을 말한다. 인터뷰를 대신해서 진행하는 설문이면서 방문하여 진행하는 경우는 각자의 의견이 중요하고 회수율도 높아 굳이 신경을 쓰지 않아도 되지만, 응답 결과를 통계적으로 분석해야 하는 경우는 모집단과 함께 '표본' 개념에 대해서도 알아두어야 한다. 표본은 모집단 중 실제로 설문조사에 참여하는 사람의 수이다. 예를 들어 한 휘트니스센터에서 회원들의 만족도를 설문을 통해 알고 싶어 한다면 모집단은 그 휘트니스센터의 모든 회원일 것이며, 표본은 회원들의 성비(性比)와 연령층 비율에 따라 선정된 적정 비율의 회원 수가 될 것이다.

설문 응답 내용이 해당 모집단의 의견을 얼마나 정확하게 반영하는가의 정도인 '오차 한계'와 표본이 모집단을 얼마나 정확하게 반영하는가의 정도인 '신뢰 수준'도 사전에 어떤 개념인지 알아두어야 하는 요소들이다. 이러한 오차 한계와 신뢰 수준을 고려하여 표본을 정해야 하고 일단 표본이 정해지면 '어떻게 해야 그 표본의 숫자만큼 설문 결과를 회수할 수 있을까'라는 고민을 해야 한다. 즉 회수율을 고려하여 표본을 달성할 수 있게 하는 방법이 필요한 것이다.

위에서 예로 든 휘트니스센터의 회원 수가 3천 명이고 그중 최근 한 달 이내에 센터에서 운동을 한 경험이 있는 회원이 2천 명이라고 할 때 오차 한계와 신뢰 수준을 고려하여 100명의 설문 응답 결과를 회수해야 한다. 1천 명 중, 5%가 설문에 응답한다고 하면 2천 명 모두에게 설문을 시도해야 하는 것이다.

··· 모집단 설계 내용-회수율 합의
이런 내용들을 반영하여 설문조사를 지시한 상급자 또는 고객사와 현재 예산으로 어느 정도의 답례를 하여 어떤 회수율을 기대할 수 있는지 상호 합의를 해야 한다. 온라인 등 방문 이외의 설문 방식을 쓰면 회수율이 현저히 낮아져서 답례에 해당하는 비용을 많이 써야 목표 회수율을 달성할 수 있기 때문이다.

현실적으로 응답이 불가능한 대상을 모집단에 포함시킬지 여부도 결정해야 한다. 휘트니스센터의 예에서 '마지막으로 입장하여 운동을 한 시기가 한 달 이전인 회원들도 포함시켜야 되는가?'라는 질문에 독자 여러분들은 어떤 생각을 가지고 있을까. 무언가 마음에 들지 않거나 '작심 3일'이란 말처럼 의지가 약한 사람이거나 회사원이라면 회사의 일로 장기 출장을 갔거나 등등의 이유가 있을 것인데 만족도 조사의 목적에 최근 센터에 나와 운동을 하지 않는 회원의 의견을 수렴하는 것도 포함된다면 한 달이 아니라 몇 달 정도 운동하러 나오지 않는 회원에게도 설문을 하는 것이 맞다.

다만 오랜 기간 센터에 나오지 않는 회원의 경우는 연락하기도 힘들고 인터넷이나 모바일 설문에 대한 응답 가능성도 현저히 줄어든 '현실적으로 응답이 불가능한 대상'일 것이기 때문에 이를 포함시킬지 여부도 설문 작업 지시자의 의사결정을 받아야 하는 사안이 된다.

[3rd Step] 설문 계획 수립

··· 설문 목표 수립

우선 설문의 목표부터 분명히 해야 한다. 단순히 통계치를 확보하려는 설문이면 표본에 해당하는 회수율을 달성하는 것이 목표일 것이고 인터뷰를 대신하는 설문이면 그 응답 내용들의 수준도 목표에 어느 정도 포함되어야 할 것이다.

··· 설문 기간 확정

일반적으로 인터뷰를 대신하는 설문은 주관식 문항이 대부분이고 설명이 필요하여 방문 설문조사를 해야 하는 경우가 많다. 이때는 조사 요원의 수와 설문 대상자들과의 방문 일시 협의 결과에 따라 기간이 달라진다.

통계 분석의 목적인데 온라인으로 진행하는 설문의 경우 설문 안내 메시지 발송 첫날과 둘째 날까지 반짝 회수가 많이 되지만 셋째 날부터는 그 수가 현저히 줄어든다. 그런 경향까지 반영하여 설문 기간을 설정하도록 해야 한다.

··· 설문 비용과 효과 검토

설문 작업 지시자들은 대부분 답례품 또는 답례비 등을 최대한 쓰지 않고 원하는 조사 결과를 얻으려 할 것이다. 얼마 이상의 예산이 필요하다. 돈이 없다. 등의 논쟁을 하지 말고 '많이 투자할수록 양질의 설문조사 결과를 얻는다'는 것에 공감대를 형성하는 논의를 해보도록 하자. "상무님 예산을 얼마큼 쓸 수 있지요?", "네 알겠습니다. 그 예산으로 얻을 수 있는 결과의 120%를 얻도록 해보겠습니다" 정도가 최선이다.

··· 설문 방식 확정

구o, 서oooo 등 2010년 전후에 나타나 많은 인기를 얻게 된 온라인 설문조사 플랫폼은 2020년에 이르기까지 여러 강력한 기능을 갖추어 저렴한 가격으로 샘플 질문 문항 제공, 기본적인 통계에 문항별 비교 결과 등까지 자동으로 생성시켜 주는 서비스를 제공하고 있다.

하지만 '모집단 내 누구를 대상으로 할 것인가.'라는 질문을 하지 않을 수 없다. 모집단 내 모든 구성원들의 메일 주소를 가지고 있는 것도 아니고 전화번호는 더더욱 없는데 어떻게 해야 하느냐는 고민을 위에서 언급한 플랫폼들이 해결해 줄 수는 없다. 이런 경우에는 분야별 전문 조사업체를 활용해야 한다.

⋯ 조사업체 섭외

분야별 조사업체를 활용할 수 있는 예산이 있다면, 그리고 업체를 활용해야 하는 이유가 충분하다면 그러한 업체를 섭외하는 단계에 접어든다. 비용은 많이 들지만 생각했던 것보다 꽤 많은 일을 해준다. 대체로 해당 분야의 협회, 단체 등과 협력이 가능한 업체들이어서 많은 전문 회사나 전문가들로부터 설문 결과를 받을 수 있는 역량을 갖추고 있다. 섭외 단계에서 두 개 이상의 업체와 미팅하여 추진하려는 설문 조사에 대해 깊이 있게 의견을 나누고 견적 내용과 예상되는 설문 결과를 비교하여 적합한 업체를 선정하면 된다.

⋯ 설문 담당자 역할 분담

설문 작업 전체 총괄 / 설문지 작성 담당 / 설문 업체 담당 / 설문 결과 취합 담당 / 결과 분석 담당 / 설문 대상자 질문 대응 담당 등의 역할이 필요한데 설문 내용 작성 후에는 다른 역할을 담당할 수도 있고 설문 대상자 질문 대응 등은 시간을 나누어서 함께 담당할 수도 있는 등 전체 총괄 역할을 제외하고는 한 명이 두 가지 이상의 역할을 담당할 수 있다는 것을 고려하여 모든 작업자가 합리적으로 각각의 업무를 담당할 수 있도록 협의해야 한다. 다만 설문지 작성에는 모든 사람이 다 참여하여 고려해야 하는 내용들을 빠짐없이 반영해야 한다.

[4th Step] 설문지 작성

··· 설문 항목/내용 구성

모든 작업자가 참여해야 하는 단계이다. 사전 이슈 분석을 철저히 하였다면 가설 지향적 분석 목적이 잘 만들어졌을 것이다. 그것을 활용하여 분석 방향을 정하고 요구 정보를 정의하는 일에 힘을 합해야 한다. 여기까지가 잘 진행되어야 조사업체의 필요 여부를 제대로 결정할 수 있고 설문 문항 내용도 꼭 필요한 내용으로 알차게 구성할 수 있다. 한 명이나 두 명이 작업하는 것으로 생각하지 말고 설문과 관련된 작업자들이 모두 참여하도록 일을 진행시키자.

··· 시나리오 시뮬레이션 수행

설문 문항들의 내용이 만들어지면 시나리오 시뮬레이션을 해 보도록 한다. 두 가지로 나누어 진행하면 된다. 첫 번째 시나리오는 횡적인 것으로 각 문항별로 답이 기술되었을 때 그것이 설문 작업자들이 원했던 정보가 될 수 있을 것인지, 그리고 그것이 분석 방향에 맞을지, 달리 해석될 여지는 없을지, 최종적으로 가설의 검증에 활용되기에 적합한지를 판단하는 것이다. 두 번째 시나리오는 종적인 것으로 설문 대상자가 첫 문항부터 답을 기술해 나가는데 어려움은 없을지, 문항 간에 모순되는 질문은 없는지, 중복되는 질문은 없는지 등을 살펴보는 것이다.

··· 설문 내용 1차 검증

그리고 『가설 지향적 분석 목적 → 분석 방향 → (얻고자 하는) 요구 정보 → 문항 내용』의 순서로 설문 문항을 정리하여 설문 작업 지시자에게 1차 검증을 받도록 하자. 인터뷰의 경우에도 언급했지만, 이 책을 읽는 독자들 중에는 '이 설문 문항으로 얻으려 하는 게 뭔지 모르겠네.'라는 반응을 경험하는 사람이 없기를 바란다.

⋯ 조사 방안 수립

설문 문항까지 다 만들고 1차 검증을 받았다면 조사 방안을 수립해야 한다. 주로 설문 내용에 따라 어떤 답례를 할지, 설문 응답에 대한 안내를 어떻게 할지, 어떤 응답 독려 방법을 사용할지 등을 결정한다.

설문조사 업체와 함께 하지 않기로 했다면 설문 응답의 난이도를 객관적으로 판단하기 위해 많은 노력을 기울여야 한다. 지금까지 작업을 같이한, 멤버들 눈에는 설문 문항들에 답을 하는 것이 어려운 일이 아닌 것처럼 보일 수 있기 때문에 조심해야 한다. 설문조사 업체와 함께 하기로 결정되면, 확정된 설문 항목을 대상으로 조사업체들과의 미팅을 거쳐 최종적으로 선정된 업체와 계약을 하고 함께 전략을 수립한다. 당연한 이야기지만 설문 항목들이 너무 어렵고 내용이 많으면 '목표 회수율을 달성하기 어렵다'라는 설문조사 업체의 의견을 자주 듣는다. 함께 해 나가기로 계약을 했다면 서로의 입장을 존중하고 상대방의 입장이 되어보며, 함께 목표 달성을 위한 효과적인 방안을 만들자.

[5th Step] 설문 검증

⋯ 파일럿 테스트 시행

설문조사 업체를 이용하지 않기로 한 경우에 종종 실수하는 일이 파일럿 테스트를 등한시하는 것이다. 파일럿 테스트는 설문 응답 목표 달성이 실제로 가능할지를 판별할 수 있는 아주 중요한 테스트이므로 신중히 진행하도록 해야 한다. 실제 설문 응답 대상자들 중에 꼼꼼히 답변을 작성하면서 좋은 의견을 줄 만한 사람으로 샘플링 하여 설문에 응답하도록 하고 그 과정과 결과를 면밀히 검토해야 한다. 설문 대상자가 백 명 이상이라면 적어도 3명 이상이 되어야 한다.

온라인 설문조사 플랫폼을 사용하는 설문의 경우에는 최대한 동일한 환경에서 응답할 수 있도록 해야 한다. 각 문항별 응답 시간도 측정해야 하고 어떤 부분에서 어려움을 겪는지, 원했던 답이 기술되지 않는 부분들은 어디인지, 입력에 어려움은 없는지 등을 파악한다.

⋯ 파일럿 테스트 결과 반영

파일럿 테스트 결과가 예상보다 많은 후속 작업을 하게 만들 수도 있다. 설문 항목들의 내용과 순서까지 바꿔야 할 수도 있고 일부 요구 항목들을 수정해야 할지도 모른다. 시간을 충분히 투자하여 파일럿 테스트의 결과를 세부적인 내용까지 검토하여 반영하도록 하자. 필요하다면 한 번 더 파일럿 테스트를 하는 것도 고려해야 한다.

설문조사 업체와 함께 한다면 조사 요원들에 대한 교육도 중요하다. 각 설문 문항마다 대상자들의 예상 질문 내용들을 도출하여 조사 요원들이 동일한 응대를 할 수 있도록 집합 교육을 실시하는 것이 좋다.

⋯ 설문 내용 최종 검증 및 Contingency Plan 수립

파일럿 테스트까지 마친 내용들로 설문 작업 지시자와 최종 검증을 하고 목표 달성을 위한 Contingency Plan(비상 상황에 대한 계획)을 수립한다. 주로 '어느 시간까지 목표했던 분량이 회수되지 않으면 어떻게 할 것인가.'라는 내용이 Contingency Plan의 대부분인데 답례품의 가치나 답례 금액을 어느 순간부터 올려 지급하는 방법은 일찍 설문 응답을 제출한 대상자들에게까지 소급 적용하느냐 마느냐 등을 논의해야 하는 복잡한 단계까지 가게 되므로 답례품의 가치나 답례금은 변동시키지 않는 것이 좋다. 어떤 방법으로 대상자들에게 다시 연락할 것인가 어떻게 독촉 성격의 메시지를 전할 것인가 등에 초점을 두자.

설문 응답 대상자들의 범위를 넓히기 위해 연락처 등을 추가로 확보하는 것도 이 단계에서 논의되어야 한다. 설문조사 업체와 함께 작업하기로 되었다면 표본 목표 회수율을 달성하기 위해 설문 응답 대상자들의 연락처를 추가로 확보하고 연락을 더 취하는 등의 내용도 계약사항에 포함된다는 것을 잊지 말도록 하자.

[6th Step] 설문 실시

… 설문 대상 예우 고려

아무리 쉬운 설문이라도 설문 대상자에 대한 예우를 소홀히 해선 안된다. 설문서를 열기 전 설문 대상자들이 보게 될 인사 설문 소개 페이지 즉 헤더 부분을 잘 만들어야 한다. 때에 따라 설문 대상자들의 특별한 상황에 맞는 인사 방법 등이 필요할 경우도 있다. 일반적으로 설문의 헤더 부분에는 설문의 제목, 목적, 감사 인사, 설문 수행 주체, 비밀 보장 내용, 답례품 소개, 문의처 등이 포함된다. 다음의 설문 헤더 부분 사례를 참고하기 바란다.

안녕하십니까? 『○○○○분야 육성사업 추진 방향 연구』의 성공적인 수행을 위한 설문에 귀한 시간을 허락해주셔서 감사드립니다.

본 설문은 ○○○○분야 제품·서비스 전문기업을 대상으로 실시되고 있으며 설문의 결과는 산업 동향 파악 및 차년도 ○○○○분야 육성사업 추진 방향 설정에 활용됩니다.

답변 내용은 본 연구 수행에 매우 소중한 자료로 활용될 것이며 사업 추진 방향에 적극 반영토록 노력할 것입니다. 감사합니다.

※ 응답 내용은 통계치 산출에만 사용되며 통계법 제33조(비밀의 보호)에 의하여 비밀이 보장됩니다.

※ 성의 있는 설문 응답 후 ○월 ○일 자정까지 제출하여 주신 모든 분께 내용 확인 후 ○○○○ 모바일 쿠폰을 지급해 드립니다.
(아래 사진 참조 ○월 ○일 일괄 지급 예정)

문의처

㈜○○○○○ : ○○○ 대리 ○○○ 사원
문 의 : 02-○○○○-○○○○ / 070-○○○○-○○○○
팩 스 : 02-○○○-○○○○
e-mail : ○○○○@○○○.co.kr ○○○○@○○○.co.kr

답례품 사진

··· 설문지 배포

이제 실제로 설문을 시작하는 단계이다. 온라인 모바일 등 여러 방법으로 설문지가 배포된다. 설문조사 업체와 함께 한다면 해당 업체의 조사 요원들의 방문 조사도 시작된다. 온라인이나 모바일 배포라면 요일과 시간도 설문 대상자들의 생활 패턴을 고려하여 신중히 결정해야 한다. 주로 직장인들인데 한창 바쁠 월요일 오전이나 한 주일을 마감하며 여러 약속이나 달콤한 휴식을 떠올릴 금요일 오후는 피하는 것이 좋다. 설문 내용에 따라 점심시간 직전이나 직후를 피해야 하는 경우도 있다. 시원한 음료 쿠폰을 지급하는 경우는 오후 3시경 등 답례품의 종류를 고려하여 배포 시간을 정하는 것도 좋은 방법이다. 답례품 사진을 첨부하는 것도 잊지 말자. 심리적인 작전도 필요하다. 파일럿 테스트 대상인 설문 대상자 그룹의 일원에게 여러 후보 사진들 중 임팩트 있는 것을 선택하게 하는 것도 괜찮은 시도라 하겠다.

⋯ 기간별 회수율 목표에 따라 Contingency Plan 이행

설문이 시작된 첫날, 답변이 속속 제출되는 모습을 보면 신기하기도 하고 목표 회수율 달성에 대한 희망도 생긴다. 하지만 '○월 ○일까지 80% 회수 달성' 등 기간별 회수율 목표치를 달성하지 못하면 담당자는 스트레스를 받을 수밖에 없다. 너무 염려치 말고 만들어 놓았던 Contingency Plan을 이행하자. 새로운 연락처들을 확보하고 설문 응답 독려 문자를 보낸다. 전화 통화 독려 등 다음 단계의 플랜 이행도 준비한다.

⋯ 중간 결과 검토

일정 기간이 지난 후 중간 결과를 검토해 보도록 한다. 인터넷 온라인 설문의 경우 배포 4~5일 정도 후에 진행하는 것이 좋다. 기대했던 만큼의 회수가 되지 않는 이상 현상이 발생한 것으로 판단되면 위 Contingency Plan의 강한 단계 적용을 시행하고 답례품의 가치나 답례 금액 변동을 조심스럽게 검토해 본다.

⋯ 설문 답례 조치

설문 회수가 완료되면 설문 내용들을 검토해서 성의 없는 답변으로 활용치 못하게 된 응답 사례를 제외하고 설문 답례 조치를 취한다. 추가적으로 '제출하여 주신 분들 중 열 분을 선정하여…'와 같은 약속을 한 경우에는 반드시 그 약속대로 이행해야 한다.

[7th Step] 결과 분석

… 결과 통계 분석 및 핵심 요약서 작성

요즘에는 각종 소프트웨어 및 서비스 플랫폼의 지원으로 설문 결과의 통계 분석이 인터뷰의 경우보다 용이하게 진행된다. 회수된 내용 그대로 수치화하는 것은 시스템 활용으로 간단히 진행하고 핵심 요약서를 작성함으로써 설문 결과를 1차적으로 정리하자. 목표 회수율 달성여부와 문항별 응답 내용들의 통계치를 보여주면 된다. 주관식 문항들의 경우에도 표현 그대로 취합하여 나타내고 같은 종류의 응답들을 그룹으로 만들어 차트로 표현하면 된다.

… 가설 검증 결과 정리 및 보고

설문 결과를 가지고 가설을 검증하는 단계로 넘어간다. 인터뷰와 마찬가지로 가설이 부정되었다고 해서 설문 자체가 잘못된 것은 아니다. 실망하지 말고 한 번 더 이슈 분석을 하자. 왜 그런 결과가 나왔는지 로직트리를 활용해서 가치 있는 시사점을 도출하자. 자신의 분야에서 자신의 재능으로 세워봤던 가설대로 진행되지 않은 것을 흥미롭게 생각하는 것, 이것이 자신의 재능을 발전시키는 또 다른 출발이 된다.

이제 설문으로 얻고자 한 모든 것이 정리되었다. 이 내용들을 토대로 자신이 속한 곳의 보고서 스타일에 맞게 설문 결과 보고서를 만든다.

… 정보보호, 보안 사항 준수

설문을 진행하면서 확보했던 정보들 중 폐기해야 하는 정보는 즉각 폐기한다. 설문조사 업체와 함께한 경우에는 대부분 잘 관리되지만 공식적으로 정보보호 및 보안 사항 준수를 요청하고 결과를 확인한다.

자 이제 인터뷰와 설문에 대한 내용을 마무리하려 한다.

지금까지의 내용을 잘 따라하면 인터뷰와 설문을 처음 수행하는 사람들도 큰 어려움 없이 해낼 수 있을 것이다. 다만 다시 한번 말씀드리지만, 이 내용들은 독자 여러분들을 인터뷰와 설문의 거장(巨匠)으로 만들어 드리는 내용이 아니다. 자신의 분야에서 자신의 재능을 발견하고 발휘하고 발전시키는 데에 있어서 인터뷰 설문이 걸림돌이 되지 않도록 하기 위해 최소한의 압축된 내용을 전하는 것이다.

자신의 분야에서 유명한 전문가들뿐만 아니라 다양한 종사자들의 의견을 들으며 자신의 재능을 더욱 발전시킬 수 있는데, "전 인터뷰, 설문을 잘 할 자신 없습니다. 못하겠습니다."라고 말하며 기회를 놓치는 일이 없기를 바란다.

- 기업, 재능 발휘를 돕는 역할이 승부수
- 직장인, 진심을 장착
- 취업을 준비 중인 청년들, 비밀병기로 도전

PART
III

당부의 말씀

기업,
재능 발휘를 돕는 역할이 승부수

전(全) 산업에 걸쳐 생산 과정의 품질 문제해결, 마케팅, 서비스 기획 등 데이터의 분석과 인공지능(AI)를 통한 학습결과가 제공되는 AI의 시대는 이미 우리 곁에 와 있다.

아이러니하게 기업들은 AI의 도입뿐 아니라 AI를 적용하기 힘든 영역, 즉 창의적이고 혁신적인 기획과 인간적인 커뮤니케이션을 통한 의사결정에 젊은 인재를 많이 필요로 하고 있다. 그들이 자신의 재능을 기반으로 신규 서비스를 창출하고 새로운 시장을 만들기를 바란다.

하지만 그 젊은 인재들의 최고 우선순위는 자신이다. 경영자들의 바람과 달리 회사나 조직이 아니다. 그들에게 일은 재미를 가지고 기분 좋게 할 수 있어야 하는 것이다. 그래야 성과도 눈에 띄게 창출된다. 재미와 흥미로움 속에 자신에게 도움이 되는가 자신의 재능이 발전되는가가 충성의 기준이 된다. 그 일에 신이 나서 임하는 자신의 모습이 충성의 대상이다. 어느 세대가 보더라도 그것이 틀린 것은 아니다.

기업의 경영자는 재미와 흥미로움 속에 재능을 쌓아가는 그런 90년대생, 00년대생을 창의와 혁신으로 이끌어야 한다. 그들은 하루하루가

스트레스라면 그 일을 위해 굳이 그곳에서 자신의 재능을 표출시키려 하지 않는다. 기업은 구성원들이 신명 나게 일하면서 자신의 재능을 발휘하도록 해야 한다. 그들에게 필요한 합리적 보상과 기분 좋은 보람을 주어 그것을 가능하게 하는 새로운 책임과 권한 체계를 만들어야 한다. 굳이 지켜가야 할 필요가 없는 비합리, 비효율은 과감히 버려야 한다.

'주변 회사가 AI를 도입한다는데 도대체 누구한테 시키는 걸까? AI를 도입하려면 회사의 핵심 업무 파악이 중요한데, 그런 일을 시킬만한 직원이 있나? 임원들은 AI 도입 필요성을 아는지 모르는지 이야기도 안 꺼내고 직원들은 새로운 일을 시키려 하면 자기 일 바쁘다고 피하려고만 한다. 이러다 뒤처지는 것은 아닐까.' 많은 CEO의 고민이다.

이제 합리와 효율의 회사로 거듭나는 것과 함께 기업이 선택해야 하는 것 중 중요한 것이 직원들로 하여금 자신의 재능을 제대로 발휘하도록 교육시키는 것이 되었다. 따뜻한 코칭으로 일하며 배우게 하자. 선임 직원부터 먼저 그런 '자신의 재능을 업무 형식으로 표출시키는 스킬'들이 아무 거리낌 없는 쉬운 것이 되도록 하자. 신입사원 때부터 커뮤니케이션, 회의, 문제해결, 보고서, 전략 수립, 프레젠테이션, 인터뷰, 설문 등을 선임 직원들로부터 자연스럽게 배울 수 있는 사내 문화를 만들자. 한 직급 승진할 때마다 전문가를 초빙하여 각 과목을 실제 업무에 적용하는 실습을 진행하는 방법도 좋다. 그렇게 대부분의 직원들이 자신들의 재능을 표출하는 업무들에 자신감을 가졌을 때, 그때가 되면 보인다. 누가 어떤 재능을 가졌는지. 그 직원들이 AI 도입의 주축이 된다. 신입사원 채용 때부터 어떤 재능을 가졌는지와 함께 그런 재능을 발휘하는 스킬이 있는지도 확인해야 한다. 놓치지 말자. 투자하자.

키워 놓으면 다른 회사로 간다고 불평하지 말자. 다 그렇게 불평하는 사람 탓에 나가는 거다. 막을 수 없다. 오히려 맘껏 재능을 쌓고 업무로 표출하는 것도 잘 하도록 열심히 재미있게 키우자. 시장 전체적인 인적 수준을 올리는 역할이라고 진심으로 생각하자. 어차피 지금의 회사를 평생직장이라고 생각하는 직원은 없다고 생각해야 한다. 회사의 직원들이 자발적으로 자신의 재능을 발견하고 발휘하며 발전시키고 있는지에 관심이 없는 회사는 지금 시대에 최악의 회사다. 월급만 잘 준다고 회사에 오래 있을 거라는 생각에서 벗어나자. 훨씬 더 많이 주는 회사에 대한 정보는 직원들이 더 빠삭하다. 저들의 관심사는 '자신의 재능이 보람찬 일에 기분 좋게 활용되면서 발전하고 있는가'인 것을 알아야 한다. 그것의 걸림돌이 되는 것들을 제거해 주도록 하자.

'눈 가리고 아웅' 식의 몇 번 단체 교육으로, 직원들이 각자의 재능을 업무로 표출하는 스킬들을 체득할 수 있다고 쉽게 생각해선 안 된다. 일대일 교육으로 실제 업무에 활용해보는 영양가 있는 실습이 필요하다. 한 사람 한 사람에 대한 투자를 통해 적어도 후배들 질문에 대답해 줄 수 있는 선배로는 만들 수 있다.

저들의 재능이 감추어지는 것을 막자. 저들이 마음껏 재능을 펼쳐나갈 수 있도록 함께 장애물들을 치워간다는 진심이 가득 담긴 생각을 가지고 가르치고 함께 실습하자. 그런 투자가 '믿고 맡길 수 있는' 사람을 만들고 '믿고 맡길 수 있는 사람이 누군지'를 알 수 있게 한다. 역설적이지만, AI 시대가 다가올수록 사람에게 투자하는 승부수를 던져야 하는 이유이다.

직장인,
진심을 장착

이 책에서 설명하는 '재능 발휘를 돕는 스킬'들의 중심에는 '진심'이 있다. 찬찬히 되짚어 보자. 신입사원 시절의 재능 발휘를 위한 노력, 진심의 칭찬으로 커뮤니케이션 효과를 높이는 방법, 동료들이 '우리 회사회의 문화가 확 바뀌었네.'라고 좋아하도록 만드는 세세한 일, 사람들과의 관계 속에서 근본적인 원인을 찾는 문제해결의 단계, 과정과 데이터보다 더 중요한 것이 많았던 보고서 쓰기, 마음을 움직여야 하는 전략수립 과정, 듣는 사람의 입장에 서야 하는 것이 가장 중요한 프레젠테이션의 순간, 성공 여부가 의견을 주는 사람들의 열린 마음인 인터뷰와 설문, 모두가 자신의 재능을 발휘하기 위해 필요한 업무적인 스킬임에도 불구하고 상대방이나 함께 일하는 사람들에게 전달되어야 하는 진심이 결국 근본적인 필수요소였다.

각종 스킬들이 자신의 재능을 드러내도록 작용하는 각 단계마다, 해보고자 하는 의지, 동료를 위하는 마음, 함께 해주는 이들을 향한 존중과 배려의 진심이 필요했다. 그런 진심이 가식 없이 실행으로 옮겨질 때, 스킬들이 성공적으로 이행될 가능성이 커지고 재능은 바르게 표출되고 활용되며 모두를 이롭게 한다.

필자의 지인 중 어느 한 회사의 H 부사장은 성과가 실망스럽거나 업무에 임하는 자세가 좋지 않은 여러 부서의 리더들을 냉정하게 질책하는 것으로 유명했다. 회사 내에서 가장 실적이 뛰어난 본부를 맡고 있는 H부사장이었지만, 어떤 사람도 긴장의 끈을 놓지 못하게 하는 것이 저들을 위한 것이라 생각했다.

그가 주재하는 부서장 회의 시에는 항상 긴장이 감돌았고 자신의 차례를 별 탈 없이 넘긴 부서장은 다행스러운 표정을 짓는 것이 자연스러운 모습이었다. 하지만 그들이 부서원들과 함께 자신의 재능을 신나게 계발하고 빛나게 만드는 일은 보이지 않았다.

그런데 어느 날부터 변화의 모습이 보이기 시작했다. 누구보다 H부사장 본인이 지금까지의 채찍질과 냉혹함을 제일 잘 알고 있었던 것이다. 그는 단지 직원들의 재능 발휘를 원했던 것인데 그런 진심을 꺼내놓지 못했던 것이다. 그동안 진심을 전하지 못했던 것을 안타깝게 생각하며, 조금씩 부서장들을 진심으로 대하기 시작했다. 그런 척하는 것이 아님을 한두 명씩 알아가기 시작하면서 분위기가 밝아지는 것은 물론 자신의 재능을 적극적으로 활용해보려는 직원들의 시도가 많아지고 진심의 칭찬이 이어지는 것이 반복되었다. 더 높은 성과로 이어진 것은 당연했다.

진심을 장착하자. 직장생활에서 자신의 재능이 제대로 발휘되도록 돕는 스킬들이 더 이상 아무런 걸림돌이 되지 않게 되는 '기분 좋은 기적'이 시작된다.

취업을 준비 중인 청년들,
비밀병기로 도전

　당신에겐 분명히 재능이 있다. 당장은 그 재능을 원하는 회사가 없는 것 같아 보일지라도 취업을 준비하면서 그 재능을 계속 발전시키면 반드시 취업은 가능해진다. 그 날을 앞당기는 방법과 과정, 즉 성공적인 취업 스킬을 이 책을 통해 학습하기 바란다.

　최근 들어 많은 회사의 CEO와 인사담당자들은, 전통적인 방식으로 필요한 곳에 필요한 인력을 활용하던 패턴에서 벗어나려는 합리적인 시도에 관심이 많다. 시간 단위로 계약할 수 있는 전문가들이 모여 있는 회사에 맡겨보기도 하고 프로젝트에 프리랜서의 자격으로 참여시켜 함께 일을 해 보고 채용을 결정하는 등의 노력이 점차 많이 보인다. 취업 전부터, 자신의 재능과 함께 그 재능을 어떻게 나타낼지에 신경을 써야 할 때다.

　굳이 AI라는 표현을 쓰지 않아도 지능화되어 가고 있는 시스템들은 많은 사람들의 재능뿐 아니라, 그런 재능을 어떻게 나타내는지도 저장하여 다음 일에 활용하게끔 한다. 취업과 큰 관련성이 없다고 생각했던 곳에서의 커뮤니케이션이 어땠는지, 회의 진행을 어떻게 했는지, 문제해결 역량이 있었는지 등이 스쳐 지나가는 기억이 아니라, 평가의 내용이 되고 채용에도 영향을 주게 된 것이다. 물론 그러한 스킬들을 보유하고 취업하여 직장 내에서 활용하게 되면, 자신의 재능을 밝히 드러내는 데 도움이 되고 AI를 도입하고 적용하는 큰 변혁의 시기에도 그 일을 주도하는 인재가 될 수 있다.

취업도 힘든데, 직장에서 일하는 방식과 기술로만 생각했었던 것들을 취업하기도 전부터 익히라니, 너무 한 것 아니냐는 불만의 목소리도 있을 것이다. 하지만 이제 대부분의 직장에선 자신들의 고유 업무에 해당하는 재능을 가지고 있는 것은 기본이라고 판단한다. 그런 재능을 제대로 발휘하는 직원을 원하는 시대가 된 것이고 그런 직원을 제대로 찾는 여러 방법, 솔루션을 사용하는 변화가 일어나고 있다. 이는 취업 준비에 재능 발휘를 돕는 스킬들을 배우고 연습하는 것이 포함될 충분한 이유가 된다. 적어도 그런 스킬들이 매우 중요한 것이고 자신은 그 중에서 어떤 부분이 약한지는 알고 취업을 준비하는 것이 좋다. 취업의 관문에 이 책의 내용들에 해당하는 스킬들을 활용해야 하는 평가 단계가 있다면, 꼭 해당 부분을 잘 읽고 연습도 해 본 후 자신 있게 임하기를 바란다. 여러분들의 도전에 비밀병기로 활용할 수 있을 것이다.

엑서빌리티

당신의 재능 발휘를 돕는 9가지 스킬

초판 1쇄 2020년 11월 20일

지은이 신익호
에디터 윤지수
발행인 김재홍
디자인 이근택 김다윤

발행처 도서출판지식공감
등록번호 제2019-000164호
주소 서울특별시 영등포구 경인로82길 3-4 센터플러스 1117호 (문래동1가)
전화 02-3141-2700
팩스 02-322-3089
홈페이지 www.bookdaum.com
이메일 bookon@daum.net

가격 15,000원
ISBN 979-11-5622-545-4 03320

CIP제어번호 CIP2020047625
이 도서의 국립중앙도서관 출판예정도서목록(CIP)은 서지정보유통지원시스템 홈페이지(http://seoji.
nl.go.kr)와 국가자료공동목록시스템(http://www.nl.go.kr/kolisnet)에서 이용하실 수 있습니다.